커피 바리스타

문제집 & 커피용어 해설

도서출판유강

"한권의 문학서적과 인문서적이 인생을 바꾸지만,
직업 교육에 필요한 전문서적은 희망과 행복을 만듭니다"

누군가에게 그 일을 하는 대가를 지불해야 한다면 지금 이 한 권의 책을 드리고 싶습니다.

무엇이 되려고 애를 쓰려할 때 당신을 진실로 도울 수 있는 것 또한 '이 한 권의 책'이 되길 간절히 소망합니다.

인스턴트 커피가 주류를 이루던 한국의 커피문화가 이제는 다양한 형태의 원두커피 전문점의 폭발적인 증가로 소비자들의 기호를 변화시키고 있습니다. 이러한 전반적인 커피에 대한 인식의 변화로 인해 수많은 커피 브랜드 및 프랜차이즈 가맹점들이 생겨나고 전문적으로 커피를 공부하여 사업적인 성공을 추구하려는 사람들도 늘어나고 있습니다.

커피에 대해 다양하게 느끼고, 맛을 보며 눈으로 코로, 커피의 깊이를 알아가는 일련의 상황들은 향후 커피산업의 엄청난 발전을 짐작케 합니다. 커피아카데미를 통해 축적된 노하우로 커피 전문 인력의 양성이 얼마나 중요한지를 직접 느꼈습니다. 교육자의 핸들링에 의해 피교육자는 결과물이 다르게 나온다는 중요한 사명감으로 커피학을 연구하면서 커피 교육에 꼭 필요한 이론을 문제집과 용어해설로 정리했습니다.

바리스타가 알아야 할 기본지식을 문제풀이 형식으로 필기 시험에 대비할 수 있도록 에스프레소 음료 제조, 커피 추출 운용, 커피 음료 제조, 라떼 아트, 커피 기계 운용 및 수리, 커피 생두 선택, 커피 원두 선택, 커피 로스팅, 커피 블렌딩, 커피 테이스팅, 커피 매장 영업관리, 위생관리 및 운영, 커피의 역사, 커피 영양, 용어 해설까지 Chapter별로 정리해서 이 한 권으로 커피에 관련한 기초지식을 종합하여 습득할 수 있게 했습니다.

책이 나오기까지 수고해주신 (사)한국관광음식문화협회 교재 학술이사님들과 한국음식직업전문학교, 성남요리학원의 교직원 선생님들께 감사의 인사를 전합니다.

여러분의 성공을 기원합니다.
저자 드림

CONTENT

제1부 커피 문제

Chapter 1. 에스프레소 음료 제조 …………………………………… 6

Chapter 2. 커피 추출 운용 …………………………………… 22

Chapter 3. 커피 음료 제조 …………………………………… 43

Chapter 4. 라떼 아트 …………………………………… 47

Chapter 5. 커피 기계 운용 및 수리 …………………………………… 55

Chapter 6. 커피 생두 선택 …………………………………… 67

Chapter 7. 커피 원두 선택 …………………………………… 97

Chapter 8. 커피 로스팅 …………………………………… 99

Chapter 9. 커피 블렌딩 …………………………………… 116

Chapter 10. 커피 테이스팅 …………………………………… 118

Chapter 11. 커피 매장의 영업관리, 위생관리, 매장 운영 …… 128

Chapter 12. 커피의 역사 …………………………………… 148

Chapter 13. 커피 영양 …………………………………… 152

제2부 커피 용어 해설

커피 용어 해설 …………………………………… 158

부록 : 자격검정 등록 정보 … 213

참고문헌 … 223

제 1 부

커피 문제

〈Chapter별 자격검정 예상 문제 분류표〉

Chapter		능력단위명	해당 자격검정 (난이도 보통) 커피바리스타 2급 핸드드립마스터	해당 자격검정 (난이도 높음) 커피바리스타 1급 커피 강사 자격증 로스팅 마스터	총 문항
1	NCS	에스프레소 음료 제조	45문항	35문항	80문항
2		커피 추출 운용	45문항	55문항	100문항
3		커피 음료 제조	10문항	12문항	22문항
4		라떼아트	18문항	25문항	43문항
5		커피기계 운용 및 수리	19문항	44문항	63문항
6		커피 생두 선택	39문항	94문항	133문항
7		커피 원두선택	5문항	6문항	11문항
8		커피 로스팅	15문항	66문항	81문항
9		커피 블렌딩	3문항	5문항	8문항
10		커피 테이스팅	5문항	49문항	54문항
11		커피 매장의 영업관리, 위생관리, 매장 운영	72문항	43문항	115문항
12	비NCS	커피의 역사	10문항	9문항	19문항
13		커피의 영양	14문항	17문항	31문항
합계			300문항	460문항	760문항

– 커피바리스타 문제를 NCS 능력단위에 맞춰 챕터별로 난이도 정도에 따라 구분했습니다.
– 별(★) 표시가 없는 문항은 난이도가 보통 수준으로, 커피바리스타 2급, 핸드드립마스터 자격검정 필기시험의 예상문제입니다.
– 별(★) 표시가 있는 문항은 난이도가 높은 수준으로, 커피 바리스타 1급, 로스팅 마스터, 커피강사 자격검정 필기시험의 예상문제입니다.

01 에스프레소에 관한 설명 중 틀린 것은?

① 에스프레소란 메뉴의 이름이 아니라 추출방식을 일컫는 말이다.
② 완벽한 에스프레소는 크레마의 지속성과 관계가 있다.
③ 완벽한 에스프레소는 정해진 추출공식을 항상 지켜야 한다.
④ 완벽한 에스프레소는 커피와 공기의 접촉시간을 최소화 해야 한다.

02 일반적인 에스프레소에 대한 설명이다. 부적절한 것은?

① 에스프레소란 빠르게 추출하는 커피를 말하며 주문과 동시에 만들어져야 한다.
② 팩킹, 탬핑, 분쇄 입자의 유기적인 조절로 커피의 향미를 컨트롤 할 수 있다.
③ 가압식 추출방식으로 미세한 섬유소와 불용성 커피오일이 유화상태로 함께 추출된다.
④ 50kg의 압력을 이용해 50ml의 커피를 추출한다.

TIP 에스프레소는 9bar의 압력으로 보통 1oz(30ml)의 커피를 추출한다.

03 에스프레소에 관한 내용 중 올바르지 않은 것은?

① 에스프레소는 원두에 뜨거운 물을 통과시켜서 만든 진한 원액으로, 9bar의 강한 압력을 이용해서 추출한다.
② 90~95℃ 온도와 중력의 8~10배 높은 압력을 가진 증기가 약 20~30초 동안 통과하여 추출된다.
③ 그라인더(Grinder)에서 분쇄된 커피를 필터홀더에 담게 되면 커피가 한쪽으로 치우치게 되므로 수평이 되도록 고른 탬핑과 테핑을 적절히 한다.
④ 에스프레소 커피 분쇄 원리는 고(高)농도의 향미 성분을 빠르게 추출하는 것이 목적이므로 다른 추출법보다 분쇄입도를 굵게 하는 편이 바람직하다.

04 분쇄된 원두를 90~95℃의 물로 20~30초 사이의 짧은 시간동안 8~9bar의 압력으로 추출한 커피를 무엇이라 하는가?

① Crema   ② Espresso   ③ Kahlua   ④ Demitasse

TIP 에스프레소는 'espresso' 빠르게 추출하는 커피를 말한다. 주문과 동시에 만들어져야 한다. 다른 추출방법과 달리 가압식 추출 방식에 의한 추출로 미세한 섬유소와 불용성 커피오일 (Insoluble coffee oil)이 유화상태(Emulsification)로 함께 추출된다.

정답   01 ③   02 ④   03 ④   04 ②

05 에스프레소 추출의 범위로 틀린 것은?

① 분쇄된 커피의 양 : 7±1.0g
② 추출하는 물의 온도 : 70℃±5℃
③ 추출압력 : 9bar± 1bar
④ 추출시간 : 25±5초

_{TIP} 에스프레소 추출 시 물의 적정 온도는 90~95℃이다.

06 다음 중 에스프레소 평가 기준으로 옳은 것은?

① 적절한 커피의 양, 크레마의 두께와 지속성, 크레마의 색깔, 향기의 질과 강약, 맛의 균형감
② 적절한 커피의 양, 전체양의 1/3이상의 크레마, 크레마의 색깔, 향기의 질과 강약, 맛의 강렬함
③ 적절한 커피의 양, 전체양의 1/3이상의 크레마, 크레마의 색깔, 톡쏘는 강한 향기, 맛의 균형감
④ 적절한 커피의 양, 크레마의 두께와 지속성, 크레마의 색깔, 향기의 질과 강약, 맛의 강렬함

_{TIP} 적절한 크레마의 두께는 3~4mm 정도이다.

07 에스프레소 추출 시 머신에서 추출하기 전에 물 흘리기를 하는 이유로 보기 어려운 것은?

① 그룹헤드의 과열된 물을 흘려 온도를 조절한다.
② 그룹헤드의 이물질을 제거한다.
③ 추출 온도를 점검한다.
④ Infusion(뜸들이기)을 하기 위함이다.

08 에스프레소 추출 동작에 관한 내용이다. 올바르지 않은 것은?

① 도징 시에는 포터필터의 정중앙에 담는 것이 바람직하다.
② 도징 후에는 반드시 고르게 펴주기를 하는 것이 바람직하다.
③ 추출 바로 직전에 분쇄하는 것이 좋다.
④ 바쁜 영업 시간대에는 사용량을 미리 예측하여 분쇄를 미리 해놓는 것이 좋다.

09 에스프레소 추출 시 추출시간이 길어짐에 따른 맛의 변화로 옳은 것은?

① 신맛이 강해진다.
② 짠맛이 강해진다.
③ 단맛이 강해진다.
④ 쓴맛이 강해진다.

_{TIP} 추출시간이 짧으면 신맛이 강하고, 추출시간이 길어질수록 쓴맛이 강해진다.

10 포터필터에 담긴 커피를 적당한 압력으로 눌러 다지는 동작을 무엇이라 하는가?

① tamping
② tapping
③ leveling
④ dosing

---

05 ② **06** ① **07** ④ **08** ④ **09** ④ **10** ① 정답

11 에스프레소 추출 동작에 있어 장착 전에 '물흘림 동작'을 하는 이유로 거리가 먼 것은?

① 머신의 정상 작동여부를 확인하기 위해

② 드립 트레이(drip tray)를 씻어 내어 잔의 밑부분을 청결하게 유지하기 위해

③ 그룹헤드 필터에 묻는 찌꺼기를 제거하기 위해

④ 일체형 보일러의 경우 과열되어 있는 추출수를 제거하기 위해

12 추출된 에스프레소의 관능적(Sensory) 평가로 옳지 않은 것은?

① 바디가 강할수록 좋다고 평가한다.

② 크레마의 지속력과 복원력이 높을수록 좋다고 평가한다.

③ 크레마의 컬러는 붉은색이 감도는 브라운 색이 좋다.

④ 신맛, 쓴맛 그리고 짠맛이 균형 잡힌 에스프레소를 좋다고 평가한다.

TIP 신맛, 쓴맛, 단맛이 균형 잡혀 있어야 한다.

13 크레마(crema)에 대한 설명으로 틀린 것은?

① 크레마는 에스프레소가 빨리 식는 것을 방지해 준다.

② 커피의 향을 함유하고 있는 지방 성분을 많이 지니고 있다.

③ 크레마 위에 설탕을 뿌리면 금방 가라앉는다.

④ 적절한 크레마의 두께는 3~4mm이다.

TIP 크레마는 약 3~4분간 지속되어야 하며, 설탕을 뿌려도 쉽게 가라앉지 않는다.

14 에스프레소 평가 시 크레마(Crema)의 시각적인 체크 포인트로 볼 수 없는 것은?

① 크레마의 지속력   ② 크레마의 두께

③ 크레마의 온도   ④ 크레마의 칼라

15 에스프레소의 관능적 평가 시 우수함을 판명하는 데 기준이 되는 것을 무엇이라 하나?

① 크레마의 색감과 외곽적인 시각 패턴, 두께와 점도

② 추출된 시간이 20~30초 사이에 추출된 경우

③ 추출된 에스프레소의 추출량이 20~30ml의 경우

④ 20~30초, 20~30ml 그 사이에서 추출 시간과 추출량이 반비례로 된 경우

TIP 관능적(sensory) 평가는 시각적 · 미각적 평가를 말한다.

정답 11 ② 12 ④ 13 ③ 14 ③ 15 ①

16 에스프레소 커피 추출의 특징을 나열한 것이다. 잘못 설명된 것은?

① 필터홀더에 분쇄된 원두커피 가루를 담아 고르기와 다지기를 끝낸 후에는 가능한 신속하게 추출 버튼을 눌러야 한다.

② 보일러 내의 과열된 물의 온도와 이물질을 떨어뜨리기 위하여 추출 직전 물 흘리기를 하는 것은 커피맛을 위한 중요한 과정 중 하나이다.

③ 에스프레소의 추출 시, 향미 보존을 위하여 예열된 데미타세에 담아 서빙 하는 것이 옳다.

④ 필터홀더를 늘 그룹헤드에 장착하여 두는 것은 다음 커피 추출에 부담을 주는 것으로 청소가 끝난 후 장착하지 않는다.

TIP 에스프레소 잔(Demitasse): 에스프레소를 마시는 잔을 데미타세(Demitasse)라고 부르는데 용량은 60~70ml(약 2oz)정도로 용량이 일반 컵의 반 정도라는 의미이다.
필터는 항상 그룹 헤드에 장착시켜 두어야 온도가 유지되면서, 다음 추출에 좋은 영향을 준다.

17 다음 에스프레소에 대한 설명 중 잘못된 것은?

① 완벽한 에스프레소는 온도의 유지와 밀접한 관계가 있다.

② 완벽한 에스프레소는 크레마의 지속성과 관계가 있다.

③ 완벽한 에스프레소를 위해 분쇄 커피와 공기의 접촉시간을 최소화 해야 한다.

④ 커피잔의 온도는 미지근한 정도면 된다.

TIP 커피잔은 40℃ 이상으로 따뜻해야 하며, 잔이 차가우면 크레마가 경화되어 빨리 검게 된다.

18 머신을 이용한 에스프레소 추출에 있어서 추출기본 원리로 가장 먼 것은?

① 대기압보다 높은 압력을 가하여 커피유용성분이 추출을 쉽게 한다.

② 정해진 에스프레소 추출 양을 정확히 지켜 내리기 위한 방법이다.

③ 온도의 유지 및 압력의 적절성과 밀접한 관계가 있다.

④ 최상의 커피를 추출하고 일관된 추출을 위해 규격화한 방식이다.

TIP 에스프레소 추출량은 30±5ml 정도이다.

19 에스프레소 추출에 대한 동작이다. 가장 관계가 적은 것은?

① 완벽한 향미를 위해 최대한 빠른 시간에 추출을 완료한다.

② 사용되는 컵과 추출액의 온도 유지에 주의한다.

③ 반드시 탬핑과 태핑을 지켜야 한다.

④ 두잔 이상의 추출 시 부드러운 연속 동작으로 작업을 행한다.

TIP 태핑이 반드시 해야 할 동작은 아니며 경우에 따라 생략할 수도 있다.

16 ④ 17 ④ 18 ② 19 ③ 정답

20 에스프레소 커피의 추출시간과 가장 밀접한 관계에 있는 조건은?

① 추출온도   ② 원두의 분쇄도   ③ 탬핑강도   ④ 커피의 로스팅도

21 에스프레소가 너무 빠르게 추출되었다. 예측되는 원인과 거리가 먼 것은?

① 추출수 온도가 낮다.   ② 추출 압력이 낮다.

③ 투입량이 기준보다 적다.   ④ 분쇄굵기가 굵다.

22 에스프레소의 맛의 특징으로 볼 수 없는 것은?

① 지속적인 쓴맛   ② 부드러운 감촉

③ 강한 바디감   ④ 긴 여운

23 에스프레소 추출 시 추출시간에 미치는 영향이 가장 적은 것은?

① 탬퍼의 무게   ② 로스팅 정도

③ 공기중의 습도   ④ 분쇄굵기

🔖**TIP** 탬퍼의 무게보다 탬핑의 강도는 추출시간에 영향을 미친다.

24 최상의 상태로 추출된 에스프레소 커피의 pH로 가까운 것은?

① 약 4.5   ② 약 5.2   ③ 약 6.5   ④ 약 7.0

25 에스프레소 추출속도에 영향을 미치는 요인으로 거리가 먼 것은?

① 분쇄 굵기   ② 탬퍼의 재질

③ 투입양   ④ 탬핑의 세기

26 탬핑(tamping)을 하는 주된 이유는 무엇인가?

① 포터필터에 커피를 잘 담기 위해

② 풍부한 크레마를 얻기 위해

③ 물과의 고른 접촉을 위해

④ 물과의 접촉면적을 넓게 하기 위해

🔖**TIP** 탬핑(tamping)이란 포터필터에 담겨진 분쇄된 커피를 다지는 것을 말하며,
탬핑의 강도에 따라 물의 고른 접촉시간을 다르게 할 수 있다.
물과의 접촉면적을 넓게하기 위한 것은 글라인딩의 목적이다.

정답   **20** ②   **21** ②   **22** ①   **23** ①   **24** ②   **25** ②   **26** ③

27 다음은 에스프레소 추출의 중요한 작업이다. 바르지 못한 것은?

① 태핑(Tapping): 1차 탬핑 후 바스켓 테두리 가루를 모아 2차 태핑한다. 주요 목적은 강도이다.

② 담기(Dosing): 포터필터 바스켓(Portafilter basket)에는 항상 일정하고 균일하게 담기 작업을 해 주어야 하며 빈 공간이 있거나 하면 탬핑 시 밀도 차이로 물기(Channel)이 발생한다.

③ 고르기(Leveling): 고르기 작업 없이 탬핑을 할 시에는 커피표면에 보이지 않는 빈 공간이 생겨 물길이 발생할 수 있다.

④ 탬핑(Tamping): 탬핑의 목적은 수평을 유지한 채 압착시키는 것, 주요 목적은 수평 유지 및 바스켓 테두리에 빈 공간이 없도록 하는 데 있다.

TIP 태핑 : 2차 탬핑하기 전 단계로 1차 탬핑 후 포타필터 내의 벽면에 묻어 있는 원두가루를 떨어뜨려 주는 역할을 한다.

28 다음은 에스프레소 추출 동작으로 틀린 것은?

① 그룹헤드 장착 후 컵을 내리고 10초 이후에 추출 버튼을 누른다.

② 추출은 끊김 없이 연속 작업을 행한다.

③ 컵은 항상 데워진 상태로 사용한다.

④ 도징 후 커피 고르기(Leveling) 작업을 통해 커피 가루를 균일하게 한다.

TIP 장착 후 즉시 버튼을 누른다(컵 내리고 눌러도 무방).

29 다음 중 에스프레소 추출의 잘못된 것은?

① 커피 추출시간을 가급적 짧게 하기

② 우유 스티밍 전에 스팀 밸브 틀어주기

③ 스티밍 후 스팀 밸브 틀어 주고 닦아주기

④ 에스프레소 추출 전에 샤워필터(Shower filter)에 물 흘리기

30 다음 중 에스프레소 추출을 위해 팩킹(Packing)의 순서로 올바른 것은?

① 커피담기 → 면고르기 → 필터바스켓 상부 털기 → 탬핑(Tamping)

② 커피담기 → 필터바스켓 상부 털기 → 탬핑(Tamping) → 면고르기

③ 커피담기 → 탬핑(Tamping) → 필터바스켓 상부 털기 → 면고르기

④ 커피담기 → 면고르기 → 탬핑(Tamping) → 필터바스켓 상부 털기

27 ①   28 ①   29 ①   30 ④   **정답**

31 다음은 에스프레소 추출 동작들이다. 올바른 순서대로 정렬한 것은?

㉠ 분쇄기를 작동시켜 적당량이 분쇄되면 동작을 멈춘다.	㉡ 필터 안의 커피 레벨링(Leveling) 동작
㉡ 커피 양 조절하기	㉯ 탬핑동작
㉢ 추출버튼 작동 및 추출동작 완료	㉰ 기계에서 포타필터를 빼낸다.
㉣ 포타필터 홀더를 그룹에 맞추어 꽉 끼운다.	㉱ 데운 에스프레소 잔을 놓는다.
㉤ 그룹의 필터 망에 붙은 커피 찌꺼기를 제거하고 찌꺼기를 털어 낸 필터 홀더를 마른 행주로 깨끗이 닦아 준다.	㉲ 홀더를 분쇄기 밑에 밀어 넣고 레버를 당긴다.
	㉳ 홀더의 필터 주변을 손으로 깨끗이 털어준다.

① ㉤-㉠-㉡-㉲-㉯-㉳-㉢-㉣-㉡-㉰-㉱
② ㉳-㉯-㉠-㉱-㉡-㉣-㉤-㉲-㉡-㉰-㉢
③ ㉱-㉤-㉠-㉲-㉡-㉳-㉡-㉯-㉳-㉢-㉰-㉢
④ ㉠-㉡-㉳-㉯-㉳-㉡-㉣-㉤-㉢-㉰-㉱

32 크레마(crema)에 대한 설명으로 올바르지 못한 것은?

① 3~4초 후 바로 사라지는 것이 바람직하다.
② 색상이 너무 짙은 것은, 추출수 온도가 너무 높거나 오랫동안 추출된 것이 원인이다.
③ 점도가 떨어지고 색상이 옅은 것은 분쇄 굵기가 너무 크거나 추출수 온도가 낮은 것이 원인이다.
④ 윤기가 나는 황금색이 표면을 균일하게 덮었다면 바람직한 추출이다.

[TIP] 크레마는 약 4분 정도 지속하는 것이 좋다.

33 에스프레소의 추출액량을 결정할 때 가장 중요하게 고려해야 될 요소가 아닌 것은?

① 커피의 상태　　　② 메뉴의 성격　　　③ 커피 잔의 크기　　　④ 머신의 사용 년수

34 다음은 에스프레소 추출 과정 중 무엇에 관한 내용인가?

① 레버를 규칙적으로 당겨 바스켓에 커피 파우더를 담는다.
② 커피 고르기 - 포터필터에 평평하게 파우더가 담기도록 바닥에 툭 치거나 탬퍼의 뒷면 또는 손으로 쳐서 분쇄 커피를 조금 다져 준 다음 남는 양을 손을 이용해 중앙으로 모은다. 모은 후 도저 커버나 손등으로 깎아 버린다.

① Grinding / Leveling　　　　② Dosing / Leveling
③ Dosing / Packing　　　　④ Grinding / Cupping

35 에스프레소 추출 시 추출액 위에 덮이는 황금색 거품으로 커피의 아교질과 지방질 성분으로 이루어진 것을 무엇이라 하나?

① 데미타세　　　　② 도피오　　　　③ 크레마　　　　④ 카라콜리로

TIP 데미타세 - 에스프레소 전용 잔, 도피오 - 더블 에스프레소 혹은 투 샷, 카라콜리로 - 피베리 생두

36 에스프레소가 너무 빠르게 추출될 때의 원인으로 볼 수 없는 것은?

① 추출 압력이 낮을 때　　　　② 투입량이 적을 때
③ 온도가 낮을 때　　　　④ 입자가 클 때

37 크레마가 풍부한 에스프레소를 추출하기 위한 필수요소로 바르지 않은 것은?

① 신선한 원두　　　　② 경수물 사용
③ 적절한 탬핑과 태핑　　　　④ 좋은 에스프레소 머신

TIP 연수기를 사용해야 한다.

38 에스프레소 추출 시 시간이 30초 이상일 때 원인이 아닌 것은?

① 분쇄가 매우 곱게 됨.　　　　② 추출 압력이 낮음.
③ 기준 양보다 많은 원두를 사용한다.　　　　④ 탬핑을 약하게 함.

39 에스프레소 추출에 60초가 걸렸을 때 조정해야 할 사항은?

① 원두의 입자를 굵게 조절한다.　　　　② 탬핑의 압력을 높인다.
③ 포타 필터의 커피양을 늘린다.　　　　④ 보일러의 압력을 높인다.

40 에스프레소 크레마의 컬러가 약할 경우에 해당하는 것은?

① 추출 압력이 높을 때　　　　② 커피의 분쇄도가 너무 작을 때
③ 탬핑(Tamping)을 너무 세게 했을 때　　　　④ 다크 로스트된 에스프레소 커피를 사용할 때

41 에스프레소 추출시 크레마를 통한 비교로 틀린 것은?

① 크레마의 색상이 빨리 옅어진다 - 추출 시간이 너무 빠르다.

② 크레마의 색상이 빨리 옅어진다 - 온도가 낮은 물을 사용하여 추출

③ 크레마가 없다 - 신선하지 않은 오래된 원두 사용

④ 크레마의 색상이 빨리 진해진다 - 기준량 이하의 원두 사용

35 ③　**36** ①　**37** ②　**38** ④　**39** ①　**40** ①　**41** ④　정답

42 에스프레소의 크레마(Crema)에 대한 설명으로 관련이 없는 것은?

① 단열기능이 있다.　　　　　　② 쓴맛을 약화시킨다.

③ 향미를 잡아준다.　　　　　　④ 신맛을 강화시킨다.

43 다음 룽고(Lungo)에 대한 설명 중 잘못된 것은?

① 영어로 'Long'이란 뜻이다.

② 길게 내려서 쓴맛이 약해진다.

③ 추출량이 40~45ml 정도이다.

④ 농도가 에스프레소 보다 약하다.

[해설] 농도는 약하지만 쓴맛은 강해진다.

44 에스프레소 메뉴 중 추출 시간을 10~15초로 짧게 하여 15~20ml의 적은 양의 진한 에스프레소를 무엇이라 하나?

① 도피오(Doppio)　　　　　　② 룽고(Lungo)

③ 아메리카노(Americano)　　　④ 리스트레또(Ristretto)

45 더블 에스프레소(Double espresso)의 의미이며, 통상 투 샷(Two shot) 이나 더블 샷(Double shot)이라고 불리는 에스프레소 메뉴는?

① 도피오(Doppio)　　　　　　② 룽고(Lungo)

③ 아메리카노(Americano)　　　④ 리스트레또(Ristretto)

[해설] 룽고 – 에스프레소보다 추출시간과 추출량이 더 많은 에스프레소 메뉴
아메리카노 – 에스프레소를 90% 이상의 물로 희석시킨 메뉴
리스트레또 – 에스프레소보다 추출시간과 추출량이 더 적은 에스프레소 메뉴

★
46 에스프레소 기계를 사용하여 커피를 뽑을 때 커피의 맛을 조절할 수 있는 가장 단순한 방법은 무엇인가?

① 탬핑 압력을 조절한다.　　　　② 커피의 추출액량을 조절한다.

③ 물의 온도를 조절한다.　　　　④ 분쇄 커피의 양을 조절한다.

[해설] 추출액량을 조절하여 리스트레또, 에스프레소, 룽고로 추출할 수 있다.

정답　42 ④　43 ②　44 ④　45 ①　46 ②

47 다음 중 가장 에스프레소 추출 시, 과소추출에 해당하지 않는 것은?

① 기준보다 많은 커피의 사용   ② 분쇄 입자가 너무 굵다.

③ 기준보다 짧은 추출 시간   ④ 기준보다 적은 커피를 사용

48 에스프레소 추출 시, 과소추출(Under Extraction)에 해당되는 것은?

① 분쇄입자가 너무 가늘고 거품 입자가 매우 미세하며 곱다.

② 크레마의 거품이 빠르게 사라진다.

③ 짙은 갈색 띠가 3~4mm 정도 형성된다.

④ 향기롭고 진한 감칠맛이 난다.

49 에스프레소 추출 시, 과다추출(Over extraction)에 해당하지 않는 것은?

① 탬핑이 매우 강하다.   ② 원두의 분쇄가 매우 곱다.

③ 기준보다 낮은 온도에서 추출한다.   ④ 기준양보다 많은 원두를 사용한다.

🈂TIP 과다추출(Over extraction) – 쓴맛과 떫은 듯한 맛의 물질이 더 많이 들어가 수율이 높아짐

50 과소추출(under extraction)의 원인으로 거리가 먼 것은?

① 커피 투입량이 기준보다 적다   ② 분쇄굵기가 너무 가늘다

③ 추출 시간이 너무 짧다   ④ 추출수의 온도가 낮다

51 과소추출(under extraction)의 현상으로 올바른 것은?

① 짙은 갈색띠가 3~4mm 정도 만들어진다.   ② 크레마의 거품의 지속성이 낮다.

③ 크레마의 거품 입자가 매우 곱다.   ④ 향기롭고 감칠맛이 난다.

52 에스프레소 커피의 추출 시 커피의 분쇄나 탬핑 문제 등으로 발생할 수 있는 과소추출(Under extraction) 또는 과다추출(Over extraction)에 대한 설명으로 옳은 것은?

① 과다추출 – 커피 분쇄도가 매우 굵거나 탬핑이 매우 강하다.

② 과다추출 – 커피 분쇄도가 매우 곱거나 탬핑이 매우 강하다.

③ 과다추출 – 커피 분쇄도가 매우 굵거나 탬핑이 약하다.

④ 과다추출 – 커피 분쇄도가 매우 곱거나 탬핑이 약하다.

★
53 다음 중 과다추출의 원인이 아닌 것은?

① 바리스타의 탬핑 강도가 지나치게 세게 적용된 경우
② 커피의 원두량을 너무 많이 사용 한 경우
③ 추출 양을 너무 많이 추출한 경우
④ 분쇄도가 너무 가늘어 추출 시간이 길어진 경우

★
54 다음 중 에스프레소 커피의 추출 시 과소추출 현상에 대한 설명으로 맞는 것은?

① 분쇄 입자가 너무 굵을 경우 나타난다.
② 커피 투입량이 너무 많은 경우 나타난다.
③ 크레마는 진한 갈색으로 추출된다.
④ 크레마의 지속성이 길어진다.

★
55 다음 중 에스프레소 커피의 과다추출 현상에 대한 설명으로 맞는 것은?

① 크레마는 연한 갈색으로 추출된다.
② 커피와 물의 접촉 시간이 너무 길어져 나타난다.
③ 커피 투입량이 너무 적을 경우 나타난다.
④ 정상 추출을 하기 위해서는 입자를 더 가늘게 조절한다.

★
56 다음 중 에스프레소 커피 제조 시, 과소추출의 원인으로 맞는 것은?

> 가. 기준보다 높은 온도에서 추출한다.
> 나. 커피의 분쇄가 매우 굵다.
> 다. 탬핑이 매우 강하다.
> 라. 기준보다 적은 양의 커피를 사용한다.

① 가, 나   ② 가, 다   ③ 나, 다   ④ 나, 라

★
57 에스프레소 추출 시 진한 크레마(dark crema)가 추출되었다. 원인으로 거리가 먼 것은?

① 추출수의 온도가 95℃ 이상이다.   ② 펌프압력이 기준압력보다 낮다.
③ 물 공급이 원활하지 않다.   ④ 필터의 구멍이 너무 크다.

정답   53 ③   54 ①   55 ②   56 ④   57 ④

58 에스프레소 추출에 대한 설명 중 틀린 것은?

① 추출은 커피의 가용성 물질 용출 현상이다.

② 입자간 내부 확산을 통한 용출이다.

③ 케이크(cake, 분쇄커피 입자의 집합체)를 통한 액체의 흐름이다.

④ 입자간 액체투과 현상도 일어난다.

TIP 추출시간이 짧으므로 내부 확산을 통한 용출이 아니라 입자 표면에 노출된 가용성 물질이 용해된다.

59 추출을 용이하게 적당량 분쇄된 커피를 포타필터에 담는 일련의 과정을 팩킹(Packing) 이라 하는데 이 과정과 관련이 없는 것은?

① Infusion   ② Dosing   ③ Tapping   ④ Tamping

TIP Infusion은 패킹과정이 아닌 뜸들이기의 일종이다. 에스프레소 머신이 추출 시 약 3~5초 정도 순간적으로 커피를 우려낸 후(Infusion) 물이 매우 높은 압력으로 커피가루를 통과한다.

60 다음 중 에스프레소 평가 방법 중 옳지 않은 것은?

① 우선 크레마의 컬러를 확인한다.

② 컵을 기울여 크레마의 지속성과 밀도를 평가한다.

③ 잔에 코를 가까이 대고 아로마를 맡는다.

④ 스푼으로 크레마와 커피액을 잘 저어 섞은 다음 스푼으로 떠서 마신다.

61 에스프레소 커피는 진한 이탈리아식 커피를 말하는데, 다음 중 에스프레소 추출의 특징 및 정의와 거리가 먼 것은?

① 신속 추출 – 고객의 요청이 있을 때 단시간에 추출하여 제공되는 커피

② 가압 추출 – 약 9기압의 높은 압력으로 추출한 농축된 커피

③ 중력 추출 – 중력의 힘만으로 수용성 및 지용성 성분까지 추출된 커피

④ 즉석 추출 – 풍부한 크레마와 향을 위해 주문 즉시 추출된 커피

62 다음 에스프레소 커피의 특징 중 틀린 것은?

① 고객에게 제공하기 직전에 바로 추출해야 한다.

② 추출 후 시간이 지날수록 크레마는 사라지지만 맛과 향은 더 강해진다.

③ 최상의 에스프레소는 버터리 (Buttery)한 맛과 강한 바디를 느낄 수 있다.

④ 불용 성분까지 추출되므로 드립 커피에 비해 농축된 맛을 느낄 수 있다

58 ② 59 ① 60 ④ 61 ③ 62 ② **정답**

★
63 물과 비교했을 때 에스프레소 커피의 물리화학적 특성에 대한 설명으로 틀린 것은?

① 표면장력이 감소한다.　　　　　② 전기 전도도가 높아진다.

③ 점도가 낮아진다.　　　　　　　④ 밀도가 커진다.

  해설 전기 전도도가 높아진다. 굴절률이 증가한다. 밀도가 커진다. 점도가 커진다.
표면장력이 감소한다. pH가 낮아진다.

★
64 다음 중 커피의 향미 성분이 가장 많이 나올 수 있는 추출 방식은?

① 사이폰 추출　　　　　　　　　② 융 추출

③ 커피 메이커 추출　　　　　　　④ 에스프레소 추출

★
65 다음 중 에스프레소 커피의 특징에 대한 설명으로 틀린 것은?

① 진한 이탈리아식 커피를 말하며 데미타세에 제공한다.

② 20-30초 사이의 비교적 짧은 시간에 추출되는 특성이 있다.

③ 커피 오일 성분이 작은 방울 형태로 유화되어 존재하므로 부드러운 맛을 느낄수있다.

④ 높은 압력을 가해 가용성 성분만 추출되므로 드립식 추출에 비해 농축된 맛을 낸다.

★
66 다음 일반적인 에스프레소 커피 추출에 대한 설명으로 맞는 것은?

① 분쇄 입자의 크기가 클수록 과다추출이 일어난다.

② 에스프레소 커피 추출은 침투 → 분리 → 용해의 과정을 거친다.

③ 추출 시간이 길어질수록 향기롭고 고소한 맛의 에스프레소가 추출된다

④ 크레마는 아교질을 포함한 지방질 성분 등이 포함되어 있다.

★
67 다음 에스프레소 커피의 이화학적 특성에 대한 설명으로 틀린 것은?

① 당도 : 커피액에 미세한 입자로 분산되어 존재하는 당질의 양과 관련 있으며, 당도의 증가는
바디를 더 강하게 한다.

② 산 : 에스프레소 커피의 pH는 5.2-5.8이며 이는 로스팅 정도나 추출 시간에 따라 달라진다.

③ 카페인 : 다른 방식으로 추출된 커피에 비해 카페인 함량이 적게 추출된다.

④ 고형분 함량 : 다른 방식으로 추출된 커피보다 고형분 함량이 더 많이 추출된다.

정답　　**63** ③　**64** ④　**65** ④　**66** ④　**67** ①

68 다음 중 에스프레소 커피의 추출 시간과 가장 밀접한 관계에 있는 요인은?

① 분쇄 커피의 입자크기　　　　　② 추출 온도
③ 커피의 로스팅 정도　　　　　　④ 탬핑 강도

69 다음 에스프레소 커피 추출에 대한 설명 중 틀린 것은?

① 입자 간 액체 투과 현상도 일어난다.
② 입자 간 내부 확산을 통한 용출이다.
③ 커피의 가용성 물질의 용출 현상이다.
④ 커피 케이크를 통한 액체의 흐름이다.

📝TIP 추출 시간이 짧으므로 내부 확산을 통한 용출이 아니라 입자 표면에 노출된 가용성 물질이 용해된다.

70 다음 중 에스프레소 커피에 대한 설명으로 틀린 것은?

① 추출 시간은 20−30초가 적당하다.
② 일반적으로 추출 온도는 90~95℃가 적당하다.
③ 포타필터에 담긴 분쇄 커피에 인위적으로 압력을 가하지 않는 것이 좋다
④ 크레마는 적갈색을 띠며 지속성이 있는 에스프레소가 좋다.

71 다음은 에스프레소 추출 원리를 설명한 것이다. 틀린 것은?

① 일관성 있는 커피 추출을 하기 위해 규격화한 방식이다.
② 추출되는 불용해성 물질은 유분과 콜로이드가 대표적인 성분이다.
③ 용해성 물질은 추출되지만 불용해성 물질은 추출되지 않는다.
④ 고압의 물이 커피 층을 통과하기 때문에 입자는 드립 방식보다 미세하게 분쇄해야한다.

📝TIP 다른 추출법과 달라 가용성 물질과 함께 불용성 커피오일과 미세한 섬유소가 유화상태로 함께 추출된다.

72 다음 중 에스프레소 커피의 추출 속도에 관여하지 않는 것은?

① 수리학적 저항치
② 커피 케이크 내부의 온도
③ 커피 케이크 상·하부의 압력차
④ 커피 케이크의 부피

73 다음은 에스프레소 커피 추출 동작에 대한 설명이다. 맞는 것은?

> 가. 필터바스켓은 젖은 전용의 행주를 사용해 닦아줘야 한다.
> 나. 1차 탬핑을 통해 수평을 맞춘 후 태핑을 반드시 해야 한다.
> 다. 탬핑 후 필터홀더 가장자리를 청소하고 그룹에 장착해야 한다.
> 라. 필터홀더 장착을 하기 전 열수를 빼는 과정은 그룹에 장착하기 전에 해도 된다.
> 마. 패킹 시 레벨링은 손으로만 해야 한다.

① 가, 라   ② 나, 다   ③ 다, 라   ④ 라, 마

74 에스프레소 추출 시 추출 시간이 길어지면 어떤 맛이 강하게 느껴질까?

① 쓴맛이 강해진다.   ② 단맛이 강해진다.

③ 짠맛이 강해진다.   ④ 신맛이 강해진다.

75 다음은 에스프레소 커피 추출의 특징을 설명한 것이다. 틀린 것은?

① 필터바스켓에 분쇄된 커피가루를 담아 고르기와 다지기를 끝낸 후에는 가능한 신속하게 추출 버튼을 눌러야 한다.

② 보일러 내의 과열된 물의 온도를 떨어뜨리기 위하여 추출 직전 물 흘리기를 하는 것은 커피 맛을 위한 중요한 과정이다.

③ 에스프레소의 추출 시 향미 보존을 위하여 예열된 데미타세에 담아 서빙해야 한다.

④ 필터홀더를 항상 그룹헤드에 장착해두면 다음 커피 추출에 안 좋은 영향을주므로 청소가 끝난 후에는 분리 보관한다.

76 에스프레소 커피 추출 시 형성되는 크레마에 대한 설명 중 틀린 것은?

① 영어로 크림(Cream)을 의미하며, 다른 추출 방법과 달리 에스프레소는 풍성한 갈색의 거품 층이 형성된다.

② 분쇄된 커피가루에 함유된 탄산가스(CO_2)가 고온 고압의 물에 녹아 형성된 기포이다.

③ 에스프레소를 시음하기 전에 크레마의 시각적인 요소로 에스프레소의 품질을 판단한다.

④ 크레마의 색은 붉은 색 또는 진한 갈색이 섞이지 않은 깨끗한 헤이즐넛 색으로 추출된 것이 좋다.

정답   73 ③   74 ①   75 ④   76 ④

77 에스프레소 커피는 예술인 동시 정밀한 과학이다. 그런 이유로 인해 오로지 특정한 절차를 통해서만 만족스럽고 특별한 맛을 얻어낼 수가 있는 것이다. 이 과정은 이탈리아에서 '4M'이라 불리는 공식으로 요약되는데, 다음 중 이에 해당되지 않는 것은?

① Miscela   ② Mucca   ③ Maccina   ④ Mano

늘TIP Miscela(혼합), Maccina(기계), Mano(손), Macinazione(분쇄)

78 에스프레소 커피 추출 시, 물 흘리기를 하지 않고 추출을 할 경우 나타나는 현상은?

① 커피의 향미에는 아무런 변화가 없다.
② 크레마가 열은 갈색을 띠며 향은 적고 신미가 강하다.
③ 지나치게 가열된 추출수로 인해 커피에서 톡 쏘는 듯한 자극적인 맛이 날수 있다.
④ 커피 맛이 약해지며 달콤한 향이 난다.

79 에스프레소 커피의 크레마 컬러가 약할 경우, 다음 중 그 원인은?

① 커피의 분쇄 입자가 너무 가늘 때
② 정상 기준보다 추출 온도가 낮을 때
③ 다크 로스트된 커피를 사용해 추출했을 때
④ 탬핑을 너무 강하게 했을때

80 에스프레소 커피 추출 시 너무 진한 크레마가 추출되었다면, 다음 중 그 원인에 해당하지 않는 것은?

① 물의 온도가 95℃보다 높은 경우
② 필터 바스켓의 구멍이 너무 큰 경우
③ 커피의 분쇄 입자가 너무 가는 경우
④ 커피의 양이 너무 많이 담긴 경우

77 ②   78 ③   79 ②   80 ②   정답

커피 추출 운용

01 커피추출의 정의를 바르게 설명한 것은?

① 커피가루의 양은 될수록 많이 사용하여 뽑아내도록 한다.
② 원두에서 뽑을 수 있는 최대치의 수율로 뽑아내도록 한다.
③ 적은 양의 커피가루로 최대한 많은 양의 커피를 뽑아내도록 한다.
④ 잡미를 포함하지 않은 양질의 유효 성분만을 뽑아내도록 한다.

늘TIP 추출 수율은 18~22%이다.

02 커피 추출에 가장 적당한 물은?

① 우물물   ② 약수터에서 떠온 물   ③ 빗물   ④ 갓 뽑은 정수기 물

03 맛있는 커피를 만들기 위한 조건이 아닌 것은?

① 커피를 뽑는 사람의 기술   ② 로스팅도에 알맞은 추출기구
③ 갓 볶은 신선한 원두   ④ 광물질이 풍부하게 함유된 경수

04 다음은 커피를 추출하는 물에 대한 내용이다. 바르게 설명된 것은?

① 칼슘염은 유기산과 결합하여 커피의 단맛을 더해준다.
② 물에 녹아 있는 철이나 동 같은 금속성분은 커피의 맛을 풍부하게 해준다.
③ 카페에서 수돗물을 추출기에 직접 연결하여 쓸 때는 반드시 중간에 정수 장치를 연결하여 염소, 유기물, 칼슘 등을 제거한다.
④ 경도가 높은 물에 녹아 있는 칼슘염, 수돗물에 소독제로 들어 있는 염소는 커피의 성분과 반응하여 맛과 향기를 한층 더해준다.

05 다음은 커피 추출 시 사용하는 물에 관한 내용이다. 올바르게 설명된 것을 고르시오.

① 정수된 물보다는 수돗물을 사용하는 것이 바람직하다.
② 이산화탄소가 남아있지 않은 깨끗한 물이 좋다.
③ 신선하고 좋은 맛이어야 하며 냄새와 불순물이 없어야 한다.
④ 100ppm 이상의 미네랄이 함유되어 있는 물이 좋다.

정답 01 ④   02 ④   03 ④   04 ③   05 ③

06 커피를 추출할 때 가장 적당한 물의 pH는?

① pH 2   ② pH 6   ③ pH 10   ④ pH 14

07 다음 커피 추출기구 중 일반적으로 분쇄된 원두의 입자가 작은 순서대로 나열하시오.

㉠ 이브릭	㉡ 모카포트	㉢ 사이펀
㉣ 프렌치프레스	㉤ 에스프레소	㉥ 융드립

① ㉡ - ㉥ - ㉠ - ㉢ - ㉤ - ㉣
② ㉤ - ㉡ - ㉥ - ㉠ - ㉣ - ㉢
③ ㉤ - ㉠ - ㉡ - ㉢ - ㉣ - ㉥
④ ㉠ - ㉤ - ㉡ - ㉢ - ㉥ - ㉣

08 에스프레소 추출을 위한 분쇄 방법 중 적절하지 못한 설명은?

① 분쇄 입자의 크기는 그날의 날씨와 습도에 영향을 받는다.
② 분쇄된 커피에 미분이 많이 함유되어 있을수록 좋은 맛의 커피를 추출할 수 있다.
③ 선택한 추출 기구에 알맞은 분쇄입자를 선택해야 한다.
④ 적합한 분쇄는 양질의 원두, 적절한 로스팅, 올바른 추출법과 함께 좋은 커피를 얻기 위한 중요한 요소이다.

🔑TIP 미분은 분쇄 시 발생하는 아주 작은 입자로 물에 빨리 녹아 커피 맛을 나쁘게 한다.

09 커피의 가용성분 중 실제로 커피에 추출 된 비율을 무엇이라 하는가?

① 가용수율   ② 수용비율   ③ 추정수율   ④ 추출수율

10 다음 중 커피 추출에 대한 설명으로 틀린 것은?

① 커피의 추출 수율은 22-28%가 이상적이다.
② 추출 농도는 물의 온도에 영향을 받는다.
③ 농도계와 산도계, 추출 차트를 이용하여 물과 추출 커피를 테스트 한다.
④ 커피의 양과 물의 비율을 잘 맞추었더라도 분쇄 입자의 크기가 적절해야 원하는 농도의 커피를 추출할 수 있다.

06 ②   07 ④   08 ②   09 ④   10 ①   정답

11 맛있는 커피를 추출하기 위해 분쇄 과정은 필수이다. 다음 분쇄 조건 중 틀린 것은?

① 추출하고자 하는 기구의 특성에 따라 각각 다른 크기로 분쇄하되 로스팅의 정도 또한 감안하며 분쇄도를 정한다.

② 분쇄 시 발생되는 미분은 원두커피 세포벽이 파편화되어 발생하며, 이를 최소화해야 좋은 맛을 낼 수 있다.

③ 그라인더 모터의 발열은 커피의 맛과 향을 변질시키고 고장의 원인이 되므로, 작동 시간의 두 배 이상 휴식 시간을 가져야 한다.

④ 분쇄 입자의 크기는 커피 맛에 영향을 미치지 않으므로 대략적인 크기로 늘 동일한 분쇄를 하여도 무방하다.

12 다음 중 커피 추출 시 발생하는 현상에 대한 설명으로 틀린 것은?

① 커피가루는 투입된 물에 의해 적셔지면서 이산화탄소를 방출한다..

② 방출된 이산화탄소는 물을 밀어내면서 난류를 일으킨다.

③ 이 난류는 추출 시 커피가루 위로 거품 층이 형성되는 것으로 확인할 수 있다.

④ 커피 입자에 스며든 물은 가용성 성분을 용해시키고, 그 성분을 다시 커피입자 안으로 이동시킨다.

13 커피 맛을 유지하기 위한 기본 수칙 중 틀린 것은?

① 사용할 커피 잔은 뜨거운 물을 부어 예열한다.

② 원두의 품질뿐만 아니라 신선도도 매우 중요하다.

③ 추출 30분 전에 원두를 분쇄해야 숙성된 향미를 즐길 수 있다.

④ 추출 기구는 사용 후 깨끗이 청소해 주어야 한다.

14 다음 중 커피 보관에 영향을 주는 원인으로 맞는 것은?

① 저장 온도가 낮을수록 향기 성분이 빨리 증발한다.

② 원두가 수분을 흡수하면 휘발성 향기 성분의 산화가 촉진된다.

③ 원두는 공기 중의 산소에 의한 영향은 거의 없다.

④ 분쇄 커피는 공기와의 접촉 면적이 커져도 산화는 늦어진다.

정답 **11** ④ **12** ④ **13** ③ **14** ②

15 커피를 추출할 때 고려해야 할 사항 중 맞는 것은?

① 로스팅 정도가 약할 때는 물의 온도를 높여 주고, 커피 입자가 굵으면 추출시간을 짧게 한다.
② 로스팅 정도가 강할 때는 물의 온도를 높여 주고, 커피 입자가 굵으면 추출시간을 짧게 한다.
③ 로스팅 정도가 약할 때는 물의 온도를 높여 주고, 커피 입자가 가늘면 추출시간을 짧게 한다.
④ 로스팅 정도가 강할 때는물의 온도를 낮춰 주고, 커피 입자가 가늘면 추출시간을 길게 한다.

16 커피를 추출할 때 사용되는 물에 대한 내용 중 맞는 것은?

① 칼슘염은 유기산과 결합하여 커피의 단맛을 더해준다.
② 물에 녹아 있는 철이나 동 같은 금속성분은 커피의 맛을 풍부하게 해 준다.
③ 경도가 높은 물에 녹아 있는 칼슘염, 수돗물에 소독제로 들어 있는 염소는 커피의 성분과 반응하여 맛과 향기를 한층 더해준다.
④ 정수 장치를 연결하여 염소, 유기물, 칼슘 등을 제거한 후 사용한다.

17 커피 추출의 3대 원리로 순서가 옳은 것은?

① 침투 → 용해 → 분리
② 용해 → 침투 → 분리
③ 분리 → 침투 → 용해
④ 침투 → 분리 → 용해

18 SCAA가 제안하는 좋은 커피의 조건과 거리가 먼 것은?

① 커피와 물의 적정비율은 1.0~1.5%의 커피농도와 18~22%의 추출 수율을 유지하는 것이 좋다.
② 좋은 원재료만을 사용한다.
③ 추출시간이 길수록 입자를 굵게, 짧을수록 입자를 가늘게 조절한다.
④ 신선하고 맛이 좋고 냄새와 불순물이 없는 물을 사용한다.

19 커피의 맛과 풍미를 극대화하고자 할 때의 고려사항과 거리가 먼 것은?

① 로스팅 후 가스 배출을 위해 최소 1개월이 지난 원두를 사용한다.
② 생두의 특성을 살려 로스팅된 원두를 사용한다.
③ 결점두가 적은 생두를 선택하여 로스팅한다.
④ 추출방식별 올바른 추출법을 사용하여야 한다.

15 ③　**16** ④　**17** ①　**18** ②　**19** ① 　정답

20 커피를 음용하기에 가장 적절한 온도는?

① 60~64℃   ② 65~70℃   ③ 71~75℃   ④ 뜨거울수록 좋다.

21 맛있는 커피를 추출하기 위한 요건으로 거리가 먼 것은?

① 갓 볶은 신선한 원두를 사용하는 것이 좋다.

② 추출도구에 따른 분쇄도를 조절하는 것이 좋다.

③ 미네랄이 풍부한 경수를 사용하는 것이 좋다.

④ 원두에 대한 특성과 해당 추출도구에 대한 이해를 가지고 추출하는 것이 좋다.

22 커피 맛을 내기 위한 좋은 물에 대한 설명 중 옳지 않은 것은?

① 수질(水質)은 커피의 품질만큼이나 중요하다.

② 약간의 경도가 있는 물은 여과 속도를 높여 커피 맛에 좋지 않은 영향을 준다.

③ 철분과 염소 성분은 소량이라도 커피 맛에 나쁜 영향을 준다.

④ 나트륨 이온으로 용해된 무기질을 치환하는 '연수 처리'는 알칼리도를 높여서 커피 맛에 좋지 않은 영향을 준다.

> TIP 약간의 경도가 있는 물(50~100ppm)은 여과 속도를 높여 커피 맛에 좋은 영향을 준다.

23 분쇄를 하는 목적으로 가장 올바른 것은?

① 부피를 줄이기 위해

② 커피 성분을 최대로 가져오기 위해

③ 물과의 접촉면적을 넓게 하여 커피의 유효한 성분을 잘 이끌어내기 위해

④ 추출 시간을 빠르게 하기 위해

> TIP 커피를 추출할 때 분쇄하는 이유는 커피를 잘게 부수어 물과 접촉하는 커피의 표면적을 넓게 함으로써 커피의 유효성분이 쉽게 용해되어 나오기 위함이다.

24 커피 분쇄에 미치는 직접적 요인과 거리가 먼 것은?

① 로스팅 정도   ② 커피의 산지   ③ 습도   ④ 분쇄 시 발생하는 열

정답   **20** ②   **21** ③   **22** ②   **23** ③   **24** ②

25 맛있는 커피를 추출하기 위한 요령으로 올바르지 못한 것은?

① 추출시의 물의 온도는 로스팅의 정도에 따라 고려한다.

② 다양한 커피 추출방식에 있어 분쇄 굵기는 동일하게 적용되며, 물과의 접촉시간에 따라 맛의 차이변화를 연출할 수 있다.

③ 분쇄 굵기에 따른 추출은 맛에 직접적인 영향을 미치므로 추구하는 맛에 따라 결정한다.

④ 추출 전 커피의 상태를 가장 먼저 살펴야 한다.

26 커피 맛을 최대화하기 위한 분쇄 방법이 아닌 것은?

① 추출 방법에 따라 그에 적합한 분쇄 입자를 선택한다.

② 분쇄 시 미분이 많이 발생되지 않도록 한다.

③ 분쇄할 때 되도록 커피 그라인더에 의한 마찰열 발생을 최대화 한다.

④ 커피 그라인더의 기계적 정비와 관리를 통하여 커피 입자의 일정한 분쇄도를 유지한다.

27 원두의 보관 중 발생하는 변질에 관한 설명 중 틀린 것은?

① 증발 : 로스팅 중에 생성되었던 향기 성분이 저장 중 증발하여 감소하기 시작한다.

② 반응 : 향기 성분끼리 저장 중 화학적으로 반응하여 향기가 감소한다.

③ 산화 : 공기 중 산소의 산화 작용으로 향기 성분이 변화한다.

④ 흡착 : 공기 중 질소 성분을 흡착하여 향기 성분이 변화한다.

28 커피의 산패 대한 설명 중 맞는 것은?

① 멜라노이딘이 형성되면서 진행되는 과정이다.

② 분쇄된 커피는 홀빈보다 천천히 산화된다.

③ 커피가 공기 중의 산소와 결합하여 맛과 향이 변화하는 것을 말한다.

④ 다크 로스트 원두는 라이트 로스트 원두보다 서서히 산화된다.

> **TIP** 커피를 강하게 로스팅할수록 조직이 더욱 다공질이 되어 공기와 접촉하는 표면적이 넓어진다. 또한 새포벽의 파괴로 탄산가스의 방출이 빨라지고 커피에 배어나온 오일이 급격히 산화되어 산패가 가속화된다.

25 ② 26 ③ 27 ④ 28 ③ **정답**

29 다음 중 커피의 산패 요인에 대한 설명으로 틀린 것은?

① 커피 포장백 속의 충전된 질소는 산패에 영향을 주지 않는다.

② 다크 로스트 커피일수록 산패 속도가 빠르다.

③ 보관 온도가 10℃ 하강할 때마다 산패는 2, 3배씩 가속화된다.

④ 홀빈보다 분쇄된 상태의 커피가 훨씬 빨리 산패된다.

30 다음 추출방식 중 필터를 사용하지 않는 것은?

① 사이폰　　　② 에스프레소　　　③ 핸드 드립　　　④ 터키식 커피

31 다음 중 콜드브루 커피의 특징이 아닌 것은?

① 저온의 물로 장시간 추출한다.

② 라이트로스트 원두는 추출에 사용하기에 적합하다.

③ 분쇄도와 추출에 사용되는 물맛에 의해서 커피 맛이 많이 달라진다.

④ 분쇄는 일반적으로 페이퍼 드립보다 가늘게, 에스프레소 보다 굵게 한다.

32 분쇄되는 커피의 품질을 결정하는 요소가 아닌 것은?

① 로스팅 강도　　　　　　　② 분쇄기의 회전수

③ 분쇄기 칼날의 간격　　　　④ 원두의 수분 함유량

33 커피 추출 방식은 크게 여과식(투과식)과 침지식(침출식)으로 나눌 수 있다. 다음 중 추출 방식이 다른 하나는?

① 에스프레소　　　　　　　② 모카포트

③ 프렌치프레스　　　　　　④ 페이퍼 드립

🖜TIP 프렌치프레스는 침지식이며 나머지는 여과식이다.

34 다음 추출 기구 중 드립 여과에 해당하지 않는 것은?

① 융 드리퍼　　　　　　　② 페이퍼 드리퍼

③ 커피 메이커　　　　　　④ 사이폰

정답 　29 ③　30 ④　31 ②　32 ②　33 ③　34 ④

35 다음 설명에 해당하는 추출 기구는 무엇인가?

> 플런저에 압력을 가해 체임버에 담긴 물을 밀어내어 추출하는 방식으로 주사기와 같은 원리 이다. 추출 이 신속하게 이루어지며 휴대가 가능하여 장소에 구애받지 않고 사용할 수 있다.

① 모카포트 ② 케멕스
③ 프렌치프레스 ④ 에어로프레스

36 사이폰으로 커피를 추출할 때, 다음 중 커피의 농도를 조절할 수 있는 방법이 아닌 것은?

① 사용되는 물의 양
② 커피가루의 양과 로스팅 정도
③ 물과 커피가루가 접촉하는 시간
④ 플라스크의 물을 가열할 때 사용되는 열원의 종류

37 다음 중 사이폰 추출 기구의 특성이 아닌 것은?

① 추출 커피의 향이 좋으며 연출 효과가 뛰어나다.
② 진공을 이용한 추출 방식이다.
③ 상부 플라스크를 가열하여 발생한 수증기의 압력에 의해 하단부로 뜨거운 물이 내려가 커피를 추출한다.
④ 스틱을 이용하여 커피가루와 물을 잘 섞어주어야 한다.

38 다음 추출 방식 중 투과법에 해당하지 않는 것은?

① 사이폰 ② 에스프레소 ③ 페이퍼드립 ④ 융드립

> 🔍TIP 사이폰(Syphon)은 침지법으로 증기압을 이용하여 추출하므로 진공식 추출이라고 하며 원래 명칭은 배큐엄 브루워(vacuum Brewer)이다. 사용되는 열원(熱願)은 알코올램프, 할로겐램프와 가스스토브가 있다.

39 다음 중 프렌치프레스의 구조와 추출 방법에 대한 설명으로 틀린 것은?

① 비커, 플런저, 금속 필터 등 으로 구성되어 있다.
② 커피에 물을 부는 후에 바로 필터 망을 눌러서 컵에 따라야 한다.
③ 커피는 필터 망을 고려하여 굵게 갈아야 한다.
④ 커피 찌꺼기를 고려하여 추출된 커피를 어느 정도 남기고 따라 마신다.

---

35 ④ 36 ④ 37 ③ 38 ① 39 ② 정답

40 다음 중 추출 기구에 대한 설명 중 옳지 않은 것은?

① 이브릭(Ibrik)은 가장 오래된 추출 기구이다.

② 드립 추출에서 페이퍼 필터를 최초로 고안하여 상용화한 사람은 메리타 벤츠이다.

③ 워터드립은 융드립의 불편함을 개선하기 위해 고안되었다.

④ 사이펀은 증기압의 힘을 이용해 커피를 추출하는 진공여과 방식이다.

> 🗒️TIP 융드립의 불편함을 개선하기 위하여 만들어진 것은 페이퍼 드립이다.

41 추출방식에 대한 설명으로 올바르지 못한 것은?

① 사이폰 – 진공여과 방식으로 향미를 추출하는데 유리하며, 추출 시 시각적인 효과도 좋다.

② 모카포트 – 에스프레소 머신이 발명되기 전 이태리 각 가정에서 사용되던 방식이며 수증기압을 이용하여 추출한다.

③ 프렌치 프레스 – 저온으로 커피를 우려내는 방식이다.

④ 핸드드립 – 드리퍼와 종이필터를 이용하여 중력의 대기압의 상황에서 추출한다.

42 찬물 또는 상온의 물을 이용하여 2~3초에 한 방울씩 떨어지게 하며, 4~12시간 장시간 동안 커피를 우려내는 방식은 무엇인가?

① Ibrik   ② Dutch   ③ Drip   ④ Syphon

> 🗒️TIP 네덜란드 인에 의해 시작된 추출방식으로 찬물로 추출하여 카페인이 아주 적게 추출되는 것으로 알려져 있으며 더치커피라고도 불린다. 장기 보관이 가능하며 시간이 지날수록 숙성된 맛을 음미할 수 있다.

43 다음 여러 가지 추출 방법에 대한 설명으로 틀린 것은?

① 프렌치프레스 – 저온으로 커피를 추출한다.

② 사이폰 – 진공 추출 방식으로 향미 성분을 추출한다.

③ 드립 추출 – 중력을 이용하여 커피를 추출한다.

④ 모카포트 – 가압 추출 방식이다.

44 커피의 추출 수율이 너무 낮을 때 추출 커피에서 느껴지는 향미 특성은?

① 송진 냄새   ② 곡식류 냄새, 탄 냄새

③ 향신료 냄새   ④ 풋콩 냄새, 풀 냄새

정답   40 ③   41 ③   42 ②   43 ①   44 ④

45 추출 기구를 어떻게 관리하느냐에 따라 커피의 맛과 향기가 달라지기 때문에 추출 후 기구의 관리는 중요하다. 다음 중 각 기구의 사용 후 관리 방법으로 틀린 것은?

① 프렌치프레스 – 사용 후 비커와 금속 필터를 깨끗이 씻은 다음 건조 상태로 보관한다.
② 모카포트 – 추출이 끝나면 즉시 찬물에 식혀 분해한 후 깨끗하게 씻은 다음 물기를 제거해준다.
③ 사이폰 – 추출 후 분리한 융 필터는 물로 깨끗하게 씻은 다음 그늘에서 잘 건조한다.
④ 콜드브루 커피 – 추출 후 로드나 플라스크를 중성 세제로 깨끗하게 세척한다.

46 다양한 추출방식에 따른 분쇄 방법 중 올바르지 못한 것은?

① 분쇄 굵기가 가늘면 가늘수록 더 풍부하고 다양한 성분을 가져올 수 있다.
② 분쇄 굵기가 일정할수록 양질의 성분을 일정하게 추출할 수 있다.
③ 선택한 추출방식에 적합한 분쇄 굵기를 선택해야 한다.
④ 추출방식에 따른 적합한 분쇄 굵기는 양질의 원두, 적절한 로스팅, 올바른 추출법과 함께 고려 해야 할 중요한 사항이다.

47 커피의 가치를 높이기 위한 분쇄의 방법으로 올바르지 못한 것은?

① 분쇄시 그라인더의 마찰열은 커피의 향미를 끌어올린다.
② 커피추출 방식에 적합한 분쇄 굵기를 선택한다.
③ 커피 미분이 발생하지 않도록 노력한다.
④ 그라인더의 정기적 관리를 통해 분쇄 굵기를 일정하게 유지한다.

> 🔖TIP 분쇄 시 발생하는 열은 로스팅된 원두의 포인트를 변화시킬 수 있으므로 장시간 사용 후에는 충분한 휴식 시간을 가지고 사용한다.

48 커피가 만들어지는 과정을 볼수 있어 시각적 효과가 좋으며 사이폰(syphon) 추출방식이라고 도 한다. 어떠한 방식인가?

① 드립(drip) ② 진공여과(vacuum filtration)
③ 달임(decoction) ④ 침지(steeping)

49 침지(沈漬)식 추출 방법에 해당하지 않는 것은?

① 프렌치 프레스(french press) ② 퍼콜레이터(percolator)
③ 배큐엄 브루어(Vacuum brewer) ④ 모카포트(Moka pot)

> 🔖TIP 모카포트(Moka pot)는 여과(濾過)식 추출법이다.

45 ③ 46 ① 47 ① 48 ② 49 ④ 정답

50 더치(Dutch)라 부르기도 하는 콜드 브루잉(cold brewing) 추출방식의 특징과 거리가 먼 것은?

① 분쇄 굵기는 드립보다는 가늘게, 에스프레소보다는 굵게 설정한다.

② 따뜻한 물로 우려낸 커피와는 다르게 더치커피는 시간이 경과 하더라도 맛의 변화가 거의 없다.

③ 분쇄 굵기와 물의 품질에 많은 영향을 받는다.

④ 강하게 볶아진 원두를 사용할 때에만 적합하다.

51 다음 중 여과식 추출법에 해당하지 않는 것은?

① 더치드립   ② 퍼콜레이터

③ 칼리타드립   ④ 융드립

🔖TIP 퍼콜레이터(Percolator)는 침지식 추출법(담금법)에 해당한다.

52 추출도구와 그에 적절한 분쇄 굵기의 연결이 올바르지 않은 것은?

① 에스프레소 – 0.3mm 이하의 미세한 분쇄 굵기

② 모카포트 – 1.0mm 이상의 약간 굵은 분쇄 굵기

③ 사이폰 – 0.5mm 이하의 고운 분쇄 굵기

④ 핸드드립 – 0.5~0.7mm 사이의 분쇄 굵기

53 다음 중 프렌치 프레스 추출의 특성이 아닌 것은?

① 비교적 바디가 강한 커피를 추출할 수 있다.

② 커피 찌꺼기를 고려하여 추출 된 커피의 70% 정도만 따라서 마신다.

③ 커피에 물을 부은 후에 즉시 필터 망을 눌러서 컵에 따라내도록 한다.

④ 물과의 접촉 시간이 길어 풀 시티 정도의 원두를 굵게 분쇄하여 사용한다.

54 다음 중에서 모카 포트 추출에 대한 설명이 아닌 것은?

① 에스프레소 입자 보다 조금 굵게 분쇄하여 사용한다.

② 추출을 하면 커피 찌꺼기가 섞일 수 있으므로 전용 페이퍼 필터를 바스켓 위에 올려놓고 사용한다.

③ 모카포트 내부의 하단 포트 압력 밸브 위까지 물을 충분히 넣어 주어야 한다.

④ 가열 시 불을 너무 세게 하면 손잡이 부분이 녹을 수 있으므로 주의하여야 한다.

🔖TIP 모카포트의 사용법은 하부물통 압력밸브 아래까지 물을 부어서 사용한다.

정답   **50** ④   **51** ②   **52** ②   **53** ③   **54** ③

55 아래 방법은 어느 기구를 이용한 커피 추출방법인가?

> 커피 분쇄 입자는 에스프레소 보다 곱게 분쇄하여 1인분 4~5g, 물은 80ml 기준으로 찬물을 기구에 넣는다. 커피와 함께 끓이다가 거품이 끓어오르면 2~3번 불 위를 올리고 내리기를 반복한다. 커피 찌꺼기를 가라앉힌 후에 잔에 따라 마신다.

① 이브릭 ② 퍼콜레이터
③ 모카포트 ④ 사이폰

56 사이폰 추출의 특징적 요소로 관계가 먼 것은?

① 사이폰은 스틱을 사용하는 테크닉에 따라 맛의 변화를 줄 수 있다.
② 분쇄는 페이퍼 드립보다 조금 가늘게 하고 추출 시간은 되도록 3분을 넘겨 완료한다.
③ 사이폰은 유리제품으로 추출 중에는 기구가 고온이 되므로 취급에 주의를 해야 한다.
④ 추출 시 플라스크에 물이 조금 남아 있는 것이 정상이며 마지막에 거품이 나오면서 추출이 완료된다.

57 다음은 추출 기구에 대한 설명이다. 추출기구의 명칭으로 바른 것은?

> 1933년 알폰소 비알레띠(Alfonso Bialetti)에 의해 개발된 가정식 에스프레소 커피 추출 기구로 끓는 물의 증기압력에 의해 상단으로 물이 올라가는 과정에서 커피 층을 통과하여 커피가 추출되는 원리로 '스토브 탑(Stove-Top)'이라고 부른다.

① 모카포트 ② 사이펀
③ 이브릭 ④ 퍼콜레이터

58 모카포트 추출 시, 주의해야 할 점이 아닌 것은?

① 하부 포트에 물을 채울 때 안전밸브가 물에 잠기지 않도록 하는 것이 안전하다.
② 질 좋은 크레마를 만들려면 15kg 이상의 힘으로 템핑 해 주어야 한다.
③ 상부 포트와 하부 포트를 결합할 때 압력이 새지 않도록 꼭 잠가야 한다.
④ 커피가루를 바스켓에 담을 때 너무 세게 탬핑하지 않아야 한다.

★
59 다음 설명하는 추출 방식은 무엇인가?

> 증기압의 힘을 이용해 커피를 추출하는 진공여과 방식이며, 연출 효과와 깨끗한 맛이 특징이다. 제품이 유리로 되어 있어, 취급에 각별한 주의가 필요하고 필터 관리에도 신경을 써야 한다. 열원으로는 알코올 램프, 할로겐 램프, 가스 등이 있다.

① 모카포트

② 프렌치 프레스

③ 퍼콜레이터

④ 사이펀

🔖TIP 진공식 추출 기구(Vacuum Brewer)는 1804년 스코틀랜드의 네이피어(Robert Napier)에 의해 개발되었다.

★
60 커피 추출에 물은 아주 중요하다. 물을 정수 처리해서 사용하는 방법 중 맛과 냄새를 개선할 수 있는 방법은?

① 역삼투압 방법

② 활성탄 방법

③ 알칼리 제거 방법

④ 드립 프로세서 방법

★
61 아래 기구로 커피를 추출할 때, 사용되는 분쇄 입자의 크기를 작은 순서부터 맞게 나열한 것은?

가. 에스프레소 머신	나. 모카포트	다. 사이폰
라. 프렌치프레스	마. 이브릭	

① 가—다—라—마—나

② 마—가—나—다—라

③ 나—가—다—마—라

④ 마—나—가—라—다

★
62 다음 중 커피 추출 기구와 사용되는 커피 입자의 크기가 잘못 연결된 것은?

① 에스프레소 – 0.3mm 이하의 미세한 커피

② 사이폰 – 0.5mm 이하의 고운 커피

③ 드립식 – 0.5-1.0mm의 중간 입자 크기의 커피

④ 모카포트 – 1.0mm 이상의 조금 굵은 커피

정답   59 ④   60 ②   61 ②   62 ④

63 커피의 추출 시간과 분쇄의 상관관계에 대한 설명 중 맞는 것은?

① 커피를 분쇄할 때 미분이 많이 발생하는 것이 좋은 커피 그라인더이다.

② 커피의 분쇄는 메뉴 제조 시, 시간단축을 위해 미리 분쇄해 놓는 것이 좋다.

③ 일반적으로 추출시간이 길 때는 분쇄 입자를 가늘게, 짧을 때는 분쇄 입지를 굵게 조절하는 것이 적합하다.

④ 그라인딩 밀 (Grinding mill) 방식 보다 커팅 밀 (Cutting mill) 방식이 분쇄할 때 열이 더 많이 발생한다.

64 터키식 커피 추출 시, 거품을 미리 컵에 나누어 담는데, 이때 거품의 역할은 무엇인가?

① 보온 효과   ② 향기 보존 효과

③ 미각적 효과   ④ 시각적 효과

65 다음은 커피에 함유되어 있는 탄산가스에 대한 설명이다. 틀린 것은?

① 커피의 향기 성분이 공기 중의 산소와 접촉하는 것을 막아준다.

② 커피의 추출을 방해한다.

③ 커피 추출 시 추출액 표면에 거품이 생긴다.

④ 탄산가스가 방출되지 않도록 반드시 밀폐시켜 주는 것이 좋다.

> 커피를 로스팅 한 후 8~24시간 정도 탄산가스를 방출(Degassing) 시킨 후 포장을 한다.

66 드립 추출 시, 커피가루 표면에 발생하는 거품에 대한 설명으로 틀린 것은?

① 표면의 거품에는 잡미도 섞여 있다.

② 커피 내부의 탄산가스로 인해 거품이 생긴다.

③ 커피가 신선하지 않으면 표면에 거품이 발생하지 않는다.

④ 거품은 향기 성분을 많이 포함하고 있기 때문에 물이 완전히 빠질 때까지 드리퍼를 서버에 올려 놓는다.

67 핸드드립(hand drip)에 대한 설명 중 올바르지 않은 것은?

① 추출 시 드립퍼, 드립 서버, 드립 주전자의 종류에 따른 맛의 차이는 없다.

② 분쇄 굵기가 굵을수록 커피 맛은 연해진다.

③ 물의 온도가 높을수록 쓴맛과 탄맛이 강해진다.

④ 신선한 원두를 사용할수록 향미가 풍부하다.

---

63 ④   **64** ②   **65** ④   **66** ④   **67** ①   정답

★
68 핸드드립 도구로 페이퍼 필터를 최초로 고안하여 상용화한 인물은?

① 메리타 벤츠   ② 가토   ③ 린네   ④ 베제라

📖TIP 1908년 독일의 메리타 벤츠(Melitta Bentz) 부인이 발명하여 페이퍼 드립의 출발이 되었다.

★
69 페이퍼 드리퍼에 있는 리브(Rib)의 역할을 바르게 설명한 것은?

① 커피가루 사이에 있는 공기를 원활히 배출시키는 역할을 한다.
② 드리퍼의 내구성을 높이기 위해 기둥 역할을 한다.
③ 접촉면을 높여 여과 시간을 길게 하는 역할을 한다.
④ 리브가 많을수록 유속이 느려지므로 진한 커피를 뽑을 때 사용한다.

📖TIP 드리퍼 내부의 요철을 말하며 물을 부었을 때 공기가 빠져나가는 통로 역할을 한다.

★
70 핸드드립 추출에서 일반적인 물줄기로 보기 어려운 것은?

① 물줄기 두께는 직경 2~3mm 정도가 좋다.
② 물은 수직으로 주어야 한다.
③ 물은 가능한 낙차를 크게 하여 빠르게 주어야 한다.
④ 커피 표면 위 3~4cm 정도에서 물을 주는 것이 좋다.

★
71 다음 중 융 드립 특성이 아닌 것은?

① 온도를 일반적으로 페이퍼 드립보다는 높게 하여 추출한다.
② 분쇄입자는 페이퍼 드립보다 약간 굵게 한다.
③ 커피 지방 성분이 추출되어 매끄럽고 크리미한 맛을 낸다.
④ 페이퍼 드립에 비해서 장력이 좋지 않아 맛이 가볍다.

📖TIP 융 드립은 프란넬(Plannel) 드립이라고도 하며 진하면서 부드러운 맛을 느낄 수 있다.

★
72 융 필터 관리 요령으로 올바르지 않은 것은?

① 사용 후 흐르는 깨끗한 물로 씻는다.
② 사용 즉시 세제로 씻어 건조시켜둔다.
③ 씻은 후 깨끗한 물에 담가 냉장고에 보관한다.
④ 장기간 사용하지 않을 경우에는 비닐팩에 넣어 냉동보관도 가능하다.

📖TIP 융 필터는 물에 담가 보관하여 마르지 않도록 한다.

정답   68 ①   69 ①   70 ③   71 ④   72 ②

73 신선한 커피를 드립을 이용하여 추출하면 표면이 부풀거나 추출액 표면에 거품이 생기는데 그 이유는 무엇인가?

① 커피에 들어있는 탄산가스에 의해 생긴다.

② 유기산에 의해 생긴다.

③ 아미노산에 의해 생긴다.

④ 포도당에 의해 생긴다.

TIP 신선한 커피를 핸드드립으로 추출하면 CO_2 가스에 의해 표면이 부풀어 오르는 것을 관찰할 수 있다.

74 핸드드립으로 커피를 추출할 경우 커피가루 표면에 발생하는 거품에 대한 설명으로 옳지 않은 것은?

① 신선하지 않은 커피가루에서는 거품이 나오지 않는다.

② 거품에는 잡미를 포함하고 있다.

③ 핸드드립 추출 시 커피가루 표면에 발생한 거품은 향기 성분을 많이 포함하고 있으므로 드리퍼의 물이 끝까지 빠질 때까지 완전히 추출한다.

④ 커피 추출 시 커피가루 표면에 발생하는 거품은 작고 고울수록 좋다.

75 다음은 핸드 드립과 에스프레소의 비교설명이다. 틀린 내용은?

① 핸드 드립은 주로 단종 커피에 사용한다.

② 에스프레소 추출법은 추출 시간이 핸드 드립에 비해 짧다.

③ 핸드 드립은 다양한 메뉴가 가능하다.

④ 에스프레소는 상대적으로 머신의 성능이 커피 맛에 영향을 많이 준다.

76 드립식 추출법으로 물을 주입하는 과정이다. 바르지 못한 설명은?

① 물은 가능한 커피와 가까운 위치에서 부어준다.

② 물을 붓는 위치를 계속 이동 시킨다.

③ 최대한 필터에 가깝게 물을 붓는다.

④ 드리퍼 안의 물이 마르지 않게 부어준다.

TIP 필터에 직접 물이 닿으면 커피를 통과하지 않은 물이 서버로 흘러내리게 되어 커피 맛이 싱겁게 된다.

73 ① 74 ③ 75 ③ 76 ③ 정답

77 드립여과(Drip Filtration) 방식의 커피 추출에서 커피에 수분과 열을 주어 세포를 팽창시켜 성분이 추출되기 쉬운 상태로 만들기 위한 작업을 무엇이라 하나?

① 추출　　　　② 진액 추출　　　　③ 뜸 들이기　　　　④ 스프링 주입

> **TIP** 드립 추출 시 뜸들이기를 하면 물이 균일하게 확산되면서 가루 전체에 물이 고르게 퍼지게 된다.
> 커피 입자가 물을 흡수하여 커피의 수용성 성분이 물에 충분히 녹게 되어 추출이 원활하게 일어난다.

78 드립 추출 시, 뜸을 주는 이유로 타당하지 않은 것은?

① 뜸을 들이는 과정 없이 바로 추출하게 되면 수용성 성분이 물에 용해될 시간이 없어 싱거운 커피가 추출되기 때문이다.

② 뜸을 잘 들여야 커피 성분이 원활하게 뽑혀 맛있는 커피를 만들 수 있다.

③ 맛과 향을 제대로 표현함과 동시에 시각적 효과를 위해 반드시 필요한 과정이다.

④ 커피에 함유된 탄산가스와 공기를 빼주는 역할을 한다.

79 드립 추출 시, 뜸을 주는 방법으로 틀린 것은?

① 나선형 방법이 가장 널리 사용된다.

② 물줄기는 가늘고 촘촘히 빠짐없이 주어야 하며, 특히 중앙부에 머물러 계속 주입하도록 한다.

③ 촘촘히 주는 이유는 뜸이 들지 않는 부분이 생겨 커피 맛이 제대로 뽑히지 않게 되는 것을 방지하기 위함이다.

④ 뜸을 줄때는 너무 끝까지 주입하지 않도록 해야 한다.

80 추출구가 한 개로 원추형이며 리브의 수가 적고 높이가 드리퍼 중간까지만 있으며 융드립의 불편함을 보완하기 위해 만들어진 드리퍼의 종류는?

① 칼리타(Kalita)　　　　　　　② 하리오(Hario)
③ 고노(Kono)　　　　　　　　④ 메리타(Melitta)

81 다음은 고노 드리퍼와 하리오 드리퍼의 비교내용이다. 다른 것은?

① 고노 드리퍼는 진한 맛을 추출할 수 있으나 잘못 추출할 경우 추출시간이 너무 오래 걸릴 수 있는데 이를 변형한 것이 하리오 드리퍼이다.

② 둘 다 원추형이나 추출구는 하리오 드리퍼가 더 크다.

③ 리브가 나선형으로 되어있는 드리퍼는 고노이다.

④ 하리오는 고노에 비해 물빠짐이 원활하며 칼리타와 고노의 중간적인 맛을 낼 수 있다.

> **TIP** 고노는 리브가 수직으로 중간까지 있으며, 하리오는 나선형으로 드리퍼의 끝까지 나있다.

정답　　77 ③　　78 ③　　79 ②　　80 ③　　81 ③

82 핸드드립(Hand Drip)에 대한 다음 설명 중 옳은 것은?

① 원두의 분쇄 입자가 굵을수록 바디감은 올라간다.
② 커피추출 온도가 높을수록 커피의 신맛은 약해진다.
③ 커피의 원두는 사용 전 즉시 갈아 사용해야 향을 지킬 수 있다.
④ 추출 시 드립포트, 서버, 드리퍼의 종류에 따른 커피 맛의 차이는 없으므로 편한 기구로 추출 토록 한다.

83 신선한 커피를 이용하여 핸드드립 추출 시 표면에 거품이 생기는 건 어떠한 성분 때문인가?

① 리놀레산   ② 유기산   ③ 카페인   ④ 탄산가스

84 에스프레소 방식의 추출과 함께 핸드드립 커피가 증가하고 있다. 핸드드립 커피에 대한 설명으로 사실과 다른 것은?

① 커피의 추출 수율은 추출 방식과는 상관없이 18~22%가 이상적이다.
② 추출농도는 물의 온도와는 별 상관이 없으므로 원하는 온도에서 추출하도록 한다.
③ 농도계와 산도계, 추출차트를 이용하여 물과 추출커피를 테스트 한다.
④ 원두량과 물의 비율을 맞추었더라도 추출 방식에 따른 커피입자를 맞추어 추출해야 적절한 추출이 용이하다.

85 핸드드립 추출 시 고려사항이 아닌 것은?

① 추출 해야할 분량에 맞는 투입량
② 탬핑의 강도
③ 신선함과 로스팅의 정도
④ 물의 온도와 뜸들이기 시간

86 핸드드립 추출 시 드립용 주전자는 맛에 많은 영향을 미친다. 올바른 것은?

① 드립 주전자의 재질은 도자기가 좋다.
② 드립 주전자의 입구는 가늘수록 좋다.
③ 드립 주전자는 클수록 드립하기에 수월하다.
④ 드립 주전자의 입구는 넓을수록 물줄기 조절에 용이하다.

82 ③   83 ④   84 ②   85 ②   86 ②   정답

87 핸드드립 추출 시 바람직한 물줄기의 요령과 거리가 먼 것은?

① 물은 커피의 수평면에서 수직으로 주는 것이 좋다.

② 적절한 물줄기의 직경은 2~3mm가 좋다.

③ 드립 시 주전자의 위치는 커피와 낙차를 크게 하고 일시에 많은 양을 부어주는 것이 좋다.

④ 물은 커피 표면으로부터 5cm 이내에서 주는 것이 좋다.

88 플라스틱 드리퍼의 특성으로 올바르지 않은 것은?

① 보온성이 낮다.

② 지속적으로 사용시 형태의 변형이 나타날 수 있다.

③ 파손의 위험이 높다.

④ 드립 시 물의 흐름을 볼 수 있어 좋다.

89 드립용 주전자를 선택할 때 고려해야 할 사항으로 보기 어려운 것은?

① 주전자 입의 두께와 형태

② 주전자 크기와 밸런스

③ 입의 위치

④ 주전자의 재질

TIP 주전자의 재질 → 법랑, 스테인레스, 구리

90 핸드드립 추출 시 사용되지 않는 도구는?

① 드리퍼   ② 포터 필터

③ 드립 포트   ④ 커피 필터

91 드립 여과 방식의 커피 추출에서, 커피에 수분과 열을 가해 세포를 팽창시켜 커피 성분이 추출되기 쉬운 상태로 만들기 위한 작업은?

① 진액 추출   ② 뜸 들이기

③ 스프링 주입   ④ 추출

정답   87 ③   88 ③   89 ②   90 ②   91 ②

92 커피 추출 방식 중 드립 여과에 대한 설명으로 틀린 것은?

① 상부에 추출 기구가 하부에 추출액을 받는 용기가 있다.
② 분쇄 입자의 크기는 커피 맛에 많은 영향을 미친다.
③ 분쇄 커피와 접촉하는 물의 온도와 시간이 추출의 최대의 포인트가 된다.
④ 분쇄 커피를 뜨거운 몸속에 일정 시간 담가 두어 추출하는 방법이다.

93 다음 중 드립 포트를 선택할 때 고려할 사항으로 틀린 것은?

① 드립 포트의 재질은 스테인리스, 동, 에나멜이 있다.
② 드립 포트 구입 시 포트의 재질, 용량, 배출구의 형태 등을 고려해야 한다.
③ 물이 나오는 드립 포트의 배출구는 학의 부리를 닮은 것이 좋다.
④ 물이 나오는 드립 포트의 배출구가 넓을수록 물줄기 조절이 용이하다.

94 다음 중 드립 추출 시, 커피가루에 작용하는 힘이 아닌 것은?

① 표면장력   ② 중력
③ 탄산가스에 의한 가루의 팽창력   ④ 스팀의 증기압력

95 드립 추출 시, 물을 주입하는 과정에 대한 설명으로 틀린 것은?

① 필터에 물을 직접 붓는다.
② 물을 붓는 위치를 계속 이동 시킨다.
③ 드리퍼 안의 물이 마르게 해서는 안 된다.
④ 물은 가능한 커피와 가까운 위치에서 조심스럽게 부어준다.

TIP 필터에 직접 물이 닿으면 커피를 통과하지 않은 물이 서버로 흘러 내리게 되어 커피 맛이 싱겁게 된다.

96 다음 중 드립 추출에 대한 설명으로 맞는 것은?

① 드리퍼의 리브는 추출에는 영향을 미치지 않는다.
② 도기 재질의 드리퍼는 플라스틱 재질의 드리퍼에 비해 보온성이 떨어진다.
③ 페이퍼 드립이 융 드립에 비해 고형 성분이 더 많이 추출된다.
④ 뜸을 들이는 이유는 커피에 함유되어 있는 탄산가스와 공기를 배출시키기 위해서이다.

92 ④   93 ④   94 ④   95 ①   96 ④   정답

97 다음 중 융 필터 관리 요령으로 틀린 것은?

① 사용 후 흐르는 물로 깨끗이 씻는다.

② 사용 후 필터를 깨끗한 물에 담가 냉장 보관한다.

③ 사용 후 즉시 깨끗한 물로 씻은 다음 신속히 건조시켜 보관한다.

④ 장시간 사용하지 않을 경우 비닐 팩에 넣어 냉동 보관한다.

해TIP 융 필터는 물에 담가 보관하여 마르지 않도록 한다.

98 융 필터는 물에 담가 보관하는데 그 이유는 무엇인가?

① 필터의 커피 색깔을 없애기 위해

② 필터에 남은 커피 찌꺼기에 의한 잡냄새 제거를 위해

③ 추출할 때 바디를 더 강하게 하기 위해

④ 천의 조직을 더 탄탄하게 하기 위해

99 다음 중 융 드립의 특성이 아닌 것은?

① 분쇄는 페이퍼 드립보다 약간 굵게 한다.

② 추출 온도를 일반적으로 페이퍼 드립보다 높여준다.

③ 커피 지방 성분이 추출되어 매끄러운 맛을 낸다.

④ 페이퍼 드립에 비해서 장력이 약해 맛이 가볍다.

100 신선한 커피에 함유된 가스 성분으로 인해 발생하는 현상은?

① 향기 성분을 방출한다.

② 산소를 발생시킨다.

③ 질소를 만든다.

④ 음이온을 생성한다.

정답 97 ③ 98 ② 99 ④ 100 ①

커피 음료 제조

01 다음은 에스프레소 베리에이션음료 중 바르지 않은 것은?

① 에스프레소 마끼야또(Espresso Macchiato) : 추출시간을 짧게 하여 보다 농축된 에스프레소로 커피 양은 같으나 물의 양은 적은 에스프레소를 지칭한다.

② 룽고(Lungo) : 에스프레소보다 추출 시간을 길게 하여 보다 양이 많게 추출 된 에스프레소이다.

③ 카페 라떼(Caffe Latte) : 에스프레소에 데운 우유를 섞어 제공되며, 카푸치노보다 좀 더 많은 우유에 거품은 거의 없거나 아주 조금만 뜬 상태의 커피를 지칭한다.

④ 카페 모카(Caffe Mocha) : 에스프레소에 초콜릿 시럽과 데운 우유를 넣어 섞은 후 그 위에 휘핑크림을 얹은 다음 초콜릿 시럽과 초콜릿 가루로 장식한 커피를 지칭한다.

02 에스프레소 이외에 우유, 크림 등이 첨가된 메뉴를 무엇이라고 하는가?

① 핫메뉴(Hot menu)
② 에스프레소 메뉴(Espresso menu)
③ 베리에이션 메뉴(variation menu)
④ 아이스 메뉴 (Ice menu)

03 에스프레소 커피를 이용하여 만들어진 메뉴이다. 이때 데미타세에 제공될 수 없는 커피 메뉴는 무엇인가?

① 카페 리스트레또(Caffe Ristretto)
② 카페 라떼(Caffe Latte)
③ 카페 콘파냐(Caffe con Panna)
④ 카페 마끼아또(Caffe Macchiato)

04 카페라떼(Caffe Latte)와 카푸치노(Cappuccino) 메뉴에 대한 설명 중 옳지 않은 것은?

① 카페라떼는 커피와 데운 우유로 만든 음료이고, 카푸치노는 데운 우유와 거품 우유를 함께 올린 음료이다.

② 카페라떼에도 거품을 올리기도 하는데, 이때 거품은 전체의 1/4을 넘지 않도록 한다.

③ 더블라떼라고 하는 것은 우유의 양은 그대로 하되, 투 샷의 커피를 사용해서 만든 음료이다.

④ 카푸치노에는 반드시 계피가루를 올려야 한다.

> TIP 카푸치노에 계피가루 토핑은 선택이며 계피가루 대신 초코파우더를 토핑 하기도 한다.

01 ① 02 ③ 03 ② 04 ④ 정답

05 다음 중 음료의 양이 가장 적은 것은?

① 라떼 마끼아또(Latte Maccliiato)　　② 캐러멜 라떼 (Caramel Latte)

③ 아메리카노(Americano)　　④ 카페 꼰 빠나(Caff& con Panna)

06 짧은 시간 동안 추출하여 만든 농축된 커피로서, 커피가 가장 농후하게 나오는 피크 시점 직후에 추출을 완료하여 만든 이탈리아식 커피는?

① 룽고 (Lungo)　　② 에스프레소 (Espresso)

③ 리스트레또(Ristretto)　　④ 도피오(Doppio)

07 디음 에스프레소 대한 설명 중 틀린 것은?

① 리스트레또(Ristretto) : 짧은 시간 추출한 농축 에스프레소 중에서 양이 적은 에스프레소를 지칭한다.

② 룽고(Lungo) : 에스프레소에 데운 우유와 휘핑크림을 첨가한 것으로 비엔나 커피라고도 한다.

③ 카페 라떼(Caffè Latte) : 에스프레소에 데운 우유를 섞어 제공되며, 카푸치노 보다 좀 더 많은 우유에 거품은 거의 없거나 아주 조금만 있는 상태의 커피를 지칭한다.

④ 도피오(Doppio) : 더블 에스프레소라고 부르기도 하며, 에스프레소에 비해 양이 많으면서도 에스프레소 특유의 맛과 향을 넉넉히 음미할 수 있는 커피를 지칭하다.

08 다음 중 베리에이션 메뉴에 속하지 않는 것은?

① 에스프레소 솔로(Espresso solo)　　② 카페 모카(Caffè Mocha)

③ 카푸치노 (Cappuccino)　　④ 카페 라떼 (Caffè Latte)

09 에스프레소에 크림을 첨가한 이탈리아 커피는 무엇인가?

① 카페 코레또(Caffè Corretto)　　② 카페 꼰 빠나(Caffè con Panna)

③ 카페 라떼 (Caffè Latte)　　④ 카페 리스트레또(Caffè Ristretto)

10 다음은 커피에 관련된 용어이다. 내용이 틀린 것은?

① 크레마 : 에스프레소 머신으로 추출한 커피 위에 덮이는 황갈색 거품을 말한다.

② 디카페인 커피 : 커피에 함유되어 있는 카페인 성분을 제거한 커피를 말한다.

③ 도피오 : 더블 에스프레소를 지칭하는 이탈리아어이다.

④ 프렌치프레스 : 커피 추출 기구 중 하나로 가정용 에스프레소 머신이라고 할 수 있다.

정답 05 ④　06 ③　07 ②　08 ①　09 ②　10 ④

11 다음 메뉴 중 우유를 이용하여 만든 것은?

① 카페 알렉산더 (Caffè Alexander) ② 카페 샤케라또(Caffè Shakerato)

③ 카페 아란치아타(Caffè Aranciata) ④ 모카치노(Mochaccino)

12 다음 중 에스프레소에 레몬즙이나 껍질 등을 넣은 메뉴는?

① 카페 아로마 (Caffè Aroma) ② 카페 꼰빠나(Caffè con Panna)

③ 카페 로마노(Caffè Romano) ④ 카페 코레또(Caffè Corretto)

13 나폴레옹이 즐겨 마셨던 음료로 유명하며 브랜디를 이용하여 환상적인 연출이 가능한 커피 메뉴는?

① 카페 로얄(Café Royale) ② 아이리시 커피(Irish coffee)

③ 블랙 러시안(Black Russian) ④ 카페 알렉산더(Caffé Alexander)

14 멕시코산 커피를 주원료로 코코아, 바닐라 향을 첨가해서 만든 리큐어(Liqueur)는?

① 깔루아(Kahlua) ② 티아 마리아(Tia Maria)

③ 크렘 드 카페(Crème de cafe) ④ 아마레토(Amaretto)

15 우리나라에서는 '비엔나 커피'라 불리며 오스트리아에서 유래된 커피의 이름은?

① 카푸치노(Cappuccino) ② 멜랑쥬(Melange)

③ 브라우너(Brauner) ④ 아인슈패너(Einspanner)

16 다음 중 위스키가 첨가된 커피 메뉴는 무엇인가?

① 아이리시 커피(Irish coffee) ② 말리부 커피(Malibu coffee)

③ 갈리아노 커피(Galliano coffee) ④ 깔루아 커피(Kahlua coffee)

17 다음 중 차가운 음료메뉴는 어느 것인가?

① Doppio ② Cappuccino Freddo

③ Caramel Macchiato ④ Caffe Con Panna

TIP Freddo 는 이태리어로 '차갑다'는 뜻

11 ④ 12 ③ 13 ① 14 ① 15 ④ 16 ① 17 ② 정답

★
18 에스프레소 음료에 크림을 얹은 메뉴는?

① Caffe Ristretto ② Caffe Corretto
③ Caffe Con Panna ④ Caffe Latte

★
19 다음 중 얼음의 종류가 알맞게 연결된 것은?

① Block of Ice : 1kg 이하의 큰 덩어리 얼음이며, Punch Cup 칵테일에 사용한다.
② Cubed Ice : 각 얼음 또는 기계얼음 이라고 하며, long Drink 용으로 사용한다.
③ Shaved Ice : 콩알 얼음으로 Tropical 칵테일에 사용한다.
④ Lump of Ice : 각 얼음 크기의 송곳으로 쪼갠 얼음으로 Shaking 용으로 사용한다.

★
20 일반적으로 휘핑기에 사용되는 가스는?

① 탄소 ② 질소 ③ 산소 ④ 수소

★
21 다음 중 카페 음료메뉴에 많이 쓰이는 차 중에서 발효 정도로 차를 나누었을 때 발효가 전혀 되지 않은 차는 무엇인가?

① 실론 ② 녹차 ③ 우롱차 ④ 홍차

★
22 다음 중 크림의 제조공정으로 올바른 것은?

① 원유(원유검사) → 여과 · 냉각(5℃ 이하) → 크림분리 → 크림 → 표준 화→ 살균 → 균질 →
냉각 → 저장 → 포장 → 냉장보관
② 원유(원유검사) → 여과 · 냉각(5℃ 이하) → 크림 → 크림분리 → 표준화 → 살균 → 균질 →
냉각 → 저장 → 포장 → 냉장보관
③ 원유(원유검사) → 여과 · 냉긱(5℃ 이하) → 크림분리 → 그림 , 살균 → 균질 → 표준화 →
냉각 → 저장 → 포장 → 냉장보관
④ 원유(원유검사) → 여과 · 냉각(5℃ 이하) → 크림분리 → 크림 → 표준화 → 균질 → 살균 →
냉각 → 포장 → 저장 → 냉장보관

정답   18 ③   19 ②   20 ②   21 ②   22 ①

라떼 아트

01 라떼 아트에 대한 설명 중 잘못된 것은?

① 라떼는 우유를 뜻한다.

② 아트는 예술을 뜻하며 미적 감각을 살려 커피 위에 그림을 그리는 것을 말한다.

③ 라떼아트에는 푸어링 아트와 애칭 아트가 있다.

④ 에스프레소에 우유 생크림 등이 첨가된 핫 메뉴를 통틀어 라떼 아트라 한다.

02 붓다 또는 따르다는 의미로, 스티밍 된 우유를 부어주며 스팀 피처를 흔들어서 유량을 달리하여 그림의 크기 및 모양을 바꾸는 작업을 무엇이라 하는가?

① 애칭   ② 카푸치노   ③ 푸어링   ④ 스텐실 아트

03 미술 동판화 작품을 그릴 때 사용되는 동판위에 선을 새기어 만드는 기법을 무엇이라 하는가?

① 애칭   ② 카푸치노   ③ 푸어링   ④ 스텐실 아트

04 글자나 무늬, 그림 따위의 모양을 오려낸 후, 그 구멍에 파우더를 넣고 그림을 찍어내는 기법을 무엇이라 하는가?

① 애칭   ② 카푸치노   ③ 푸어링   ④ 스텐실 아트

05 우유 거품 만드는 방법중에서 잘못된 것은?

① 머신의 스팀꼭지가 우유의 1cm 정도만 잠기도록 하고 밸브를 돌려 스팀을 분사해준다.

② 피처를 서서히 아래로 내리며 스팀완드가 1cm 를 유지 하도록 하면서 주변의 공기를 끌고 들어가야 한다.

③ 피처 용량이 가득 찰 때 까지 지속적으로 공기를 주입 하고, 우유의 온도가 뜨거워지면 완료 한다.

④ 높은 온도에서 공기 주입이 계속되면 고품질의 거품이 만들어지지 않는다.

TIP 피처 용량이 약 70~80%가 될 때까지 지속적으로 공기를 주입하고, 우유의 온도가 35℃ 정도 되면 완료 한다.

01 ④   02 ③   03 ①   04 ④   05 ③   정답

06 일반적으로 우유 스티밍 시 공기 주입은 몇 도 안에 이루어지는 것이 적당한가?

① 약 5℃   ② 약 35℃   ③ 약 75℃   ④ 약 85℃

07 좋은 우유 거품을 만들기 위해 지켜야할 사항으로 거리가 먼 것은?

① 65℃ 이상 가열하지 말 것
② 스팀 노즐을 항상 청결히 할 것
③ 항상 신선하고 차가운 우유를 사용할 것
④ 스티밍 시 우유의 양은 스팀 피처 용량의 1/3 이하로 할 것

08 다음 중 우유 거품을 만드는 작업에 대한 설명으로 맞는 것은?

① 우유의 온도는 약 75℃ 정도가 적당하다.
② 벨벳 같은 질감의 우유를 만드는 것이 중요하다.
③ 우유 거품은 풍성하게 많은 양을 만드는 것이 중요하다.
④ 스티밍 작업 시 우유에 공기 주입을 최대한 많이 한다.

09 다음 유제품 중에서 우유거품을 내기에 적합한 유제품은?

① 환원유   ② 살균시유   ③ 저지방유   ④ 멸균시유

10 일반 시유에는 약 몇 %의 수분이 있는가?

① 12%   ② 63%   ③ 88%   ④ 91%

11 우유를 약간 데워주면서 교반시키면 거품이 일어난다. 이와 관련된 현상 중에서 맞게 설명한 것은?

① 우유를 데워주면 우유의 표면장력이 높아진다.
② 우유는 순수한 물보다 표면장력이 높다.
③ 탈지유는 전유(Whole milk)보다 거품이 더 잘 일어난다.
④ 우유 단백질의 일종인 카제인은 형성된 거품을 안전하게 한다.

🛈TIP 우유물 30℃ 이상으로 가열하면 표면장력이 감소하고, 거품이 일어난다. 기포 주변의
단백질 입자 농도는 거품 형성을 용이하게 하고, 비교적 안정성이 있는 거품을 만들어준다.

정답   **06** ②   **07** ④   **08** ②   **09** ②   **10** ③   **11** ④

12 다음 중 수분을 27%로 낮춘 우유로 살균과 밀봉포장의 과정을 거치지 않으므로 사용직전에 공급받는 것이 좋은 농축 우유는 무엇인가?

① 증발 농축우유   ② 일반 농축우유

③ 가당 농축우유   ④ 환원 농축우유

13 우유의 살균처리 방법 중 71.1~75℃로 15~30초간 가열처리하는 방법의 살균처리법은?

① 저온 살균법   ② 초저온 살균법

③ 고온 단시간 살균법   ④ 초고온 살균법

14 원유에 오염된 병원성 미생물을 사멸시키기 위하여 130℃의 고온가압 하에서 우유를 0.5~5초간 살균하는 방법은?

① 저온 살균법   ② 고압증기 멸균법

③ 고온 단시간 살균법   ④ 초고온 순간 살균법

15 우유의 살균법 중 국내 우유업체에서 시유 생산(멸균우유) 기준으로 가장 많이 사용하고 있는 살균법은?

① 저온장시간 살균법   ② 초고온 멸균법

③ 고온단시간 살균법   ④ 초고온 순간 살균법

> 📝TIP
> – **초고온 순간 살균법**(UHTH : ultra high temperature heating):
> 130℃, 1~3초 동안 살균하는 방법으로 비타민의 파괴도 적고 풍미도 좋다.
>
> – **저온 살균법**(LTLT : low temperature long time):
> 약 62~ 63℃의 열에서 30분간 살균시켜서 10℃ 이하로 급냉장 시키는 방법
>
> – **고온 단시간 살균법**(HTST, high temperature short time):
> 약 72℃의 온도에서 15~20초 동안 살균 시키는 방법이다. 우유에 들어있는 세균의 수를 급격히 감소 시킬 수가 있다.

16 커피크림을 뜨거운 커피에 첨가하면 매우 작은깃털 모양으로 응고하는 현상이 일어나는데 이 현상은 응집현상 과 유리지방의 분리현상으로 크림의 산도가 높거나 크림의 지방함량이 높고 물의 경도가 높은 경우에 주로 발생한다. 이 현상을 무엇이라고 하는가?

① 우모 현상   ② 가열취 현상

③ 갈변화 현상   ④ 피막 현상

17 크림의 우모현상(feathering of cream)이란 뜨거운 커피에 커피크림을 첨가하면 커피의 표면에 작은형태의 털조각이 떠다니는 듯한 응고현상이 일어나는 것을 말한다. 이 현상을 일으키는 우유 중의 성분은?

① 지질   ② 무기질   ③ 유청 단백질   ④ 유당

TIP 우유에 함유되어 있는 K, Na, Ca, Mg, 인산염, 규산염은 우유의 열안정성에 영향을 미치고 우유의 용고와 관련이 있다. 이 현상은 균질된 크림이나 저지방 크림에서도 나타나는데. 경수로 만든 커피 및 약간 변성된 크림일 때 이 현상이 두드러지게 증가한다.

18 우유에 함유된 주 된 영양소로 가열시 응고성을 나타내는 영양소는?

① 단백질   ② 탄수화물   ③ 지방   ④ 비타민

19 커피제조에 사용되는 우유의 신선도를 감별할 수 있는 방법으로 옳은 것은?

① 우유에 함유된 칼슘(Ca)량이 200ml당 5%이상이어야 한다.
② 신선한 우유는 물이 담긴 컵에 한 방울을 떨어뜨리면 유백색으로 구름처럼 퍼지며 강하한다.
③ 우유 지방함량의 측정 시 규격성분으로서 1%이상 포함되어야 한다.
④ 비중계로 측정 시 15℃에서 비중 2~5의 범위가 신선하다.

TIP 우유의 비중은 물(물의 비중=1)보다 약간 무거워서 물컵에 우유를 떨어뜨리면 퍼지며 내려간다

20 우유의 감별법중 틀린 것은?

① 끈기가 있고, 침전되지 않은 것이 좋다.
② 신맛과 쓴맛이 없고, 나쁜 향과 냄새가 없는 것이 좋다.
③ 먼지가 들어있지 않고 변색되지 않은 것이 좋다.
④ 물컵에 떨어뜨려 보았을 때 구름같이 퍼지며 내려간다.

21 시유의 비중은?

① 0.830   ② 0.930   ③ 1.030   ④ 1.130

TIP 보통 시중에서 판매하는 우유를 시유라 하며, 우유의 비중은 물 (물의 비중=1)보다 약간 무겁다.
환원유 : 분유나 농축유에 물, 유지방 등을 혼합하여 그 조성을 우유와 같게 조정하고 살균 처리한 것이다.
시유는 보통 마시는 우유를 말한다.

정답   17 ②   18 ①   19 ②   20 ①   21 ③

22 우유에 함유된 고형물 중에서 유당(젖당)이 주된 성분이다. 아래 내용 중 유당에 대한 설명으로 맞는 것은?

① 유당은 모유보다 우유에 더 많이 함유되어 있다.

② 유당은 설탕보다 달지 않으며, 상대적 감미도는 설탕의 1/6 정도이다.

③ 유당은 포도당으로 분해된다.

④ 유당은 소화가 잘되는 성분이다.

TIP 유당은 우유보다 모유에 더 않이 함유되어 있으며, 유당 분해 효소가 부족하면 유당불내증을 일으킨다.

23 우유를 마시면 소화가 잘 되지 않아 속이 거북해지는 현상을 유당불내증이라고 한다. 다음 중 이에 대한 설명으로 틀린 것은?

① 유당불내증은 대체로 유전적 현상이다.

② 한국인 대부분은 후천성 유당불내증으로 중학교 고학년이 되면 이 현상을 보인다.

③ 한국인은 우유를 잘 소화시키지 못하는 성향을 가지고 있다.

④ 백 인이나 동양인보다 아프리카인이 우유를 더 잘 소화한다.

TIP 황인종, 흑인종은 백인종보다 유당불내증 현상이 더 심하다.

24 우유를 높은 온도에서 가열할 때 생기는 가열취의 원인이 되는 유청 단백질은?

① 카제인   ② 베타-락토글로불린

③ 락토페린   ④ 알파-락트알부민

TIP **베타-락토글로불린**
우유의 단백질 성분으로, 우유를 40℃ 이상으로 가열할 때 만들어지는 표면의 얇은 피막

25 무균질 우유란?

① 초고온 살균법으로 처리한 우유이다.

② 지방구의 크기를 작게 분쇄시키지 않은 우유이다.

③ 우유속의 유당을 분해하여 다른 유해한 세균을 자라지 못하게 처리한 우유이다.

④ 병원성 세균을 완전히 사멸시킨 우유이다.

TIP **균질우유**
크림의 분리를 방지하기 위하여 기계적으로 지방구를 잘게 만들어서 균일하게 분산되도록
하여 소화되기 쉽게 한 우유이며 이러한 조직을 균질화(homogenization)라고 한다.
또 균질화하면 비교적 부드러운 커드(curd)가 생기므로 단백질의 소화도 좋아진다.

22 ②   **23** ④   **24** ②   **25** ②   정답

26 우유를 희게 보이게 하는 우유중의 성분은?

① 비타민　　　② 무기질　　　③ 유청단백질　　　④ 카제인 미셀

> **TIP** 우유에 함유된 카세인 미셀(Casein micelle) 및 우유 지방구가 빛을 난반사함으로써
> 우유가 희고 불투명하게 보인다.

27 다음 중 우유에서 발생할 수 있는 이상취와 관련이 있는 성분은?

가. 유당　　　나. 카세인　　　다. 락트알부민　　　라. 부티르산

① 가, 나　　　② 가, 다　　　③ 다, 라　　　④ 나, 라

> **TIP** 우유의 향기 성분은 Carbonyl compounds인 Acetone, Acetaldehyde와
> 저급지방산인 Propionic acid, Butyric acid 및 Methyl sulfide로 구성되어 있다.

28 우유를 가열하면 생성되는 가열취와 이상취의 원인이 되는 것은 무엇인가?

① 산소　　　② 질소　　　③ 황화수소　　　④ 탄소

29 다음 우유의 표면장력을 설명한 것 중 맞는 것은?

가. 우유는 순수한 물보다 표면장력이 크다.
나. 우유의 온도가 상승하면 표면장력은 증가한다.
다. 탈지유는 전유보다 표면장력이 크다,
라. 표면장력이 작으면 거품이 잘 일어난다.

① 가, 나　　　② 가, 라　　　③ 나, 다　　　④ 다, 라

30 우유의 가공과 저장 중에 발생하는 영양소의 변화를 틀리게 설명한 것은?

① 비타민 C는 우유의 살균 과정에서 손실이 크게 발생한다,

② 가열 처리에 의하여 영향을 받지 않는 무기물은 나트륨, 칼륨, 염소 등이다.

③ 가열 처리에 의하여 영향을 받는무기질은 칼슘, 마그네슘 등이다.

④ 가열 온도가 높을수록 가용성 칼슘이 증가한다.

정답　26 ④　27 ③　28 ③　29 ④　30 ④

31 다음 중 우유를 응고시키는 물질이 아닌 것은?

① 산   ② 레닌   ③ 염류   ④ 당류

32 다음 중 카제인에 대한 설명으로 틀린 것은 무엇인가?

① 우유에 포함된 전 단백질 중 약 80%를 차지한다.
② 카제인은 여러 가지 단백질의 집합체이다.
③ 산에 의해 쉽게 응고된다.
④ 인체에서 전혀 생성되지 않는다.

TIP 모유에도 카제인 단백질이 약 1% 들어있다.

33 다음 (   )에 들어갈 우유의 성분은 무엇인가?

> 우유 중에 함유되어 있는 당질의 99.8%는 (   )이다. (   )은 포유동물 특유의 당질이며, 우유에 감미를 부여한다. (   )의 성질은 95% 이상의 알코올, 에테르에 녹지 않으며 찬물에도 용해도가 낮다. 소장의 점막 상피세포의 외측막에 락타아제가 결손되면 (   )의 분해 흡수가 되지 않아 통증을 유발한다.

① 카제인   ② 지질   ③ 무기질   ④ 유당

34 유당의 소화효소는 ?

① 레닌   ② 펩신   ③ 락타아제   ④리파아제

35 우유의 영양적 가치를 설명한 것 중 맞는 것은?

① 철분이 풍부하다.
② 비타민 D가 풍부하다.
③ 유당이 적게 함유되어 있다.
④ 칼슘이 풍부하게 들어있다.

36 우유 중에 함유되어 있는 카제인, 인산, 구연산 그리고 이온성분이 우유의 pH를 결정짓는 성분들이다. 우유의 pH는?

① 4.6   ② 6.0   ③ 6.6~6.8   ④ 6.9

31 ④   32 ④   33 ④   34 ③   35 ④   36 ③   정답

★ 37 우유에 함유되어 있는 고형물 중에서 가장 많이 함유된 성분이 유당(젖당)이다. 유당을 설명한 것 중 맞는 것은?

① 유당은 모유보다 우유에 더 많이 함유되어 있다.

② 유당은 소화가 잘 되는 성분이다.

③ 유당은 모든 포유동물의 젖에 함유되어 있다.

④ 유당은 설탕보다 달지 않으며 상대적 감미도는 설탕의 약 1/6 정도이다.

★ 38 체내에 들어오면 대장 내에서 유산균을 자라게 하여 정장작용을 하며, 칼슘의 흡수와 이용을 돕는 우유 중의 성분은?

① 무기질   ② 유당   ③ 포화지방산   ④ 불포화지방산

★ 39 성인이 우유를 마시면 소화가 잘 되지 않아서 고통을 동반하게 되는 경우가 있는데 이것은 우유 중의 어떤 성분에 의한 것일까?

① 유당   ② 카제인   ③ 지질   ④ 무기질

★ 40 부족하면 유당 불내증을 초래하는 것으로서 유당을 분해시키는 효소는?

① 말타아제   ② 락타아제   ③ 리파아제   ④ 펩신

★ 41 우유에 함유되어 있는 고형물 중에서 가장 많이 함유되어 있는 성분은?

① 철   ② 유당   ③ 칼슘   ④ 카제인

📝TIP 멸균우유 100ml 당 영양성분 표 열량 70kcal, 탄수화물 5g, 단백질 3g, 지방 4g, 콜레스테롤 10mg, 나트륨 50mg, 칼슘 100mg

★ 42 에스프레소보다 카푸치노에는 다른 영양소가 보충 된 영양소가 있다. 보충된 영양소는?

① 인산나트륨   ② 비타민D   ③ 지방   ④ 칼슘

★ 43 우유단백질에 속하는 성분이 아닌 것은?

① 카제인   ② 오브알부민   ③ 락토페린   ④ 베타_락토글로불린

📝TIP 오브알부민 : 계란에 들어있는 알부민

정답   37 ④   38 ②   39 ①   40 ②   41 ②   42 ④   43 ②

커피 기계 운용 및 수리

01 커피 그라인더 작동 후에는 작동 시간 두 배 이상의 휴식시간이 필요한데 그 이유는 무엇인가?

① 전기를 절약하기 위해

② 입자크기의 변화를 막기 위해

③ 분쇄되는 양의 변화를 막기 위해

④ 그라인더 날에서 발생하는 열을 식혀주기 위해

02 포터필터(portafilter)의 필터 홀더(Filter holder)를 두껍게 하는 이유는?

① 크레마를 많이 만들기 위해　　　　② 쓴 맛을 제거하기 위해

③ 파손되는 것을 방지하기 위해　　　④ 온도를 유지하기 위해

🔎TIP 포터필터(Portafilter)의 필터홀더(Filter holder)는 온도유지를 위해 동으로 두껍게 만든다.

03 가동 중인 기계의 필터홀더(Filter holder) 보관 방법 중 적당한 것은?

① 기계 위에 올려 놓는다.　　　　　② 그룹에 장착한 상태로 보관한다.

③ 컵 받침대에 그냥 둔다.　　　　　④ 깨끗한 테이블 위에 올려 놓는다.

04 그룹헤드의 샤워필터(Shower filter)에 대한 설명 중 틀린 것은?

① 많이 사용하면 교환을 해야 한다.

② 물을 한 줄기로 모아주는 역할을 한다.

③ 스테인리스 재질이다.

④ 청소를 매일 해주어야 한다.

🔎TIP 샤워필터(Shower filter)는 펌프모터를 통해 나온 물을 분사시켜 커피가 골고루 추출되게 해준다.

05 다음 중 일반적으로 사용되는 템퍼의 재질이 아닌 것은?

① 동　　　　② 플라스틱　　　　③ 알루미늄　　　　④ 스테인리스

🔎TIP 탬퍼(Tamper) – 커피를 다지는데 사용되는 도구로서 탬퍼의 밑 부분의 재질로 스테인리스 스틸,
알루미늄, 플라스틱 등을 사용한다.

01 ④　02 ④　03 ②　04 ②　05 ①　　정답

06 에스프레소 머신 보일러의 내부는 부식을 방지하기 위해 도금 처리를 하는데 무엇으로 도금 처리하는가?

① 니켈   ② 망간   ③ 나트륨   ④ 동

> TIP 보일러의 본체는 동 재질이고, 내부는 부식을 방지하기 위해 니켈로 도금이 되어 있다.

07 에스프레소 머신의 관리 지침 중에서 월간 확인 사항은?

① 필터 및 가스켓의 마모상태   ② 물의 온도 체크
③ 보일러의 압력   ④ 분사홀더 및 필터의 청소상태

08 원두를 담는 호퍼(hopper)를 자주 청소해 주어야 하는 이유는 무엇을 주로 청소하기 위함인가?

① 시럽   ② 실버스킨   ③ 습기   ④ 커피오일

09 1901년 에스프레소 커피머신을 최초로 발명한 사람은?

① Ernesto Illy   ② Edourard Santais
③ Archille Gaggia   ④ Luigi Bezzera

10 커피 분쇄 설명 중 옳지 않은 것은?

① 커피 유용물질의 추출을 위한 물과의 접촉을 늘리기 위하여 분쇄를 한다.
② 분쇄 마찰에 따른 발열반응을 최소화 시켜야 한다.
③ 분쇄의 효율을 위해 미리 분말을 최대화 시켜 분쇄를 하여야 한다.
④ 홀빈(Whole bean)에 비해 산패가 빨리 이루어지므로 추출 할 때 분쇄를 해야 한다.

> TIP 미분은 커피의 맛을 떨어뜨리므로 최대한 미분이 발생하지 않도록 한다.

11 에스프레소 머신을 계속 사용하면 물속에 함유된 칼슘이 히터의 표면이나 파이프 내부 등에 달라붙어 부품의 성능을 저하시킨다. 이러한 현상을 방지하기 위해 사용되는 장비는 무엇인가?

① 펌프 모터   ② 연수기   ③ 정수기   ④ 전원 차단기

12 지하수를 에스프레소 머신에 직접 연결해 사용할 때 머신에 가장 치명적인 영향을 주는 무기질 성분은?

① 철   ② 인   ③ 칼슘   ④ 납

정답   06 ①   07 ①   08 ④   09 ④   10 ③   11 ②   12 ③

13 에스프레소용 커피의 입자 크기에 대한 설명 중 틀린 것은?

① 분쇄 커피의 굵기는 추출 시간과 밀접한 관계가 있다.

② 일반적 분쇄 기준은 '밀가루보다 굵게 설탕보다 가늘게' 이다.

③ 흐린 날은 기준보다 조금 굵게, 맑은 날은 기준보다 조금 가늘게 분쇄한다.

④ 일반적으로 커피 그라인더의 입자 조절판의 숫자가 커질수록 입자는 가늘어진다.

해설 입자 조절 시 그라인더의 숫자에 의존하지 말고, 손으로 입자 크기를 만져보고 추출 현상을 보면서 조절한다.

14 다음 에스프레소 머신의 점검 사항 중 매일 실시해야 하는 것은?

① 보일러의 압력, 추출 압력, 추출의 온도

② 커피 그라인더 칼날의 마모 상태

③ 연수기의 필터 상태

④ 그룹헤드의 개스킷 상태

15 다음 에스프레소 머신의 점검과 관리에 관한 내용 중 틀린 것은?

① 그룹헤드의 디스퍼전 스크린, 개스킷은 3년마다 교체해준다.

② 펌프 압력과 보일러 온도는 게이지를 통해 수시로 확인해야 한다.

③ 배수구는 마감 작업을 할 때 뜨거운 물을 충분히 흘려보내 깨끗이 청소한다.

④ 스팀 노즐은 우유와 직접 접촉하므로, 청결을 유지하기 위해 사용할 때마다 청소해야 한다.

해설 약 6개월마다 디스퍼전 스크린, 개스킷을 체크하여 교체할 것을 제조사에서 권고하고 있다.

16 에스프레소 머신의 관리에 관한 다음 설명 중 틀린 것은?

① 그룹헤드의 샤워필터는 매일 청소해주어야 한다.

② 필터홀더는 커피와 직접 접촉하는 부품이므로 매일 청소해야 한다.

③ 보일러 압력과 추출 압력은 크게 변화하지 않으므로 주 1~2회 정도 점검하면 된다.

④ 필터홀더의 스케일을 방지하기 위해 칼슘 제거용 용액을 수 분 동안 통과시킨 다음 물로 충분히 헹궈준다.

17 일반적으로 에스프레소 머신을 설치할 때 정수기와 연수기를 부착한다. 그 이유로 올바른 것은?

① 물이 흐르는 파이프와 부속등 주요부분에 스케일이 끼는 것을 방지하기 위해

② 물맛을 달게 하기 위해

③ 물이 흐르는 파이프와 부속등 주요부분에 스케일을 생성시키기 위해

④ 물맛을 쓰게 하기위해

18 에스프레소 머신의 일일 점검사항이 아닌 것은?

① 보일러 압력   ② 분사홀더의 세척상태

③ 물의 온도 체크   ④ 가스켓의 마모상태

> **출제** 가스켓의 마모상태는 커피추출이 포터필터 옆으로 새면 교체한다. 주로 6개월마다 교체를 권한다.

19 에스프레소 머신의 증기 압력을 만드는 부품은?

① 급수 펌프   ② 보일러   ③ 분사 필터   ④ 압력 게이지

★
20 바리스타의 숙련도에 가장 의존하는 머신 종류는?

① 완전자동 에스프레소 머신   ② 수동 에스프레소 머신

③ 자동 에스프레소 머신   ④ 반자동 에스프레소 머신

★
21 에스프레소 머신의 메인 보일러 내부에 일정한 압력이 형성되면 히터가 작동을 멈추고, 반대로 압력이 약해지면 다시 히터가 작동한다. 이 압력을 발생시키는 것은 무엇인가?

① 전기   ② 펌프   ③ 수증기   ④ 수돗물

★
22 다음은 에스프레소 머신을 구성하고 있는 요소들의 명칭과 설명 중 옳지 않은 것은?

① 샤워필터(Shower filter) – 포터필터에 전체적으로 골고루 물을 분사시키는 역할을 한다.

② 가스켓(Gasket) – 추출할 때 고온, 고압의 물이 새지 않도록 차단하는 역할을 하며, 보통 '팩킹(packing)'이라 부른다.

③ 압력게이지(Pressure gauge) – 보일러에 물이 얼마나 들어있는가를 표시하는 눈금으로 보통 투명관으로 만들어져 있다.

④ 보일러 – 원통형 모양의 저장장치로 물과 스팀을 에스프레소에 필요한 적절한 온도로 가열하고 저장하는 역할을 한다.

정답   17 ①   18 ④   19 ②   20 ②   21 ③   22 ③

23 에스프레소 추출 시 7-9bar의 압력을 유지 시켜주는 부분은 어느것 인가?

① 그룹헤드　　　　② 전자밸브　　　　③ 펌프모터　　　　④ 보일러

> 💡TIP 수돗물의 압력은 1~2bar 정도이므로 펌프 모터를 이용하여 물의 압력을 7~9bar까지 높여주며 모터, 콘덴서, 펌프헤드로 구성되어 있다.

24 에스프레소 추출을 위해 물이 공급되는 부분으로 포터필터(portafilter)를 장착하는 곳은?

① 솔레노이드 밸브(Solenoid valve)　　　　② 펌프 모터
③ 그룹 헤드(Group head)　　　　④ 가스켓(Gasket)

25 보일러의 적당한 압력범위는 어느 정도인가?

① 1~1.5 bar　　　② 7~8 bar　　　③ 4~5 bar　　　④ 0.5~1 bar

> 💡TIP 과압 방지 밸브(boiler safety valve)는 보일러에 기준 이상의 압력(1.7~2.bar)이 가해질 경우 보일러를 보호하기 위해 작동하는 안전장치이다.

26 에스프레소 커피머신의 발전단계로 올바른 것은?

① 피스톤 방식 – 전동펌프 방식 – 진공추출 방식 – 증기압 방식
② 증기압 방식 – 피스톤 방식 – 전동펌프 방식 – 진공추출 방식
③ 진공추출 방식 – 증기압 방식 – 피스톤 방식 – 전동펌프 방식
④ 전동펌프 방식 – 진공추출 방식 – 증기압 방식 – 피스톤 방식

27 에스프레소 커피머신의 구분 중 '반자동'과 '자동'의 구분은?

① 그라인더의 일체 여부　　　　② 유량계(flowmeter)의 유무
③ 연속추출 가능 여부　　　　④ 추출 압력의 자동조절 여부

28 보일러에서 안전밸브가 작동하여 스팀이 샌다면 어떤 이상이 있는 것인가?

① 보일러에 압력이 규정 이상으로 넘었을 때
② 보일러에 찌꺼기가 많이 끼어 있을 때
③ 보일러에 공기가 많이 들어 있을 때
④ 보일러에 염소 성분이 많이 유입 되었을 때

> 💡TIP 압력이 규정 이상으로 보일러가 끓으면 압력 밸브가 작동해서 스팀이 새게 되어있다. 그래야 폭발하지 않기 때문이다.

29 펌프모터에 대한 설명 중 틀린 것은 어느 것인가?

① 바리스타가 직접 압력을 조절하면 안된다. ② 콘덴서에 의해 기동이 된다.
③ 추출 시 압력을 결정해 준다. ④ 물이 흐르는 입력, 출력이 다르다.

30 그룹헤드 및 포타필터 관리에 대한 설명 중 옳지 않은 것은?

① 포타필터를 매일 분리해서 부드러운 수세미로 닦아준다.
② 월 1회 세제를 더운 물에 희석하여 포타필터를 넣어 두었다가 일정 시간 경과 후 물로 깨끗이 씻어 준다.
③ 샤워 필터는 구멍이 커지면 추출이 제대로 이루어지지 않을 수 있으므로, 1년 정도 사용 후 교환하도록 한다.
④ 그룹 오링은 추출 시 압이 새는 것을 막아 정상적인 에스프레소를 추출 할 수 있도록 만들어 주므로 완전히 고장나기 전에 교환할 수 있도록 항상 체크한다.

31 그룹헤드의 가스켓(Gasket)의 교환 시기 설명 중 잘못된 것은?

① 커피가 잘 나오지 않을 때
② 필터 홀더를 정면에서 90도가 되게 돌릴 때 탄력이 느껴지지 않을 때
③ 커피 추출 시 옆으로 물이 샐 때
④ 가스켓의 수명은 6개월에서 1년 정도

32 에스프레소 머신의 종류에 대한 설명이다. 틀린 것은?

① 수동식 머신은 모터와 펌프를 이용한 머신이다.
② 반자동 머신은 플로우 미터가 장착되지 않은 머신이다.
③ 자동 머신은 메모리칩이 내장되어 있다.
④ 완전 자동 머신은 버튼 하나로 카푸치노를 만들어 낼 수 있는 머신이다.

33 다음 에스프레소 머신에 대한 설명 중 맞는 것은?

① 완전 자동 머신은 수동식 머신에 메모리칩을 장착한 것이다.
② 수동식 머신은 사람의 힘에 의해 피스톤을 작동시킨다.
③ 자동 머신과 반자동 머신은 머신 내부의 구조가 완전히 다르다.
④ 완전 자동 머신은 완벽히 자동화되어 있기 때문에 다른 방식보다 언제나 더 좋은 맛을 낸다.

정답 29 ① 30 ② 31 ① 32 ① 33 ②

34 다음 중 필터홀더를 두껍게 제작하는 이유는 무엇인가?

① 크레마를 많이 만들어 내기 위해

② 쓴맛을 제거하기 위해

③ 온도 유지를 위해

④ 파손되는 것을 방지하기 위해

35 다음 중 디스퍼전 스크린에 대한 설명으로 틀린 것은?

① 재질은 스테인리스이다.

② 청소를 매일 해주어야 한다.

③ 물을 한 줄기로 모아주는 역할을 한다.

④ 많이 사용하면 교환을 해야 한다.

🖐TIP 디스퍼전 스크린은 펌프모터를 통해 나온 물을 분사시켜 커피가 골고루 추출되게 해준다.

36 다음 커피 머신의 접지에 대한 설명 중 틀린 것은?

① 접지는 감전 위험을 방지하기 위해 꼭 필요하다.

② 연결을 할 수 없는 특수한 상황이라면 접지를 하지 않아도 상관없다.

③ 만일 건물에 접지가 없다면 금속 재질의 수도관에 연결할 수도 있다.

④ 접지선의 색깔은 일반적으로 녹색과 노란색의 두 가지로 구성되어 있다.

37 다음 중 에스프레소 머신의 메인 보일러가 데워지지 않을 때 그 원인이 아닌 것은?

① 히터가 불량일 때   ② 압력 스위치가 불량일 때

③ 전압이 낮을 때   ④ 과열 방지 바이메탈이 차단되었을 때

38 에스프레소 머신의 메인 보일러의 물은 용량의 어느 정도까지만 채워지도록 되어 있는가?

① 30%   ② 50%   ③ 70%   ④ 90%

🖐TIP 보일러는 스팀을 생성하기 위해 70%까지만 물이 차도록 설계되어 있다.

39 다음 중 에스프레소 머신에서 메인 보일러와 직접적인 관련이 없는 것은?

① 히터   ② 압력스위치   ③ 플로우 미터   ④ 수위 감지기

34 ③   35 ③   36 ②   37 ③   38 ③   39 ③   정답

★
40 에스프레소 머신의 메인 보일러에서 안전밸브가 작동하여 압력이 샌다면 다음 중 그 원인에 해당하는 것은?

① 보일러에 찌꺼기가 많이 끼었을 때

② 보일러에 염소 성분이 많이 유입되었을 때

③ 보일러의 압력이 기준치를 넘었을 때

④ 보일러에 공기가 많이 들어 있을 때

★
41 에스프레소 머신의 스팀 작동 시 수증기보다 물이 더 많이 나올 때 가장 주된 원인은?

① 보일러 내부에 물이 80% 이상 차있을 때

② 스팀의 노즐이 막혔을 때

③ 보일러의 물이 너무 뜨거울 때

④ 압력이 너무 높을 때

★
42 스팀 레버 작동 시 스팀 완드에서 물이 과다하게 섞여 나올 때 가장 주된 원인은?

① 물의 온도가 너무 높아 수증기가 많이 생성되어서

② 보일러 압력이 너무 낮아 수증기가 제대로 생성되지 않아서

③ 보일러 압력이 너무 높아 스팀 압력이 과도하게 형성되어서

④ 수위 감지 센서의 이상으로 보일러에 기준 이상의 물이 차 있어서

★
43 다음 에스프레소 머신 부품의 역할에 대한 설명 중 틀린 것은?

① 보일러 본체는 대부분 동으로 제작되며 내부는 부식 방지를 위해 니켈로 도금한다.

② 추출 시 고압의 물이 새지 않도록 해주는 개스킷은 거의 반영구적으로 사용 할 수 있다.

③ 추출 압력을 9bar까지 상승시켜주기 위해서는 물 공급이 제때 원활히 이루어져야 한다.

④ 플로우 미터는 커피 추출 물량을 감지하는 역할을 하며 이를 통해 추출 시간을 세팅할 수 있다.

★
44 에스프레소 커피 추출 시 펌프모터에서 심한 소음이 날 때, 다음 중 그 원인에 해당하는 것은?

① 커피 투입량이 너무 많을 때

② 물 공급이 되지 않을때

③ 물의 온도가 너무 낮을때

④ 추출 시간이 너무 길 때

정답   40 ③   41 ①   42 ④   43 ②   44 ②

45 에스프레소 커피 추출 시 압력이 상승하지 않을 때, 그 원인에 해당하지 않는 것은?

① 전압이 낮을 때

② 물 온도가 낮은 상태에서 작동했을 때

③ 콘덴서에서 방전이 이루어지지 않을 때

④ 펌프 내부의 카본 실린더에 이물질이 많이 끼었을 때

46 다음 중 플로우 미터의 내부 회전체가 원활히 작동하지 않을 때, 나타나는 현상은?

① 그룹헤드에서 찬물이 배출된다.

② 보일러 내부 온도가 상승하지 않는다.

③ 커피 추출 압력이 생성되지 않는다.

④ 커피 추출량이 저장된 추출 값과 달라진다.

47 다음 에스프레소 머신 부품 중, 추출량의 조절과 직접적인 관련이 없는 것은?

① 워터 레벨 센서

② 솔레노이드 밸브

③ 플로우미터

④ 펌프모터

🔍TIP 워터 레벨 게이지 : 수위 표시기

48 다음 에스프레소 머신을 구성하고 있는 부품들의 명칭과 설명으로 맞는 것은?

① 포타필터 : 추출할 때 고온·고압의 물이 새지 않도록 차단하는 역할을 하며 보통 패킹이라 부른다.

② 샤워 필터 : 필터바스켓에 전체적으로 골고루 물을 분사시키는 역할을 한다.

③ 워터 레벨 게이지 : 원통형 모양의 저장 장치로 에스프레소 추출에 필요한 물을 적절한 온도로 가열하고 저장하는 역할을 한다.

④ 압력 게이지 : 보일러에 물이 얼마나 들어 있는가를 표시하는 눈금으로, 보통 투명관으로 만들어져 있다.

🔍TIP * 개스킷: 추출할 때 고온·고압의 물이 새지 않도록 차단하는 역할을 하며 보통 패킹이라 부른다.

* 보일러: 원통형 모양의 저장 장치로 에스프레소 추출에 필요한 물을 적절한 온도로 가열하고 저장하는 역할을 한다.

* 수위표시기: 보일러에 물이 얼마나 들어 있는가를 표시하는 눈금으로, 보통 투명관으로 만들어져 있다.

45 ②   46 ④   47 ①   48 ②   정답

49 다음 에스프레소 머신에 대한 설명 중 맞는 것은?

① 전압이 낮을 경우 메인 보일러가 데워지지 않는다.
② 펌프모터는 에스프레소 추출 시 적정 압력을 발생시킨다.
③ 보일러 내부의 부식을 막기 위해 망간으로 도금 처리를 한다.
④ 스팀 작동 시 수증기보다 물이 많이 나오는 현상은 보일러 안에 물이 50% 정도 차있을 때
　 나타난다.

50 다음 중 백 플러싱에 대한 설명으로 맞는 것은?

① 디스퍼전 스크린을 교체하는 작업이다.
② 블라인드 필터를 사용해 그룹헤드를 청소하는 작업이다.
③ 개스킷의 경화로 인해 추출 시 압력이 새어나가는 현상을 말한다.
④ 포터필터의 스파웃을 청소하는 작업이다.

51 그룹헤드 개스킷의 교환 시기에 대한 설명 중 틀린 것은?

① 포타필터를 그룹헤드에 장착 시 탄력 이 느껴지지 않을 때
② 포타필터를 그룹헤드에 장착 시 90도 이상 돌아갈 때
③ 커피 추출 시 그룹헤드 옆으로 물이 새어 나올 때
④ 커피 추출 시간이 길어져 검붉은 크레마가 형성될 때

52 포타필터와 그룹헤드 사이의 간격을 차단하여, 추출 시 고온·고압의 물이 새지 않도록 하는
것은?

① 디퓨저　　　　　　　　　　　② 개스킷
③ 디스퍼진 스크린　　　　　　　④ 포타필터

꿀TIP 디퓨저(Diffuser)와 사워홀더(Shower holder)는 같은 표현이다.

53 커피 그라인더의 설계 시 고려되어야 할 사칭으로 틀린 것은?

① 분쇄 마찰에 따른 발열 반응의 최소화
② 분쇄 입도 분포의 안정성
③ 분쇄의 효율을 위한 미립 분말의 최대화
④ 분쇄의 안정성을 위한 내구성

정답　　49 ②　　50 ②　　51 ④　　52 ②　　53 ③

54 다음 에스프레소 그라인더에 대한 관리 방법 중 틀린 것은?

① 커피 그라인더의 날을 정기적으로 분리한 다음 찌꺼기가 완전히 제거되도록 청소한다.

② 도저 내부의 커피가루는 일일 마감 시 잔량이 남아있지 않도록 모두 비워야한다.

③ 커피 그라인더를 청소할 때는 전원스위치를 차단해야 할 뿐 아니라 전원코드를 뽑아 놓는 습관을 길러야 한다.

④ 호퍼는 수세미의 거친 면에 중성세제를 묻힌 다음 깨끗이 닦아준다.

TIP 호퍼는 수세미의 부드러운 면을 이용하여 닦아준다.

55 에스프레소의 추출시간에 영향을 미치는 여러 가지 요인 중 그라인더의 입자를 조절해야 하는 이유가 아닌 것은?

① 추출 압력차이가 있는 경우

② 날씨의 변화에 따른 습도 변화

③ 원두 변경에 따른 로스트 정도의 변화

④ 그라인더의 장시간 사용에 따른 커터의 팽창

56 플랫 커터를 사용하는 커피 그라인더의 분쇄 커피의 배출 시, 이에 관여하는 힘은 무엇인가?

① 중력　　　　② 구심력　　　　③ 마찰력　　　　④ 원심력

57 다음과 같은 특성을 가지고 있는 커피 그라인더는?

> • 단위 처리량이 적다.
> • 분당 회전수 (RPM) 가 적다
> • 열 발생이 적다.

① 롤 그라인더　　　　　　　　② 플랫 그라인더
③ 코니 컬 그라인더　　　　　　④ 절단형 그라인더

58 다음 중 입자의 균일성이 떨어지고, 열 발생으로 인해 향미가 저하되는 그라인더 칼날의 형태는?

① 코니컬 커터 (Conical cutters)　　② 플랫 커터 (Flat cutters)
③ 롤 커터 (Roll cutters)　　　　　　④ 블레이드 커터 (Blade cutters)

★
59 다음 중 커피 분쇄에 사용되는 그라인더 칼날의 종류가 아닌 것은?

① 플랫 커터 (Flat cutters)   ② 코니컬 커터 (Conical cutters)

③ 디스크 커터(Disk cutters)   ④ 롤 커터 (Roll cutters)

★
60 다음 중 커피를 그라인딩 할 때에 작용하는 힘이 아닌 것은?

①인장응력   ② 압축응력   ③ 전단응력   ④ 표면장력

★
61 다음 중 에스프레소 커피 추출 시 필터 바스켓과 추출구(Spout)의 관리에 해당하지 않는 것은?

① 탬핑시 추출구가 작업대 바닥에 닿지 않도록 한다.

② 필터 바스켓과 추출구를 청소할 때 젖은 행주를 사용한다.

③ 필터 바스켓과 추출구를 분해해서 청소할 때 따뜻한 물을 사용하는 것이 좋다.

④ 도징 업된 커피를 깎아낼 때 추출구가 도징 체임버 위쪽에 놓이지 않도록 한다.

> **TIP** 추출구를 도징 체임버 위에 올리면 안으로 물이 떨어질 수 있다. 같은 이유로 작업대에서 커피 찌꺼기나 이물질이 묻을 수 있어 닿지 않도록 한다. 필터바스켓은 커피가루가 닿는 곳이므로 젖은 행주가 아닌 마르고 깨끗한 행주를 사용해야 한다.

★
62 다음 중 열풍식 로스팅 머신에 대한 설명으로 틀린 것은?

① 소량 로스팅이 가능하다.

② 공급되는 열량 손실이 가장 적은 방식이다.

③ 직화식 로스팅 머신에 비해 원두 표면이 잘 타지 않는다.

④ 직화식 로스팅 머신에 비해 개성적인 커피 맛과 향을 표현하기가 용이하다.

★
63 에스프레소 머신의 메모리 버튼 세팅 방법으로 틀린 것은?

① 추출량을 측정하기 위해 눈금이 있는 비커를 사용한다.

② 커피를 투입하지 않고 추출량을 비커에 맞추면 된다.

③ 커피의 분쇄 입자와 추출 시간을 맞추어 추출량을 저장시킨다.

④ 저장시킨 후에 새로운 커피를 투입하여 추출량을 다시 테스트해야 한다.

> **TIP** 추출량을 메모리 하기 위해서는 반드시 비커를 사용해야 하며. 가능한 한 분쇄 입자를 조절하고 투입량을 정확히 하여 메모리 해야 한다. 또한 반드시 새로운 커피를 투입하여 추출량을 재점검해야 정확한 메모리를 할 수 있다.

정답   **59** ③   **60** ④   **61** ②   **62** ④   **63** ②

커피 생두 선택

01 커피벨트(coffee belt)에 대한 설명 중 옳지 않은 것은?

① 커피재배 적합지를 의미한다.

② 적도를 중심으로 남북위 25℃사이의 열대, 아열대 지역이 커피재배가 적합하다.

③ 전 세계 커피 생산량의 70~75%를 차지하는 아라비카 종의 생산지역을 일컫는다.

④ 지구 온난화의 영향으로 재배범위는 점차 확대되고 있다.

02 커피의 과실을 형태학적으로 분류하면 어떤 종류에 속하는가?

① 건과(乾果)　　　　② 견과(堅果)　　　　③ 핵과(核果)　　　　④ 장과(漿果)

03 다음 커피나무에 관한 내용 중 틀린 것은?

① 잘 익은 커피열매는 대부분 품종이 노란색을 띤다.

② 아라비카의 나뭇잎은 두껍고 길쭉하며 표면에 광택이 나고, 나뭇가지들은 아래로 처진 형태이다.

③ 커피꽃은 대부분 흰색이며 열매가 열리기 전 2-3일 정도 피는데, 재스민(Jasmin)과 비슷한 향기를 가졌다.

④ 커피체리는 생두를 중심으로 실버스킨, 파치먼트, 과육, 외피로 이루어져 있다.

🔲TIP 잘 익은 커피열매는 일반적으로 붉은색을 띠나 간혹 노란색을 띠는 것도 있다.

04 다음은 커피체리(Cherry)에 대한 설명 중 옳은 것은?

① 일반적으로 정상적인 체리 안에는 생두가 1개 들어있다.

② 커피체리는 과육, 점액질, 파치먼트, 은피, 생두의 구조로 이루어져 있다.

③ 아라비카 종은 커피꽃이 지고 9~11개월이 지나면 열매가 맺혀서 수확을 할 수 있다.

④ 커피체리에서 단맛이 나는 과육 부분을 파치먼트(Parchment)라고 한다.

🔲TIP 열매가 익는데 아라비카 종 6~9개월, 로부스타 종 9~11개월이 걸리며
정상적인 체리 안에는 생두가 2개가 있다.

01 ③　**02** ③　**03** ①　**04** ② 　정답

05 다음 중 커피체리에 대한 설명으로 틀린 것은?

① 커피열매는 타원형으로 모양과 색이 체리와 유사하여 커피체리라고 불리며, 녹색이던 것이 익으면서 대부분 붉은색으로 바뀐다.

② 커피체리 안에 들어 있는 생두의 수는 항상 두 개이다.

③ 커피체리 안에 들어 있는 생두는 내과피와 그 안에 있는 또 다른 은색의 얇은 막에 감싸여 있다.

④ 커피체리 안에 있는 생두는 평평한 면 한가운데에 홈이 파여 있다.

해설 커피체리는 일반적으로 2개의 생두가 둘어 있는데 경우에 따라 한 개만 있거나 세 개 이상이 있기도 하다.

06 커피에 대하여 설명한 글에 대해 잘못된 것은?

① 상업적인 목적으로 경작되어지는 커피나무의 평균 수령은 50여년 정도이다.

② 커피는 식재(植栽)후 3년만에 첫 수확이 가능하다.

③ 코페아속 다년생 쌍떡잎 식물이다.

④ 용이한 수확을 위해 나무의 키를 2~3m 정도로 유지한다.

07 커피 재배에 대한 설명으로 틀린 것은?

① 커피나무를 키우는 경작지는 배수가 잘되고 미네랄이 적당히 함유된 산성 토양이 좋다.

② 바나나 등 다른 농작물과 함께 심거나 다른 농작물과 번갈아가며 커피 농사를 짓기도한다.

③ 아라비카는 열대, 아열대 지역의 고도 약 800~2,000m, 연평균기온은 약15~24℃인 지역에서 재배된다.

④ 아라비카는 로부스타보다 나쁜 환경에 더 잘 견디고 질병에도 강하여 재배를 위한 유지 비용이 저렴하다.

08 다음 중 커피의 생육 조건에 대한 설명으로 맞는 것은?

① 커피벨트(커피 존)는 적도를 중심으로 남, 북위 35°사이이다.

② 일반적으로 저지대에서 재배되는 커피나무일수록 생산량이 적다.

③ 일교차가 작을수록 밀도가 크고 향미가 강한 커피를 생산할 수 있다.

④ 약산성이고 다공질의 토양이 커피나무 생육에 적합하다.

정답 **05** ② **06** ① **07** ④ **08** ④

09 다음 중 저지대에서 생산되는 커피와 비교했을 때 고지대에서 생산되는 커피의 특징은?

① 카페인이 더 많이 함유되어 있다.
② 열매의 성장 속도가 더 빠르다.
③ 밀도가 더 높다.
④ 수확량이 더 많다.

10 커피나무를 재배하기 위한 적절한 지역 조건으로 옳지 않은 것은?

① 커피나무는 5℃ 이하에서는 성장을 멈추며 그 이하에서는 동사할 수도 있다.
② 일조량이 강하고 평지에서도 비료를 사용하면 좋은 생산량을 기대할 수 있다.
③ 아라비카 종은 30℃ 이상에서 성장할 수 없으며, 이러한 날씨가 2일 이상 계속된다면 커피나무 성장에 지장이 있다.
④ 그늘막 경작법을 활용하여 커피나무의 일조시간을 줄여줌으로써, 밀도 높은 커피를 생산하여 맛과 향을 풍부하게 한다.

11 커피나무의 생육 조건에 대한 설명으로 맞는 것은?

① 생두의 밀도가 높을수록 깊은 맛과 향을 지닌다.
② 일교차가 클수록 커피열매의 밀도는 낮고 향미가 강한 커피를 생산할 수 있다.
③ 저지대에서 재배하는 커피나무일수록 생산량이 적다.
④ 커피벨트(커피존)는 경도를 중심으로 한 남북위 25℃ 사이다.

TIP 고지대의 커피일수록 기온이 서늘하여 생두의 밀도가 크고 깊은 맛과 향을 지닌다.

12 커피를 잘 경작하고 풍부한 수확을 위해서 해야 할 일이 아닌 것은?

① 가지치기   ② 그늘나무 조성
③ 햇빛이 강한 시간에 물 주기   ④ 방풍림 조성

13 그늘막(shade grown)에 대한 설명 중 옳지 않은 것은?

① 커피나무의 일조시간을 줄여줌으로써 밀도 높은 커피를 생산할 수 있다.
② 다른 재배 방식에 비해 수확량이 월등히 뛰어나다.
③ 병충해로 인한 어느정도의 손실은 감수해야 한다.
④ 강풍이나 서리 방지를 위한 활용이 가능하다.

09 ③   **10** ②   **11** ①   **12** ③   **13** ②   정답

14 고산지대의 커피가 고품질로 평가받는 이유로 올바르지 않은 것은?

① 농부의 정성이 더 많이 들어간다.

② 밤낮의 기온차가 커서 열매의 결실에 유리하다.

③ 저지대에 비해 상대적으로 병충해가 적다.

④ 저지대보다 왕성한 광합성을 통해 열매의 결실이 좋고 풍미가 좋다.

15 커피 종자를 인위적으로 개량하는 목적으로 가장 옳은 것은?

① 키가 큰 커피나무를 얻기 위해

② 소규모 경작을 쉽게 하기 위해

③ 새로운 종자를 발견하기 위해

④ 개선된 품질과 단위 면적당 많은 생산량을 얻기 위해

16 커피 재배에 대한 설명 중 옳은 것은?

① 아라비카 종은 주로 직파를 이용한다.

② 커피를 심은지 1개월이 시나면 이식을 할 수 있다.

③ 커피를 심어 묘목을 키우는 곳을 모판(Seedbed)이라고 한다.

④ 커피 나무는 심고 1년 정도 지나면 수확이 가능하다.

> 🔲 아라비카 종은 주로 직파보다는 묘포(nursery)에서 묘목을 키우고, 어느 정도 자라면 재배지에 이식하는 방법이 가장 널리 이용되며, 심고 3년 정도 지나야 수확이 가능하다.

17 뉴크롭(new crop)에 대한 설명 중 옳은 것은?

① 병충해에 강한 새로운 개량종을 의미한다.

② 당해 연도 생산한 생두로서 주로 짙은 녹색을 띠며, 이는 수분 함유량이 적정 범위에 있음을 의미한다.

③ 생산량이 월등한 새로운 개량종을 의미한다.

④ 해당 지역에서 발견된 전에 없던 새로운 종자를 의미한다.

18 무르익은 커피열매는 체리와 비슷하게 생겼다 하여 커피체리라고도 한다. 커피체리 안에는 납작한 두알의 씨앗이 마주보고 있는데 이를 무엇이라 하나?

① coffee bean　　② peaberry　　③ flat bean　　④ coffee berry

정답　**14** ①　**15** ④　**16** ③　**17** ②　**18** ③

19 주로 고지대에서 경작하며 전 세계 커피 생산량의 70~75% 가량을 차지하는 품종은?

① 아라부스타   ② 아라비카   ③ 로부스타   ④ 리베리카

20 다음에서 설명하는 커피의 종은 무엇인가?

> 주로 고지대에서 재배되며 기후 조건에 영향을 많이 받아 재배가 까다로운 반면에 맛과 향이 뛰어나 종자 개량과 연구가 활발하게 이루어지고 있으며 세계 커피생산량의 60% 정도를 차지하고 있다.

① 아라비카   ② 로부스타   ③ 리베리카   ④ 엑셀사

 TIP 종별 생산비율은 아라비카 57.8%, 로부스타 42.2%이다. (2015/16년 기준. 자료출처 ICO)

21 다음 아라비카에 대한 설명 중 틀린 것은?

① 연평균 기온 15-24℃, 연평균 강수량 1,500-2,000mm, 그리고 직사광선은 아니지만 충분한 햇볕을 받아야 한다.

② 원산지는 에티오피아로, 1753년 스웨덴 식물학자 칼 폰 린네에 의해 처음으로 학계에 등록되었다.

③ '커피나무의 귀족'이라고도 불리는데 2쌍의 염색체를 갖고 있으며, 꽃이 핀후 11개월 정도가 지나면 커피열매가 빨갛게 익는다.

④ 많이 알려진 품종으로 티피카와 버번이 있으나, 커피 재배가 확대되면서 카투라, 문도노보, 카투아이 등 품종도 다양해졌다.

 TIP 아라비카는 4쌍의 염색체를 가지고 있다.

22 다음 중 아라비카의 특징에 대한 설명으로 틀린 것은?

① 생두가 일반적으로 납작한 모양을 하고 있다.

② 고형성분이 로부스타에 비해 더 많이 함유되어 있다.

③ 번식은 자가수분을 통해 이루어진다.

④ 린네 (Linne)에 의해 품종으로 분류 등록된 시기는 1753년이다.

19 ②   20 ①   21 ③   22 ②   정답

23 아라비카의 특징에 대한 설명 중 틀린 것은?

① 병충해에 비교적 약하다.

② 에티오피아에서 처음 발견되었다.

③ 생육에 가장 적합한 지역은 고도 700m 이하의 저지대이다.

④ 카페인 함량은 평균 1.4% 내외이다.

TIP 아라비카는 고지대에서 자란다

24 다음 설명 중 옳은 것은?

① 로부스타 종의 원산지는 동아프리카의 콩고이다.

② 로부스타 종은 커피의 원종이다.

③ 아라비카 종은 로부스타 종에 비해 맛과 향이 뛰어나며 카페인 함유량도 더 많다.

④ 아라비카 종은 자가수분을 한다.

25 아라비카종 커피의 특징에 대한 설명 중 틀린 것은?

① 주로 해발 800~2000m의 고산지대에서 재배된다.

② 커피나무의 귀족으로 불리우며, 맛과 향이 뛰어나다.

③ 커피나무의 원종이며, 병충해에 강하다.

④ 원산지는 동아프리카의 에티오피아이다.

26 아라비카 종이 아닌 것은?

① Indonesia WIB   ② Kenya AA

③ Indonesia Sumatra Mandheling   ④ Tanzania AA

TIP **아라비카**

　－ 연평균 기온이 약 20℃ 정도, 연강수량 1500~1600mm 범위

　－ 유기질이 풍부한 화산성 토양이 적당

　－ 동쪽이나 동남쪽 방향으로 약간의 경사가 있는 곳이 적당

　－ 배수가 잘 되고 미네랄이 풍부한 화산재 토양

　－ 핵타르당 평균 생산량

　－ 1500~3000kg

　－ 동쪽이나 동남쪽 방향으로 약간의 경사가 있는 곳이 적당

　－ Typica , Bourbon, Caturra, Mundonovo, Catuai, Kent, Catimor, Maragogype, HDT

정답　23 ③　24 ④　25 ③　26 ①

27 아라비카종 경작에 유리한 기후에 대한 설명 중 옳지 않은 것은?

① 연평균 1,500~2,000mm의 강수량이 필요하며, 총 강우량보다는 월별 평균 강우량이 중요하다.

② 서리가 내리는 지역에서는 성장 속도가 더 빠르다.

③ 연평균 기온이 15~24℃ 정도가 적합하다.

④ 30℃를 넘거나 5℃ 이하로 내려가면 성장이 멈춘다.

🈺TIP 서리가 내리는 지역에서는 커피를 재배할 수 없으며 적도를 중심으로
남북위 25도를 coffee belt라고 한다.

28 아라비카 커피 나무의 생육조건이 아닌 것은?

① 해발 800m 이상의 고지대의 토양

② 연 강수량 1,500~2,000m

③ 연간 평균온도 15~24℃의 온화한 기후

④ 하루 12시간 이상의 강한 햇빛

29 다음 중 로부스타(Robousta)종에 대한 설명으로 바르지 못한 것은?

① 주로 해발 800~2,000m에서 재배된다.

② 연평균 기온 24-30℃, 연평균 강우량 2,000~3,000mm의 열대지역에서 잘 재배된다.

③ 아프리카 콩고가 원산지로 1895년 처음 학계에 보고되었다.

④ 병충해에 강하여 재배가 쉬우나, 아라비카(Arabica)보다 향미가 약하며 쓴맛이 강하다.

🈺TIP 로부스타(Robousta)는 19C 중엽 빅토리아 호수 근처(콩고)에서 발견되었으며 고온다습한 지역에서 재배
가 이루어 진다. 카페인 함량이 아라비카(Arabica)보다 많으며 향미가 약하고 쓴맛이 강하다. 고형성분이
많아 인스턴트 커피에 주로 이용된다. 주로 동남아시아, 서아프리카에서 재배된다.

30 다음 로부스타(Robousta) 종에 대한 설명 중 옳은 것은?

① 병충해와 가뭄에 비교적 약하다.

② 세계 각지에 70여종의 많은 재배 변이종이 분포되어 있다.

③ 체리 숙성기간은 아라비카종보다 길며, 약 9~11개월 정도이다.

④ 염색체의 수는 아라비카 종보다 많은 44개이다.

🈺TIP 로부스타의 염색체는 22개이며, 아라비카의 염색체는 44개이다.

27 ② 28 ④ 29 ① 30 ③ 정답

31 커피 생두에 대한 설명 중 틀린 것은?

① 화산 지역의 토양은 미네랄이 풍부하여 커피나무 성장에 도움을 준다

② 저지대 재배지역은 대량으로 기계적 수확이 가능하다.

③ 생두(Green Bean)는 고지대에서 재배될수록 신맛과 향이 뛰어나다.

④ 일반적으로 아라비카 종은 저지대, 로부스타 종은 고지대에서 재배한다.

🖘TIP 아라비카 종은 고지대, 로부스타는 저지대에서 재배되면
아열대 기후 고지대에서 자란 커피가 맛과 향이 좋다.

32 다음 중 아라비카 재배지역으로 적합하지 않은 곳은?

① 화성암 풍화지대로 토양이 비옥하고 배수가 잘 되는 지역

② 적도를 기준으로 남, 북위 25° 사이의 열대 또는 아열대 지역의 고산지대

③ 브라질이나 인도의 몬순 지역처럼 건기와 우기가 명확하며 알칼리성 토양인 지역

④ 연평균 기온이 약 15~24℃ 정도이고, 연평균 강우량은 1,500~2,000mm 정도인 지역

🖘TIP 고위도 지역으로 갈수록 기온이 하강하므로 재배고도는 낮아지게 된다.

33 다음 중 아라비카의 생육 조건으로 맞는 것은?

① 재배를 위해서는 연간 강수량이 3,000mm가 넘는 것이 좋다.

② 해발 800m 이하에서 재배해야 품질 좋은 아라비카를 생산할 수 있다.

③ 서리는 커피나무 생육에 치명적이므로 서리가 내리는 지역은 커피 재배에 적당하지 않다.

④ 연평균 기온 24~34℃의 온도가 유지되어야 무난히 경작할 수 있다.

🖘TIP 연간강수량 1500~2000mm, 기온 15~24℃, 해발 800m 이상의 고지대.

34 다음은 아라비카와 로부스타에 관한 내용이다. 틀린 것은?

① 아라비카는 로부스타에 비해 상대적으로 병충해에 약하다.

② 아라비카의 적정 재배 고도는 800m 이상이나 로부스타의 경우는 고도와 상관없이 경작될 수 있다.

③ 아라비카는 연평균기온 15-24℃인 지역에서 잘 자란다.

④ 아라비카는 주로 원두커피용으로 사용되며, 로부스타는 인스턴트, 캔 커피 용으로 사용된다.

정답   31 ④   32 ③   33 ③   34 ②

35 다음 커피에 관한 설명 중 맞는 것은?

① 파종한 후 5년 이상 지나야 수확이 가능하다.

② 수분은 주로 곤충에 의해 이루어진다.

③ 나뭇잎은 두꺼운 편이며 앞뒷면 모두 윤기가 있다.

④ 찬바람과 습기 없는 뜨거운 바람, 서리는 커피 생육에 큰 적이다.

36 다음 중 세이딩에 대한 설명으로 틀린 것은?

① 이 경작방법으로 생산된 원두를 셰 이드 그로운 커피 (Shade-grown coffee) 라고 한다.

② 키 큰 나무의 그늘을 이용하여 커피나무의 일조시간을 줄여줌으로써 생두의 밀도를 높여준다.

③ 커피나무에 그늘을 만들어 주기 위해 심는 나무를 셰이드 트리(Shade tree)라고 한다.

④ 브라질이 이 경작 방법을 사용하여 커피를 재배하는 대표적인 나라이다.

37 다음 중 셰이딩 재배의 효과에 대해 설명한 것으로 맞는 것은?

① 커피녹병의 발병을 억제해준다.

② 저지대보다 고지대의 커피 재배지에 더 필요하다.

③ 나무의 마디 사이가 길어져서 수확량이 감소할 수도 있다.

④ 동일면적당 생산링욘 적지만 뛰어난 맛과 향을 가지고 있어 스페셜티 커피가 되기 위한 필수 조건으로 SCA에서 제시하고 있다.

🏷️TIP ① 셰이딩을 하면 공기의 흐름을 방해하고 햇별을 차단함으로써 커피녹병이 더 많이 발생할 수 있다.
② 고지대보다 저지대의 커피 재배 시 더 필요로 한다.

38 커피 재배방법 중 하나인 선 커피 재배방식에 대한 설명으로 틀린 것은?

① 특히 브라질에서 널리 사용되는 방식이다.

② 수분 공급, 농약과 비료 주기 등 많은 관리를 필요로 한다.

③ 기계에 의한 대량 수확 시 유리하다.

④ 셰이딩 방식보다 높은 품질의 커피를 생산할 수 있다.

🏷️TIP Shading 방식이 뛰어난 맛과 향을 가지고 있다.

39 다음 커피 재배에 관한 내용 중 맞는 것은?

① 커피의 성장에서 강한 햇볕과 무기질이 풍부한 화산성 토양이 적당하다.

② 발아 후 6~18개월 경과한 시점에 건강 상태가 양호한 나무들을 골라 옮겨 심는다.

③ 커피는 발아율을 높이기 위해 재배지에 직접 파종한 후 성장시켜 열매를 수확하는 방법을 주로 사용한다.

④ 커피 씨앗을 심은 다음 발아할 때까지 보통 며칠이 걸린다.

TIP 커피의 번식은 파치먼트 상태로 심은 후 묘목 상태에서 재배지에 이식하는 방법(모판)을 주로 사용이다.

40 다음 중 커피나무의 번식에 주로 사용되는 방법은?

① 직파   ② 조직배양   ③ 접목   ④ 파치먼트 파종

41 다음 중 커피의 번식 방법에 대한 설명 중 틀린 것은?

① 커피의 파종은 주로 파치먼트 상태로 이루어진다.

② 커피를 파종하여 묘목으로 키우는 곳을 묘포라 부른다.

③ 커피의 번식은 씨앗에 의한 방법만 가능하며 접목이나 꺾꽂이 등의 무성생식은 불가능하다.

④ 묘포에서 일정 기간 동안 키운 후 경작지에 이식하는 방법을 주로 사용한다.

42 다음 커피나무의 재배에 대한 내용 중 틀린 것은?

① 일반적으로 파치먼트 상태의 씨앗을 묘판에 심거나, 땅에 직접 파종하며 그후 약 1-2개월이 지나면 발아한다.

② 묘목은 약 3년이 지나면 열매를 맺기 시작하는데, 건기가 끝나는 첫 비가 오면 꽃이 피고 꽃이 떨어진 자리에 열매가 자란다.

③ 커피 종자를 개량하는 목적은 단위면적당 생산량을 많이 얻기 위해서, 또 병충해에 강한 품종을 개발하기 위해서이다.

④ 커피나무 재배에 적합한 토양은 유기물이 풍부한 화산석회질로 물이 잘 배출되지 않는 토양이 적합하다.

TIP 커피 재배에 적절한 토양은 유기물이 풍부한 화산석회질. 어느 정도 습기가 있는 배수가 중은 토양이다.

정답   39 ②   40 ④   41 ③   42 ④

43 다음 커피나무의 가지치기에 대한 설명 중 틀린 것은?

① 수확과 위생 관리가 용이하도록 하기 위해서이다.

② 새 줄기의 성장과 열매가 열리는 가지의 성장을 촉진시키기 위해서이다.

③ 격년결실 현상을 완화시켜 주기 위해서이다.

④ 튼튼하고 키가 큰 나무로 성장시키기 위해서이다.

☞TIP 늙은 가지·병든 가지 제거, 수확에 필요한 수관을 만들기 위해 가지치기를 한다.

44 커피 생두의 색상이 짙은 녹색이나 청록색에 가깝다는 것은 무엇을 의미하는가?

① 잡미가 강하다.　　　　　　　　② 산미가 약하다.

③ 수분이 풍부하다.　　　　　　　④ 패스트 크롭(past crop)이다.

45 커피 생두에 대한 내용 중 바르지 않은 것은?

① 밀도가 높을수록 향미가 풍부하다.

② 수확한지 1년이 지난 생두는 숙성되어 가치가 더 올라간다.

③ 생두의 적정 수분함유량은 10~13%이다.

④ 결점두 수는 생두의 품질을 평가하는데 매우 중요하다.

46 커피 생두의 보관에 대한 설명으로 올바른 것은?

① 오랜 기간 숙성할수록 풍미가 뛰어나다.

② 생두는 원두에 비해 보관이 용이하므로 로스팅을 하는 카페에서 장기간 보관하더라도 품질에는 영향을 미치지 않는다.

③ 생두의 수분함유량을 유지하기 위해 적정 습도와 온도를 갖춘 곳에서 보관하는 것이 좋다.

④ 습해지지 않도록 햇볕이 잘 드는 곳에 보관한다.

47 생두의 분류기준에 대한 설명으로 적합하지 않은 것은?

① 아프리카의 경우 스크린 사이즈 19일 경우 AA등급을 부여한다.

② 스크린 사이즈 13이하의 것들은 peaberry로 분류한다.

③ 스크린 사이즈는 1~20의 단계로 구분한다.

④ 스크린 사이즈(screen size)는 1/64인치로 0.4mm에 해당한다.

48 다음 커피에 대한 설명으로 틀린 것은?

① 아라비카, 로부스타, 리베리카는 커피의 대표적인 종이다.

② 커피 생산량의 대부분을 차지하는 것은 아라비카와 로부스타이다.

③ 로부스타는 아라비카에 비해 카페인이 더 많이 함유되어 있다.

④ 커피의 소비는 커피 생산국에서 주로 이루어진다.

TIP 커피의 소비는 생산국에서도 일부 이루어지나 주로 유럽. 미국. 일본 등지에서 이루어진다.

49 디카페인 커피(decaffeinated coffee)에 대한 설명 중 옳지 않은 것은?

① 1819년 독일 화학자 룽게(Friedrich Ferdinand Runge)에 의해 세계 최초 개발되었다.

② 제조공정은 용매추출법, 물추출법, 초임계추출법, 증기추출법이 있다.

③ 1903년 로셀리우스(Ludwig Roselius)에 의해 상업적 규모의 카페인 제거 기술이 완성되었다.

④ 물 추출법은 유기용매가 직접 생콩에 접촉하지 않아 안전하고 경제적이다.

50 다음 디카페인 커피에 대한 설명 중 틀린 것은?

① 가공과정 중 약간의 커피 향 손실이 발생한다.

② 일반 커피에 비해 쓴맛이 현저히 약해진다.

③ 카페인 제거 방식은 H_2O, CO_2를 이용하기도 한다.

④ 카페인이 97% 이상 제거된다.

51 다음 중 디카페인 커피의 제조 방법에 해당되는 것은?

① 증류 추출법　　② 질소 추출법　　③ 초임계 추출법　　④ 효소 추출법

52 아래에서 설명하는 디카페인 커피 제조 방법은 무엇인가?

- 추출 속도가 빨라 회수 카페 인의순도가 높다.
- 가장 많이 사용되는 디카페인 커피의 제조 방법이다.
- 용매가 직접 생두와 접촉하지 않아 안전하고 경제적인 방법이다.

① 초임계 추출법　　　　　② 물 추출법

③ 증류 추출법　　　　　　④ 용매 추출법

정답　48 ④　49 ②　50 ②　51 ③　52 ②

53 디카페인 커피 제조 방법 중, 용매추출법의 특징에 해당되지 않는 것은?

① 유기 용매로서 벤젠, 클로로 포름, 트리 클로로 에틸렌 등이 이용된다.

② 비용이 적게 들지만, 용매의 성분 잔류로 인해 안전에 문제가 있을 수 있다.

③ 용매추출법은 카페인 이외의 성분도 추출되는 단점이 있다.

④ 최근에는 안전성을 고려하여 헬륨, 수소, 이산화탄소 등을 액체 상태로 만들어 이용한다.

54 다음 중 디카페인 커피에 대한 설명으로 틀린 것은?

① 카페인 제거 방식은 독일에서 가장 먼저 개발하였다.

② 용매추출법은 카페인 이외의 성분도 추출되는 단점이 있다.

③ 초임계추출법은 카페인의 선택적 추출이 가능하다.

④ 가공 과정에서 생두 조직에 손상을 입히기도 하지만 커피 향은 손실되지 않는다.

55 커피의 구조는 7단계로 나눈다. 생두를 감싸고 있는 은색의 얇은 막을 무엇이라 부르는가?

① silver skin   ② thin skin   ③ cover skin   ④ paper skin

56 다음 중 커피열매에 대한 내용으로 맞는 것은?

① 커피꽃이 지고 체리가 맺혀서 수확할 때까지의 기간은 아라비카가 로부스타보다 더 길다.

② 일반적으로 커피열매의 껍질 안쪽에 과육이 있고, 과육 안쪽으로 속껍질 안에 두개의 생두가 들어 있다.

③ 생두는 한 열매에 보통 두 개가 서로 마주보는 형태로 들어 있지만 간혹 세 개 이상 들어 있는 경우도 있다.

④ 커피열매에 생두가 하나만 들어있는 경우도 있는데 이런 것을 숏베리(Short berry)라고 부른다.

TIP 속껍질(파치먼트) 안에 각각 한 개씩의 생두가 들어있다.

57 생두의 표면을 감싸고 있는 얇은 껍질을 ( )라 부르며 생두의 가운데 파인 부분을 ( )이라 부른다. ( )에 맞는 것을 고르시오.

① 파치먼트, 센터컷   ② 파치먼트, 미들컷

③ 실버스킨, 센터컷   ④ 외피, 미들컷

정답 53 ④   54 ④   55 ①   56 ③   57 ③

58 커피열매의 명칭을 바깥쪽부터 순서대로 올바르게 나열한 것을 고르시오.

① 겉껍질 〉 펄프 〉 점액질 〉 파치먼트 〉 실버스킨 〉 생두

② 겉껍질 〉 점액질 〉 펄프 〉 파치먼트 〉 실버스킨 〉 생두

③ 겉껍질 〉 펄프 〉 파치먼트 〉 점액질 〉 실버스킨 〉 생두

④ 겉껍질 〉 파치먼트 〉 점액질 〉 펄프 〉 실버스킨 〉 생두

59 파치먼트(parchment)에 대한 올바른 설명은?

① 건조까지 마치고 탈곡기에서 마쇄(磨碎)하여 얻어진 생콩의 상태를 말한다.

② 발효 종료 후, 물로 씻어 내과피(endocarp)가 남아있는 상태를 말한다.

③ 커피 생콩에 점액질 성분이 남아있는 상태를 말한다.

④ 커피 과실에서 외피와 과육을 제거하고 점액질이 남아있는 상태를 말한다.

> **TIP** 발효 종료 후, 물로 씻어 내과피(endocarp)가 남아있는 상태를 말한다.
> **가공 단계별 커피명칭**
> – 자연건조식 : Fresh cherry → Dry coffee cherry → Green coffee
> – 수세식 : Fresh cherry → Pulped coffee → Parchment coffee → Green coffee

60 농부가 수확 후 습식법을 이용해 가공하는 중 과육을 제거한 후에 발효시키는 목적으로 올바른 것은?

① 건조기간을 일정하게 할수 있다.

② 물에 녹지 않는 끈끈한 점액질을 벗겨내기 위함이다.

③ 커피콩의 모양을 예쁘게 만들 수 있다.

④ 파치먼트가 깨지는 것을 방지한다.

61 아라비카 종의 수확방식에 대한 설명으로 옳지 않은 것은?

① 핸드피킹(picking) 방식으로 수확한다.

② 잘 익은 커피만을 골라 수확해야 하므로 5~6회에 걸쳐 수확한다.

③ 핸드피킹(picking) 방식은 기계수확보다 비용이 적게 들기 때문에 이용한다.

④ 일손이 부족한 대형 농장에서는 기계수확을 하기도 한다.

> **TIP** 커피의 수확 방식에도 손으로 직접 수확 하는것을 핸드 피킹이라 하며, 로스팅 하기 전에도 손으로 결점두를 골라내면 균일하여 향미가 좋아진다.

정답   58 ①   59 ②   60 ②   61 ③

62 커피체리를 수확하는 방법 중 틀린 설명은?

① 스트리핑(Stripping) 방식의 대표적인 국가는 브라질이다.
② 핸드픽(Hand-Pick) 방식은 인건비 부담이 적다.
③ 스트리핑(Stripping)은 일시수확으로 수확에 따른 비용 절감을 할 수 있다.
④ 핸드픽(Hand-Pick)는 익은 체리만을 수확하므로 품질이 균일한 커피생산이 가능하다.

63 스트리핑(stripping) 수확방식에 대한 설명이 옳지 않은 것은?

① 나뭇잎, 나뭇가지 등의 이물질이 섞일 가능성이 높으므로 수확 후 한번 더 걸러내야 하는 작업이 필요하다.
② 주로 워시드(washed) 방식으로 생산하는 지역에서 주로 이용하는 방식이다.
③ 한번에 수확을 해야 하므로 수확시기를 결정하는 것이 품질결정에 중요하다.
④ 피킹(picking) 방식에 비해 인건비 부담이 적다.

64 생두의 수분 함유량에 대한 설명 중 옳지 않은 것은?

① 첫해 수확한 생두의 경우 적정 수분 함유량은 12%이다.
② 수분 함유량이 12% 미만일 경우 유통과정 중에 파손될 우려가 있다.
③ 수분 함유량이 높을수록 무게가 많이 나가 높은 가격에 거래된다.
④ 수분 함유량이 12% 초과할 경우 유통과정 중에 변질될 우려가 있다.

65 생두의 분류 중 커피의 맛과 향을 저하시키는 결점두에 해당하지 않는 것은?

① 크기가 작은 생두　　　　　　② 곰팡이가 핀 생두
③ 벌레먹은 생두　　　　　　　④ 탈곡이 잘못된 생두

66 커피체리 안에는 대부분 두 개의 생두가 자리 잡고 있으나, 간혹 한 개의 생두만 들어 있는 경우가 있데 이러한 것을 무엇이라고 하는가?

① 피베리(Peaberry)　　　　　② 롱베리(Long berry)
③ 숏베리(Short berry)　　　　　④ 마라고지페(Maragogype)

67 다음 중 피베리에 대한 설명으로 틀린 것은?

① 스페인어로 카라콜(Caracol), 카라콜리(Caracoli)라고 하며 이는 달팽이 모양의 생두라는 뜻 이다.

② 아라비카뿐만 아니라 로부스타에서도 피베리는 발생한다.

③ 주로 가지 끝에서 쉽게 발견할 수 있는데 커피체리의 크기가 작아 육안으로 식별이 가능하다.

④ 커피체리에 생두가 하나만 들어 있어 일종의 결함으로 간주되며 저급 커피로 거래 된다.

📝TIP 피베리는 저급 커피는 아니다

68 다음 중 피베리에 대한 설명으로 틀린 것은?

① 피베리는 일반 생두와 달리 둥근 모양을 하고 있다.

② 일반체리에 비해 크기가 작아 구별이 가능하다.

③ 유전적 결함이나 환경적 조건 등으로 발생하며 나뭇가지 끝에 많이 달린다.

④ 피베리는 결함이 있는 것으로 여겨져 일반적으로 낮은 가격에 거래된다.

📝TIP 피베리는 결함이 있는 것이 아니며, 가격은 높은 편이다.

69 식물학적 분류 의하면 커피는 100여 가지 이상의 종으로 분류된다. 커피의 3대품종이 아닌 것은?

① Arabica   ② Robusta   ③ Maragogype   ④ Liberica

📝TIP 마라고지페(Maragogype)는 아라비카의 품종의 하나이며,1870년 브라질의 한 농장에서 발견된 Typica의 돌연변이 품종으로 아라비카와 리베리카 품종의 교배종이다. 콩의 사이즈 screen size 20보다 큰 콩으로 크며 나무키가 크고 생산성은 낮다. 현재는 나이지리아, 콩고, 브라질, 중앙아메리카에서 재배한다.

70 다음 설명하는 가공법은?

> • 펄핑을 한 후에 점액질을 제거하지 않고 그 상태로 건조하는 방식
> • 파치먼트에 달라 붙은 채로 건조되어 독특한 향미 지님
> • 주로 브라질에서 이용

① 습식법(wet processing)   ② 건식법(dry processing)
③ 펄프드 내추럴(pulped natural)   ④ 세미 워시드(Semi-washed)

📝TIP 커피체리 가공법에는 습식법, 건식법, 펄프드 내추럴 가공법이 있다.

정답　67 ④　68 ④　69 ③　70 ③

71 건식법(dry processing)에 대한 설명으로 옳지 않은 것은?

① 커피 체리를 수확한 후 그 상태로 말리는 방법을 말한다.

② 체리의 수분이 20%이하가 될 때까지 햇볕에 건조하여 건조일수는 생두의 수분 함유율에 따라 다르다.

③ 40~45℃의 열풍에서 약 3일간 건조하는 기계 건조(Machine dry) 방식도 병행한다.

④ 주로 아라비카 종 커피의 가공에 많이 사용된다.

`TIP` 예비 건조를 하는 경우 수분이 20%가 될 때까지 말린 후 기계건조를 통해 12%대로 수분함유율을 떨어뜨린다. 체리의 익은 정도에 따라 다르며 12~21일 정도 건조 시킨다.

72 건식법(dry processing)을 이용한 커피 가공 중 틀리게 설명한 것은?

① 건조과정 중 발효를 방지하기 위하여 매일 여러 번 섞어 주어야 한다.

② 건조에 소요되는 일수는 과실의 숙도에 상관없이 일정하다.

③ 수확한 과실을 건조장에서 넓게 펴고, 수분이 11~13%로 균일하게 건조시킨다.

④ 가장 전통적인 가공 방식이며 브라질, 에티오피아에서 주로 이용된다.

`TIP` 건식법은 체리를 수확한 후 펄프를 제거하지 않고 체리를 그대로 건조시키는 방법으로 물이 부족하고 햇빛이 좋은 지역에서 주로 이용하는 전통적인 방법이다.

73 습식법(wet processing)을 이용한 커피 가공 중 틀리게 설명한 것은?

① 저장성을 유지하기 위하여 생두의 수분을 10~12% 이하로 건조한다.

② 발효조에서 12~36시간 정도 발효시키면 pH가 3~4 범위로 저하한다.

③ 수확한 과실을 침수시키면 완숙과는 수면으로 뜨고, 미숙과는 침전한다.

④ 물이 풍부한 중남미 지역에서 아라비카종에서 주로 이용된다.

`TIP` 저장성을 유지하기 위하여 생두의 수분을 13% 이하로 건조하는데 그 이상이면 발효될 수 있다.

74 다음은 커피 체리를 가공하는 방식에 대한 설명 중 옳은 것은?

① 습식법(Wet processing)은 커피 체리를 물로 씻은 다음 건조시킨 후 파치먼트 상태를 제거 하는 방식이다.

② 일반적으로 습식법(Wet processing) 가공 커피는 결점두들이 섞여 있을 가능성이 높다.

③ 커피체리 가공하는 방식은 습식법(Wet processing), 건식법(Dry processing), 펄프드 내추럴(Pulped natural), 세미워시드(Semi-washed processing) 등이 있다.

④ 건식법(Dry processing)은 파치먼트를 제거한 후 씨앗을 다시 세척하고 건조시키는 방식이다.

`TIP` 워시드 방식으로 가공된 커피는 보다 깔끔하고 깨끗한 산미를 보인다.

71 ④ 72 ② 73 ③ 74 ③ 정답

75 바디(body)가 강한 느낌의 내추럴 커피(natural coffee)를 생산하는 가공방식은?

① wet processing　　　　　　② semi-washed processing

③ dry processing　　　　　　④ semi-dry processing

> 💡TIP 세미 워시드법은 펄프드 내추럴과는 다른 방식으로 체리 껍질을 벗긴 후 과육과 점액질까지 완전히 물에 씻거나 제거해버린 후 건조시키는 방식으로 영세한 농장에서 사용되며 지금은 별로 이용되고 있지 않다.

76 아라비카 원종에 가장 가까운 품종으로써 콩의 모양은 긴 편이며 좋은 향과 신맛을 가지고 있으나 그늘 경작법(Shading)이 필요하며 생산성이 낮은 품종은?

① 카투라(Catura)　　　　　　② 문도 노보(Mundo-Novo)

③ 티피카(Typica)　　　　　　④ 켄트(Kent)

> 💡TIP 티피카(Typica)는 아라비카 원종에 가장 가까운 품종으로 콩은 긴 편이고 좋은 향과 신맛을 가지고 있으나 커피잎 녹병에 취약하다. 블루마운틴, 하와이 코나가 대표적인 Typica 계통이다. 고지대에서 잘 자라서 밀도가 강하고 맛과 향은 좋으나 CLR에 약한 것이 단점이다.

77 다음 중 커피 품종이 서로 잘못 연결된 것은?

① 티피카(Typica) – 아라비카 원종에 가장 가까운 품종

② 카투라(Catura) – 레드 버번(Red Bourbon)의 돌연변이종

③ 문도 노보(Mundo-Novo) – 티피카(Typica)의 돌연변이 품종

④ 카티모르(Catimor) – 카투라(Catura)와 HDT(Hibrido de Timor)의 교배종

> 💡TIP 1931년 브라질에서 발견된 Mundo-Novo(신세계)는 Red Bourbon과 Typica계열의 수마트라(Sumatra)의 자연 교배종이다. 신맛과 쓴맛의 밸런스가 좋으며 맛이 재래종과 비슷하다.

78 다음의 생두 등급 분류 기준에서 SCAA에서 사용하는 분류법이 아닌 것은?

① 생두 수분 함유율　　　　　　② Cup Quality

③ 생두의 무게　　　　　　　　④ 생두의 크기

79 SCAA 분류법에 따른 스페셜티 커피 분류기준으로 옳지 않은 것은?

① 로스팅후 퀘이커(quaker)는 허용되지 않음

② 외부의 오염된 냄새(foreign odor)가 없을 것

③ 콩의 크기 편차는 10% 이내일 것

④ 워시드 방식의 경우 생두의 수분 함유량은 10~12% 이내일 것

정답　75 ③　76 ③　77 ③　78 ③　79 ③

★ 80 SCAA 기준 결점두(defect bean)에 대한 설명 중 옳지 않은 것은?

① fungus damaged : 곰팡이 발생한 경우
② foreign matter : 이물질을 제거하지 못한 경우
③ sour bean : 산미가 강한 경우
④ parchment : 불완전한 탈곡

★ 81 SCAA기준에 의한 결점두(defect bean)들의 발생 원인이 잘못 연결된 것은?

① Black bean – 늦은 수확, 흙과의 장시간 접촉
② Shell – 유전적 결함
③ Unripe bean – 너무 익은 체리나 땅에 떨어진 체리의 수확
④ Dried bean – 잘못된 탈곡(Hulling)

> TIP Unripe(Immature)은 익지 않은 상태에서 수확하여 생긴 결점두이며, Sour bean은 너무 익은 체리나 땅에 떨어진 체리를 수확하였을 경우 발생되는 결점두이다.

★ 82 SCAA 기준의 결점두(defect bean)중 sour bean에 대한 원인으로 바르지 않은 것은?

① 벌레먹은 커피열매를 사용
② 수확시기를 지난 커피열매나 땅에 떨어진 커피열매의 수확
③ 정제 과정에서 오염된 물 사용
④ 과 발효(over fermentation)

★ 83 커피 품질 등급을 나누는 방법이 다른 나라는?

① 과테말라   ② 멕시코   ③ 코스타리카   ④ 콜롬비아

> TIP 콜롬비아는 생두 사이즈에 의해 분류되며 과테말라, 엘살바도르, 코스타리카, 온두라스, 멕시코 등은 생산 고도에 의해 분류한다.

★ 84 다음 설명에 해당되는 커피산지는?

- 커피나무가 발견된 카파 지방이 있는 나라
- 생두 300g중 결점두 수에 G1, G2로 등급을 나누는 대표적인 나라
- 대표적인 커피는 하라, 시다모, 예가체프 등이 있다.
- 커피 가공은 수세식과 자연 건조식을 병행하는 나라

① 탄자니아   ② 케냐   ③ 예멘   ④ 에티오피아

80 ③   81 ③   82 ①   83 ④   84 ④   정답

85 영화 '아웃 오브 아프리카'의 무대로도 유명하며, 에티오피아와 국경을 접하고 있으며, 커피콩의 품질 관리가 뛰어나서 고급 아라비카 커피를 수출하는 나라는 어디인가? 물 세척법으로 가공하여 신맛이 강하고 향기가 풍부하며 과일향과 꽃향기가 난다. 커피품질 등급은 AA, AB, C로 나뉘는 나라이기도 하다.

① 예멘　　　　② 탄자니아　　　　③ 케냐　　　　④ 콜롬비아

86 코스타리카에서 생산되는 생두의 상품명 뒤에 붙게 되는 SHB(Strictly Hard Bean) 또는 HB(Hard Bean) 등은 무엇을 의미하나?

① 생두의 견고성 정도　　　　　　② 생두의 경작 고도
③ 생두의 결점두 비율　　　　　　④ 생두의 성숙 정도

87 결점두 수에 따라 생두의 등급을 G1, G2, G3 등으로 나누는 나라로 대표적인 커피로는 만델링, 토라자, 칼로시, W.I.B 등이 있는 나라는?

① 인도네시아　　　② 파푸아뉴기니　　　③ 에티오피아　　　④ 인도

88 생두 구입 시 상품명에 '콜롬비아 수프리모 스크린 18 톨리마'라고 쓰여 있었다면 "스크린 18"의 의미는 무엇인가?

① 샘플양 350g에서 결점두가 18개 발견되었다는 의미
② 생두의 크기에 의한 분류이며, screen size 18의 의미
③ 생두의 투명도가 높다는 의미
④ 생산지역에서 품질평가 18위를 차지하였다는 의미

89 SCAA 기준의 스페셜티 커피 생두의 적정 수분 함유량은?

① 8~9%　　　② 10~13%　　　③ 14~15%　　　④ 16~18%

90 SCAA 기준의 스페셜티 커피의 기준이다. 올바른 연결은?

[생두 OOOg중, 결점두 O개 이하인 커피]

① 300, 5　　　② 350, 10　　　③ 350, 5　　　④ 300, 10

정답　　85 ③　86 ②　87 ①　88 ②　89 ②　90 ③

91 다음은 커피 원산지와 대표적인 커피를 연결한 것인데 일치하지 않는 것은?

① 과테말라 – 따라주
② 멕시코 – 알투라
③ 에티오피아 – 예가체프
④ 자메이카 – 블루마운틴

🍵TIP 과테말라는 안티구아이며, 따라주는 코스타리카의 커피이다.

92 생두를 장기 저장하였을 경우 생두의 색깔, 향미 및 지질의 산가가 변화된다. 이들 현상에 대한 설명으로 틀린 것은?

① 생두에 함유된 지질의 산가는 증가한다.
② 생두의 색은 노란색 내지 갈색에서 녹청색으로 변화한다.
③ 생두의 색, 향미 및 산가의 변화는 저장조건과 밀접한 관계가 있다.
④ 생두의 산가의 변화는 리파아제(Lipase)에 의한 지질의 가수분해 때문이다.

🍵TIP 커피 생두의 색은 저장 기간이 길어질수록 녹청색에서 갈색 내지 황색으로 변화된다.

93 생두에 함유된 탄수화물은 유리당류와 다당류로 나누어진다. 이들에 대한 설명으로 맞는 것은?

① 생두의 유리당류 함량은 로스팅을 해도 거의 감소되지 않는다.
② 생두의 유리당류에 속하는 주성분은 글루코스(Glucose) 이다.
③ 생두의 유리당류 함량은 로부스타 커피가 아라비카 커피보다 더 많이 함유되어 있다.
④ 생두의 자당은 원두의 갈색이나 향기의 형성에 크게 영향을 미친다.

🍵TIP 커피 생두의 유리당류는 대부분 자당(Sucrose)이며, 로부스타에 비하여 아라비카 생두에 더 많이 함유되어 있다. 그리고 자당은 로스팅 과정 중 갈색색소 성분이나 향기를 나타내는 성분으로 전환된다.

94 다음 설명하는 내용에 해당하는 품종을 고르시오.

> • 브라질에서 발견된 버번과 티피카의 자연교배종으로 생두의 크기는 다양하다.
> • 생산량은 버번보다 30% 이상 많으나 성숙기간이 길고 나무키가 3m 이상으로 매년 가지치기를 해야 하고 재배 밀도가 낮다는 단점이 있다.

① 카투라 (Caturra)
② 카투아이 (Catuai)
③ 문도노보(Mundo Novo)
④ 카티모르(Catimor)

95 다음에 해당하는 아라비카 계통의 품종을 고르시오.

> 이 품종의 기원은 에티오피아라고 알려져 있지만, 우리에게 익숙한 지역은 파나마이다. 파나마의 커피 농장주였던 프란시스코 시니어는 코스타리카에서 이 품종을 수입한 후 이 품종의 정착을 위해 헌신했다. 이후 평범한 커피로 여겨지던 이 품종은 에스메랄다 농장의 다니엘 피터슨에 의해 그 가치가 발견된 후 세상에 알려지게 되었다. 현재는 파나마 외에도 코스타리카, 콜롬비아, 온두라스 등지에서 재배되고 있다.

① 파카마라 (Pacamara) ② 파카스 (Pacas)
③ 게이샤(Geisha) ④ 켄트(Kent)

96 아프리카 동부에 위치한 레위니옹(Reunion) 섬에서 발견된 티피카(Typica)의 돌연변이 품종은?

① 버번(Bourbon) ② 카투아이(Catuai)
③ 카투라(Caturra) ④ 문도노보(Mundo Novo)

97 아라비카 품종의 하나인 카투라(Caturra)에 대한 설명 중 틀린 것은?

① 브라질에서 발견된 버번의 돌연변이종이다.
② 체리가 익었을 때 붉은색과 노란색의 두 가지 종류가 있다.
③ 단위 면적당 많이 심을 수 있어 생산성이 높다.
④ 브라질에서 지금도 널리 재배되고 있다.

🔰TIP 브라질에서는 환경에 잘 적응하지 못하였으며 콜롬비아와 코스타리카에서 더 널리 재배되고 있다.

98 아라비카 품종 중 하나인 마라고지페(Maragogype)에 대한 설명으로 틀린 것은?

① 브라질에서 발견된 티피카의 돌연변이 품종이다.
② 카페인 함량이 다른 품종에 비해 적은 편이다.
③ 콩의 크기가 커서 생산성 또한 뛰어나다.
④ 마라고지페와 카투라와의 교배종을 마라카투(Maracatu)라 한다.

🔰TIP 마라고지메는 카페인 함량이 다른 품종에 비해 적은 편(0.6%)이며 수확량이 적어 생산성은 떨어진다.

정답 95 ③ 96 ① 97 ④ 98 ③

99 커피 재배 농가의 삶의 질을 개선하고 수질과 토양, 생물 다양성을 보호하며 장기적인 관점에서 안정적으로 커피를 생산하는 시스템을 무엇이라 하는가?

① 유기농 커피 (Organic coflee)

② 공정무역 커피 (Fair trade coffee)

③ 지속가능 커피 (Sustainable coffee)

④ 셰이딩 커피 (Shading coffee)

🔖TIP 지속가능 커피의 실천방안 : 유기농 커피, 공정무역 커피, 셰이딩 커피

100 다음은 무엇에 대한 설명인가?

- 국제커피기구에서 질 좋은 커피를 생산하는 나라들이 제대로 된 보상을 받을 수 있고, 소비자는 질 좋은 생두를 구매할 수 있는 시스템을 만들고자 시작되었다.
- 매년 국제 커핑 심사위원들이 현지에서 평가하고 그 점수 중 상위 등급의 커피들을 인터넷 경매를 통해 전 세계로 판매한다.

① SCA (Specialty Coffee Association)   ② COE(Cup of Excellence)

③ Fair Trade Certified   ④ Certified Organic

101 다음 중 습식법에 대한 설명으로 맞는 것은?

① 건식법에 비해 생산 단가가 싸고 친환경적이다.

② 발효 탱크에서 16 ~ 36시간 정도 발효시키면 pH가 3.8-4.0 범위로 내려간다.

③ 물이 풍부한 중남미 지역에서 아라비카 커피 생산 시 주로 이용된다.

④ 수확한 체리는 물을 이용해 가벼운 체리와 무거운 체리로 분리한다.

102 다음 중 습식법 공정 순서로 맞는 것은?

① 수확 → 분리 → 과육제거 → 발효 → 세척 → 건조 → 탈곡 → 선별 → 포장 → 보관

② 수확 → 분리 → 과육제거 → 건조 → 발효 → 세척 → 탈곡 → 선별 → 포장 → 보관

③ 수확 → 분리 → 과육제거 → 세척 → 발효 → 건조 → 탈곡 → 선별 → 포장 → 보관

④ 수확 → 분리 → 과육제거 → 발효 → 건조 → 세척 → 탈곡 → 선별 → 포장 → 보관

103 다음 가공법으로 생산된 커피를 무엇이라 하는가?

> 최근 시행되고 있는 가공법으로 커피체리를 수확할 때부터 체리의 당도(Brix)를 측정하여 잘 익은 체리만을 선별하여 수확 후, 펄핑을 하고 점액질이 일부 남아 있는 상태에서 건조 테이블 위에서 햇볕 건조시킨다.

① 내추럴 커피 (Natural coffee) 　② 허니 커피(Honey coffee)
③ 스위트 커피 (Sweet coffee) 　④ 워시드 커피 Cashed coffee)

TIP 허니 프로세스로 가공하여 남아있는 점액질의 양에 따라 블랙 허니 〉레드 허니 〉옐로 허니로 나눈다.

104 다음 중 습식 가공 시 발효가 끝난 후, 세척 수로를 거치는 이유로 틀린 것은?

① 차가운 물을 통과시켜 발효가 더 이상 진행되는 것을 멈추게 한다.
② 발효 과정 후 파치먼트에 묻어 있는 찌꺼기를 제거해 준다.
③ 세척 수로를 통과시키면서 파치먼트를 밀도에 따라 분류한다.
④ 파치먼트에 수분을 보충해줌으로써 건조 과정을 용이하게 해준다

105 다음 중 향미가 풍부한 커피를 생산하기 위한 방법으로 맞는 것은?

① 유기농법으로 재배한다.
② 완전히 익은 붉은 색의 체리를 선별 수확한다.
③ 생두의 수분을 완전히 건조하기 위해 장기간 햇볕에 건조시킨다.
④ 수확 후 커피체리 껍질을 반드시 제거한 다음 건조시켜야 한다.

TIP 유기농법은 향미와는 관련이 없다. 체리껍질은 가공방법에 따라 제거 후 또는 그대로 건조 시킨다.

106 생두의 수분 함량을 12%대로 유지하기 위한 보관 창고의 적정 온도와 습도는?

① 온도 15℃, 습도40% 　② 온도 20℃, 습도70%
③ 온도 20℃, 습도40% 　④ 온도 15℃, 습도70%

107 내추럴 커피와 워시드 커피의 특성에 대한 설명 중 틀린 것은?

① 내추럴 커피는 센터컷이 노란색을 띤다.
② 워시드 커피는 내추럴 커피에 비해 일반적으로 품질이 더 높고 균일하다.
③ 워시드 커피는 신맛이 좋으며 향이 좋고 바디가 강하다.
④ 내추럴 커피는 단맛이 강하며 복합적인 맛을 느낄 수 있다.

TIP 워시드 커피는 내추럴 커피에 비해 보관기간이 더 짧다.

정답　103 ②　104 ④　105 ②　106 ①　107 ③

108 생두 탈곡 과정에서 실버스킨을 제거하는 것을 폴리싱이라 한다. 다음 중 이에 대한 설명으로 틀린 것은?

① 생두의 외관을 깨끗하게 해줌으로써 상품의 가치를 높일 수 있다.

② 약간의 중량손실이 발생할 수 있다.

③ 주로 고급 커피의 경우에 한해 시행한다.

④ 이 작업을 통해 커피의 맛과 향을 더 향상시킬 수 있다.

109 다음 중 커피 가공 과정이 순서대로 맞게 나열된 것은?

① Hulling → Cleaning → Grading   ② Cleaning → Hulling → Grading

③ Hulling → Grading → Cleaning   ④ Cleaning → Grading → Hulling

110 생두의 크기를 표시하는 스크린 사이즈별로 명칭이 있는데, 큰 순서부터 맞게 나열한 것은?

① Very Large ⟩ Extra Large ⟩ Bold ⟩ Good Bean

② Extra Large ⟩ Very Large ⟩ Bold ⟩ Good Bean.

③ Very Large ⟩ Extra Large ⟩ Good ⟩ Bold Bean

④ Extra Large ⟩ Very Large ⟩ Good ⟩ Bold Bean

111 다음의 생두 등급 중 가장 작은 것은 무엇인가?

① 콜롬비아 Excelso   ② 탄자니아 AA

③ 하와이 코나 Fancy   ④ 케냐 AA

112 다음 중 생두의 크기에 대한 설명으로 틀린 것은?

① 일반적으로 생두의 크기가 클수록 고급으로 여겨지며, 가격도 더 비싸다.

② 1/64인치 단위로 구멍의 크기가 분류된 체를 이용하여 생두의 크기를 측정한다.

③ 케냐는 AA, A로, 콜롬비아는 A, B, C, PB로 표기한다.

④ 스크린 사이즈 18은 7.14㎜이며, 이는 Large bean에 해당하는 크기다.

🔴TIP A. B. C. PB 등급은 탄자니아의 분류 기준이다.

113 다음 중 커피 생산국의 분류 기준으로 맞는 것은?

① 코스타리카 – SHG   ② 멕시코 – SHG

③ 에티오피아 – Supremo   ④ 케냐 – Fancy

---

108 ④   **109** ②   **110** ①   **111** ①   **112** ③   **113** ②   정답

★
114 다음 중 결점두에 대한 설명으로 틀린 것은?

① 결점두는 결함이 있는 생두뿐만 아니라 돌과 같은 이물질도 해당된다.
② 결점두는 열매의 수확에서 생두의 보관까지 전 과정에서 발생할 수 있다.
③ 결점두의 종류에 따라 커피의 맛과 향에 미치는 영향은 조금씩 다르다.
④ 결점두의 종류와 명칭은 국제적으로 통일된 기준을 사용한다.

★
115 다음 중 SCA 기준에 따른 결점두의 종류와 그에 대한 설명 중 틀린 것은?

① Shell – 성장 기간에 수분이 부족하여 발생한다.
② Hull, Husk – 잘못된 탈곡이나 선별 과정에서 발생한다.
③ Foreign matter – 돌이나 나뭇가지처럼 커피 외의 외부 물질을 말한다.
④ Floater – 부적절한 보관, 건조 상태에서 발생된다.

🖋TIP Shell : 유전적 원인으로 조개 모양의 기형적인 모양이 된다.

★
116 덜 익은 체리를 수확하여 로스팅을 할 경우 정상적인 원두와 색깔이 달라 구별되는데 이를 무엇이라 하는가?

① 플로터   ② 블랙빈   ③ 퀘이커   ④ 플랫빈

★
117 다음 중 SCA의 스페셜티 커피에 대한 설명으로 틀린 것은?

① 이상적인 커피 재배 기후 조건에서 생산된 아주 뛰어난 품질의 커피를 말한다.
② 에르나 크누츠센(Erna Knutsen)이 처음 언급한 데서 비롯되었다고 한다.
③ 미국의 전체 커피시장은 수십 년째 정체상태이나 스페셜티 커피 분야는 지속적으로 성장하고 있다.
④ 커핑 결과 100점 만점에 70점 이상을 획득한 커피를 의미한다.

🖋TIP 커핑 테스트 결과 90점 이상이 Specialty grade이다.

★
118 다음 중 퀘이커에 대한 설명으로 틀린 것은?

① 브라질 · 뉴욕의 결점두 분류법에는 해당되지 않는다.
② 체리 수확 시 발생하는 결점두이다.
③ 생두 가공 과정에서 발견하기 어렵다.
④ 덜 익은 상태의 체리를 수확한 경우 발생한다.

🖋TIP 퀘이커는 덜 익은 커피열매로 수확 시 부주의한 핸드 피킹을 통하여 발생할 수 있으며 가공과정에서 잘 발견되지 않는다. 로스팅을 했을 때 가열이 쉽지 않으며 옅은 색을 띠게 되어 구별이 가능하다. 브라질 · 뉴욕 분류법의 결점두 기준에 해당된다.

정답   114 ④   115 ①   116 ③   117 ④   118 ①

119 다음 중 생두를 평가하는 방법으로 틀린 것은?

① 결점두의 수가 적을수록 좋은 생두로 평가된다.

② 색깔과 크기가 균일할수록 좋은 등급으로 분류된다.

③ 생두의 실버스킨 제거 여부는 가장 중요한 평가요소이다.

④ 생산국에 따라 샘플 300g 중 섞여 있는 결점두 수에 따라 등급이 정해지기도 한다.

120 다음 (   )에 맞는 것을 고르시오.

> 커피의 재배는 기후, 고도, 토양 등 여러 조건이 적합해야 하는데 그중 커피의 생육에 가장 치명적인 영향을 끼치는 것은 (   )이며, 또한 생두를 보관할 때도 여러 조건들이 충족되어야 하는데 가장 중요한 요인은(   )이고 로스팅을 하고 난 후 보관하는 경우 (   )가(이) 가장 커피의 산패를 가속시킨다.

① 서리, 습도, 산소   ② 서리, 온도, 산소

③ 강수량, 습도, 온도   ④ 강수량, 온도, 습도

121 다음 중 품질이 좋은 생두를 고르는 조건으로 틀린 것은?

① 일반적으로 생두 생산지가 고지대일수록 생두 등급이 상승된다.

② 다른 조건이 동일한 경우에 생두의 사이즈가 클수록 높은 등급에 분류된다.

③ 결점두가 적게 혼합되고 생두 크기가 균일할수록 좋으나 생두 밀도와는 무관하다.

④ 생두 색깔이 짙은 청록색일수록 좋은 생두로 분류된다.

122 다음 중 좋은 생두를 감별하는 방법으로 틀린 것은?

① 밀도가 클수록 향미가 풍부하다.

② 생두의 적정 수분 함량은 10~13%이다.

③ 결점두 함량은 생두의 품질 평가 시 중요한 요소 중 하나이다.

④ 수확한 지 적어도 일 년이 지난 생두는 충분히 숙성되어 품질이 더 좋아진다.

🔖TIP 수확한 지 1년이 지나면 Past crap으로 가치가 떨어진다.

123 다음 중 수확 기간 경과에 따른 생두의 분류 명칭에 해당하지 않는 것은?

① 니어 크롭(Near crop)   ② 뉴 크롭(New crop)

③ 패스트 크롭(Past crop)   ④ 올드 크롭(Old crop)

119 ③   120 ①   121 ③   122 ④   123 ①   정답

124 다음 생두 등급에 대한 설명 중 틀린 것은?

① 세계 커피 무역에 있어 아라비카 커피 등급은 뉴욕상품거래소(NYBOT)에 따라 생두 샘플 300g 중 결점두 함량에 따라 구분된다.

② 아라비카 커피는 결점두 수로 측정되는데, 브라질 커피의 경우 NY2가 가장 좋은 등급이다.

③ 생두의 결점두 숫자만으로도 커피 향미를 판단할 수 있다.

④ 세계 커피 무역에 있어 로부스타 커피 등급은 런던국제금융선물거래소(LIFFE)에 따라 생두 샘플 500g 중 결점두 수에 따라 구분된다.

🖐TIP 결점두 함량만으로 향미를 평가하는 것은 한계가 있으므로, 커핑(cupping)을 통해 최종적인품질을 평가한다.

125 브라질 생두의 맛에 의한 분류 중 가장 우수한 등급에 속하는 것은?

① Strictly soft   ② Hard   ③ Soft   ④ Rio

🖐TIP 브라질에서는 결점두에 의한 기준 외에 여러 가지로 분류하는데 맛에 의한 분류는 Strictly Soft 〉 Soft 〉 Softish 〉 Hard 〉 Riada 〉 Rio 〉 Rio Zona의 순이다.

126 다음 중 커피 생산국과 품명이 맞게 연결된 것은?

① 케냐 – 킬리만자로(Kilimanjaro)

② 예멘 – 마타리 (Mattari)

③ 코스타리카 – 산타마르타(Santa Marta)

④ 에티오피아 – 이스마일리(Ismaili)

127 다음 커피 생산국마다 서로 다른 생두의 분류에 대한 설명 중 맞는 것은?

① 예멘은 결점두에 의해 Grade1, 2 등으로 분류를 한다.

② 브라질은 결점두에 의한 분류를 하며 최상급은 NY.1이다.

③ 멕시코, 온두라스는 고도에 의한 분류를 하며 최상급은 SHG이다.

④ 케냐는 생두의 크기에 따라 AA, A, B, C 등으로 분류한다.

🖐TIP ① 예멘은 공식적인 분류 기준이 없다.
② AA, A. B. C는 탄자니아의 분류이다.

정답   124 ③   125 ①   126 ②   127 ③

★
128 다음 설명에 해당되는 커피 생산국가는?

> 아라비카보다 로부스타 재배가 많이 이루어지고 있으며 대표적인 커피로는 만델링, 토라자, WIB 등이
> 있다. 300g 중 결점두 수에 따라 G-1, G-2, G-3 등으로 생두 분류를 한다.

① 인도   ② 짐바브웨
③ 파푸아뉴기니   ④ 인도네시아

★
129 다음 중 커피 생산 지역과 커피 생산 국가가 맞게 연결된 것은?

① 남미 지역 : 브라질, 과테말라, 베네수엘라, 페루
② 중미 지역 : 과테말라, 콜롬비아, 코스타리카, 도미니카
③ 카리브 해 지역 : 자메이카, 쿠바, 아이티, 도미니카
④ 아프리카 지역 : 에티오피아, 케냐, 탄자니아, 파푸아뉴기니

> 🔥TIP 과테말라와 엘살바도르는 중미, 콜롬비아는 남미의 커피 생산국이다.

★
130 다음은 아라비카 커피의 원산지인 에티오피아에 대한 설명이다. ㉮~㉱ 중 틀린 것은?

> 에티오피아는 아프리카 최대의 커피 생산국으로 ㉮건식법과 습식법이 함께 사용된다. 예가체페
> (Yirgacheffe) 커피는 에티오피아를 대표하는 커피로 널리 알려져 있다. 그 밖에 시다모(Sidamo),
> ㉯킬리만자로(Kilimanjaro), 하라(Harrar), ㉰리무(Limu) 등이 있다. 하라는 크기에 따라 ㉱롱베리
> (Long berry)와 숏베리 (Short berry)로 나뉜다.

① ㉮   ② ㉯   ③ ㉰   ④ ㉱

★
131 다음 설명에 해당하는 커피 생산 국가는?

> 비옥한 화산지대와 이상적인 기후조건을 갖추고 있어 생산 규모는 작지만 뛰어난 품질의 커피를 생산
> 하고 있다. 산타아나(Santa Ana)가 최대 재배 지역이며 재배 고도에 따라 분류하는데 SHG가 최고 등
> 급의 커피이다. 아라비카만 재배하며 재배 품종은 버번, 파카스, 파카마라 등이다.

① 엘살바도르   ② 온두라스   ③ 코스타리카   ④ 과테말라

---

128 ④   129 ③   130 ②   131 ①   정답

132 다음 설명에 해당하는 커피 생산 국가는?

> 커피 생산은 주로 서쪽 지역에서 이루어지고 있으며 최대 생산지역인 산타바바라(Santa Bárbara)를 비롯해 코판(Copán), 오코테펙(Ocote-peque), 렘피라(Lempira), 라파스(La Paz) 주 등이 여기에 해당된다. 고도에 의한 등급 분류를 하며 SHG(Stricly High Grown)가 최고 등급이다.

① 엘살바도르　　　　　　　　② 과테말라
③ 코스타리카　　　　　　　　④ 온두라스

133 다음 설명에 해당되는 커피 생산 국가는?

> 아프리카의 커피 생산국가로 품질 관리가 뛰어나며 아라비카 커피만 생산한다. 주요 재배 품종은 SL28, SL34 등이고 감귤류의 밝은 신맛이 나며 과일과 꽃향기를 느낄 수 있다. 습식 가공을 하며 품질 분류는 AA, AB, C 등이다. 영화 '아웃 오브 아프리카'의 무대로도 유명하다.

① 에티오피아　　　　　　　　② 케냐
③ 탄자니아　　　　　　　　　④ 짐바브웨

정답　**132** ④　**133** ②

커피 원두 선택

01 원두의 보관 방법 중 가장 옳은 것은?

① 원두는 항상 냉동 보관 하는 것이 좋다.
② 냉동 보관된 원두는 추출 시 바로 사용해야 한다.
③ 원두는 냉동보다 냉장 보관하는 것이 좋다.
④ 원두는 밀봉 또는 진공 용기를 사용하여 공기와 접촉을 최소화 한다.

02 다음 중 원두의 저장조건에 대한 설명으로 틀린 것은?

① 커피가 분쇄되면 공기와의 접촉 면적이 넓어지므로 산화가 급격히 진행된다.
② 다크 로스트 원두는 라이트 로스트 원두보다 천천히 산화된다.
③ 산패의 주원인은 커피의 향기 성분 간의 상호작용과 산소에 의한 산화 작용이다.
④ 커피의 저장온도가 10℃ 상승할 때마다 향기 성분은 2, 3배씩 빨리 감소한다.

03 커피 신선도를 저해시키는 '산패'의 주요원인이 아닌 것은?

① 밀도   ② 온도   ③ 분쇄 입도   ④ 공기

📑TIP 산패 촉진 인자: 온도, 열, 공기, 산소, 금속, 지방, 수분

04 다음 중 향미가 좋은 커피를 마시기 위한 적절한 방법으로 거리가 먼 것은?

① 커피를 추출하기 직전에 분쇄한다.
② 한 번에 대량 구매한 다음 소분하여 보관한다.
③ 추출된 커피는 되도록 빠른 시간 안에 마신다.
④ 즉시 사용하지 않을 커피는 건냉암소에 보관한다.

05 원두를 신선하게 보존하기 위한 포장 방법 중 보존기간이 가장 짧은 것은?

① 진공 포장   ② 질소 포장   ③ 공기 포장   ④ 탈산소제 포장

★06 커피의 품질 변화를 방지하기 위하여 포장 재료가 갖추어야 할 특성이 아닌 것은?

① 보향성   ② 차광성   ③ 방기성   ④ 방풍성

01 ④   02 ②   03 ①   04 ②   05 ③   06 ④   정답

07 다음 커피 포장 방법 중 가장 오랫동안 보관할 수 있는 것은?

① 진공 포장　　　　② 질소가압 포장　　　　③ 밸브 포장　　　　④ 지퍼 백 포장

🔎TIP 질소가압 포장은 캔과 같은 금속용기에 질소를 가압 포장하는 방법으로 보관 기간이 매우 길다.

08 향미가 풍부한 커피를 마시기 위하여 원두를 보관할 때, 분쇄 상태보다 홀빈 상태로 보관하는 것이 좋은데 그 이유는?

① 원두 상태로 보관하면 커피에 함유된 이산화탄소의 방출을 줄여서 커피 향미를 향상시킨다.

② 분쇄 상태의 커피는 함유된 열량 영양소와 무기질의 분해를 초래함으로써 커피의 영양을 감소시킨다.

③ 분쇄 상태의 커피는 표면적 확대로 인해 산화가 촉진되며 각종 휘발성분의 손실을 초래한다.

④ 홀빈 상태로 보관하면 커피에 함유된 영양성분이 축합반응을 일으켜 커피의 영양을 상승시킨다.

🔎TIP 유기물의 산화는 표면적과 공기 접촉 빈도가 가장 중요한 요소로 작용한다.

09 커피를 볶을 때 너무 빨리 볶으면 캐러멜 화합물이 충분히 생성되지 않으면서 커피콩의 표면이 부분적으로 타게 되는데 이때 나타나는 결함은?

① 나무 맛(woody)　　　　　　　　② 탄내(tarry)
③ 기름 냄새(hidy)　　　　　　　　④ 강한 탄내(scorched)

10 로스팅 작업을 통한 원두 변화의 설명 중 옳은 것은?

① 로스팅 정도가 약한 원두가 강하게 로스팅 된 원두보다 수분함량이 적다.

② 로스팅 단계가 진행될수록 원두의 부피는 계속 커진다.

③ 로스팅 단계가 진행될수록 원두의 무게는 계속 줄어든다.

④ 로스팅 단계가 진행될수록 커피 향미는 계속 풍부해진다.

🔎TIP 로스팅이 진행되면서 원두 부피는 증가하다 멈추게 되고, 원두 향기는 어느 정도 증가하다가 감소한다.

11 로스팅에 의한 원두의 물리적 변화로 틀린 것은?

① 로스팅이 진행됨에 따라 원두의 비중은 감소된다.

② 로스팅이 진행됨에 따라 원두의 용적 증가율은 감소된다.

③ 로스팅이 진행됨에 따라 원두의 압축강도는 증가된다.

④ 로스팅이 진행됨에 따라 세포내 성분은 겔(Gel)상으로 유동화 된다.

🔎TIP 겔화 : 콜로이드 용액 일정한 농도 이상으로 진해져서 튼튼한 그물 조직이 형성되어 굳어친 것을 말한다.

정답　**07** ②　**08** ③　**09** ④　**10** ③　**11** ③

커피 로스팅

01 로스팅에 관한 설명 중 바른 것은?

① 생두는 진한 갈색에서 연한 갈색으로 변화하면서 배전된다.

② 배전은 열에 의해 조직의 부피가 3~4배 증가한다.

③ 시티 로스트는 배전 중 가장 진하게 볶아진 상태를 말한다.

④ 추출을 용이하도록 생두에 열을 가해 세포조직을 분해하여 여러 성분들을 발현시키는 과정이다.

02 로스팅(배전)할 때 생기는 일반적인 현상이 아닌 것은?

① 수분의 감소   ② 중량의 감소

③ 향기의 감소   ④ 부피의 증가

TIP 로스팅 후 향기는 증가한다.

03 로스팅에 대한 설명으로 틀린 것은?

① 로스터의 특징에 맞게 생두의 양을 조절하여 투입한다.

② 로스팅하기 전에 로스팅 포인트를 결정해야한다.

③ 로스팅하기 전에 로스터는 강한 화력으로 빨리 예열시켜 놓아야 한다.

④ 로스팅하기 전에 생두의 수분량, 밀도, 수확연수, 가공방법 등을 체크한다.

04 로스팅(Roasting)에 대한 설명 중 틀린 것은?

① 로스팅 과정 중 생두표면에 있는 은피(Silver Skin)는 열분해가 일어나면서 분리된다.

② 로스팅을 마친 후 즉시 공기나 물을 이용해 가능한 빨리 냉각을 시켜주어야 한다.

③ 로스팅 과정 중 생두는 화학적인 반응을 일으키는데 로스팅 초기에는 발열반응이 나타나며, 점차 로스팅이 진행되면서 흡열반응이 순차적으로 진행된다.

④ 로스팅은 생두를 선택하여 볶는 일련의 과정을 지칭하는 말로서 볶는 방식에 따라 직화식, 반열풍식, 열풍식으로 크게 나눌 수 있다.

TIP 로스팅이 진행되면서 초기에 흡열반응이 나타나고 발열반응이 순차적으로 진행된다.

01 ④   02 ③   03 ③   04 ③   정답

05 다음 중 로스팅에 관한 설명으로 옳은 것은?

① 생두는 로스터 내부에서 100~180℃의 열풍으로 가열한다.

② 흡열반응은 2차 팽창 후에 일어난다.

③ 탄수화물, 지방, 단백질, 유기산 등이 분해되기 시작하는 온도는 200℃ 이후부터이다.

④ 생두조직의 내부 온도가 160℃ 정도가 되면 수분의 증발이 끝나고, 색상이 황색으로 변하기 시작한다.

TIP 로스터에 따라 차이가 있으나, 생두는 로스터 내부에서 100~500℃로 가열된다.
흡열반응은 생두투입 초기 시점부터 일어난다. 생두의 탄수화물, 지방, 단백질, 유기산 등이
분해되기 시작하는 온도는 160℃정도이다.

06 커피 배전(Roasting) 시 나타나는 변화에 대한 설명으로 맞는 것은?

① 갈변화가 일어난다.　　　　　② 밀도가 커진다.

③ 무게가 증가한다.　　　　　　④ 생두의 부피가 줄어든다.

TIP 로스팅이 진행되면 갈변화가 일어나며 무게, 밀도, 수분은 감소하고 부피,
가용성 성분, 휘발성 성분은 증가한다.

07 로스팅 할 때 발생하는 화학적 변화로 틀린 것은?

① 가용성 성분이 증가한다.

② 가용성 당 및 휘발성 가스가 증가한다.

③ 향기 성분이 탄산가스보다 더 많이 생성된다.

④ 카페인의 양에는 거의 변화가 없다.

08 생두를 로스팅할 때 일어나는 변화 중 틀린 것으로 묶인 것은?

> 가. 가용성 성분이 증가한다.
> 나. 휘발성 향기 성분이 지속적으로 증가한다.
> 다. 카페인 양이 현저히 증가한다.
> 라. 원두의 용적 증가율이 점차 감소한다.

① 가, 나　　　② 가, 다　　　③ 다, 라　　　④ 나, 다

TIP 로스팅후 카페인의 량은 그다지 변하지 않으며, 용적률은 증가 한다

정답　　05 ④　06 ①　07 ③　08 ④

09 커피 배전 시 일어나는 물리적 현상으로 옳지 않은 것은?

① 수분은 증발되고 내부 조직이 팽창 되면서 1차 크랙 발생한다.

② 1차 크랙 발생 후 2차 크랙이 발생한다.

③ 원두의 크기와 카페인은 변화가 없다.

④ 온도의 상승으로 원두와 실버스킨이 분리된다.

🔖TIP 생두의 크기가 로스팅 후에는 커지게 된다.

10 로스팅에 의해 원두는 세포벽 파열이 발생한다. 이에 따라 원두 내부에서 지방이 표면이 나오는 현상을 볼 수 있다. 이때의 로스팅 단계로 맞는 것은?

① 라이트 로스트   ② 미디엄 로스트

③ 시나몬 로스트   ④ 이탈리안 로스트

🔖TIP 표면에서 나오는 지방을 커피오일이라 한다

11 배전 시간 경과에 따른 생두의 색 변화 순서로 가장 옳은 것은?

① 녹색(Green) → 노란색(Yellow) → 밝은 갈색(Light Brown) → 갈색(Medium Brown) → 짙은 갈색(Dark Brown) → 검은색(Dark)

② 녹색(Green) → 갈색(brown) → 노란색(Yellow) → 밝은 갈색(Light Brown) → 짙은 갈색(Dark Brown) → 검은색(Dark)

③ 녹색(Green) → 밝은 갈색(Light Brown) → 노란색(Yellow) → 짙은 갈색(Dark Brown) → 검은색(Dark)

④ 녹색(Green) → 노란색(Yellow) → 갈색(Medium Brown) → 밝은 갈색(Light Brown) → 짙은 갈색(Dark Brown) → 검은색(Dark)

🔖TIP 로스팅 시 수분과 휘발성 가스가 빠져나가 가벼워지며 신맛에서 달콤하고 고소한 맛으로 변한다.

12 생두를 로스팅 할 때 나타나는 변화에 대한 설명으로 옳은 것은?

① 밀도는 높아지고 조직은 축소된다. 또한 수분함량이 높아지면서 떫은 맛을 낸다.

② 갈변반응과 함께 생두 밀도는 낮아지고, 수분이 증발하면서 달콤 고소한 맛을 낸다.

③ 원두는 점점 청록색으로 변한다. 또한 조직은 축소되고 밀도는 낮아진다. 수분은 증발되어 거의 없어지게 된다.

④ 수분증발과 함께 조직은 팽창되고 밀도는 낮아진다. 맛과 향기는 변화 없다.

🔖TIP 로스팅 시 수분과 휘발성 가스가 빠져나가 가벼워지며 신맛에서 달콤하고 고소한 맛으로 변한다.

13 로스팅을 통한 생두 변화 과정으로 보기 어려운 것은?

① 로스팅 초기에는 수분이 증발하고 신맛이 증가하나 단계가 진행될수록 쓴맛이 점차 증가한다.

② 생두를 로스팅할 때는 수분의 증발에 의해 1차 크랙이 일어나고, 이산화탄소 생성에 의한 팽창으로 2차 크랙이 일어난다.

③ 로스팅이 진행됨에 따라 수분 증발, 무게 감소, 향미 물질 방출, 부피 감소, 밀도 감소 현상이 일어난다.

④ 로스팅은 수분의 증발, 흡열과 발열반응, 그리고 냉각의 세 단계로 분류할 수 있다.

🔖TIP 로스팅이 진행됨에 따라 부피는 증가한다.

14 커피 로스팅(Roasting)에 대한 내용으로 틀린 것은?

① 로스팅을 통해 무게는 줄고 부피가 늘어남에 따라 원두의 탄력성이 좋아져 분쇄하기 쉬운 상태로 변한다.

② 로스팅이란 생두에 220~230℃ 열을 가하여 원두 내부조직에 물리적, 화학적 변화를 일으킴으로써 커피 특유의 맛과 향을 생성시키는 것이다.

③ 커피의 맛은 좋은 품종의 생두 선택 못지않게 배전 과정이 중요하다. 배전은 맛과 향을 부여한다.

④ 생두는 가열하면 원두의 수분이 증발하여 15~20% 감소하고, 탄소와 산화물 같은 무거운 가스가 빠져나가므로 원두의 무게가 줄어든다. 또한 원두 세포 속의 압력이 높아져 부피는 60%가량 커진다.

15 로스팅 전 과정 중 절반 이상의 시간을 차지하고, 커피콩 향은 생콩내(Green)에서 풋내(Peasy)를 거쳐 빵 냄새(Bread-like)로 변하는 단계로 맞는 것은?

① 물리적 단계(Physical Phase)   ② 건조 단계(Drying phase)

③ 냉각 단계(Cooling Phase)   ④ 로스팅 단계(Roasting Phase)

★16 로스팅을 하기 전 생두의 특징을 평가하는 기준으로 거리가 먼 것은?

① 품종   ② 가공방법   ③ 조밀도   ④ 센터 컷의 크기

🔖TIP 센터 컷 Center cut – 생두의 가운데에 나 있는 홈을 말한다.

★17 커피 로스터의 열원이 아닌 것은?

① 가스   ② 전기   ③ 숯   ④ 증기

정답   13 ③   14 ①   15 ②   16 ④   17 ④

18 드럼의 뒷부분을 통하여 열풍을 원두 사이로 순환시켜 로스팅 하는 방식으로 균일한 로스팅이 가능하며 로스팅 시간을 단축시킬 수 있는 효과적인 로스팅 기기 종류는?

① 열풍식 로스터   ② 직화식 로스터

③ 반열풍식 로스터   ④ 유동층 로스터

19 로스팅 중 확인 봉(Sampler)을 통해 확인하지 못하는 것은?

① 맛   ② 생두의 벌어진 정도   ③ 컬러   ④ 향

TIP 로스터의 확인창을 통해 눈으로 색의 변화를 볼 수 있고, 확인봉으로 벌어진 정도와 색의 변화, 향을 비교할 수 있다.

20 상업용 로스터로 로스팅을 할 경우 예열 과정이 꼭 필요하다. 로스팅 머신의 예열을 바르게 설명한 것은?

① 드럼은 이중 구조로 되어있기 때문에 저온으로 약 30분 정도 충분히 해주어야 한다.

② 생두의 수분을 날리는 과정으로 수분 함량이 많은 생두 일수록 더 길게 해주어야 한다.

③ 여름 장마철엔 습기가 많기 때문에 예열시간을 1시간 정도로 길게 하는 것이 좋다.

④ 로스팅 머신은 화력에 민감하게 작용하기 때문에 예열 초반에는 최대 화력으로, 예열 후반에는 최소 화력으로 해 주는 것이 좋다.

21 로스팅에 대한 설명 중 옳지 않은 것은?

① 로스팅 머신은 로스팅 전 강한 화력으로 빨리 예열시켜야 한다.

② 로스팅을 하기 전에 반드시 생두 수분함량, 밀도, 수확연수, 가공방법 등을 점검한다.

③ 로스팅 머신의 특징에 맞게 투입하는 생두의 양을 조절한다.

④ 로스팅을 하기 전, 로스팅 포인트(Roasting point)를 미리 결정한다.

22 로스팅 방법은 생두에 열을 가하는 방식에 따라 결정 달라진다. 열원의 종류로 해당되지 않는 것은?

① 대류에 의한 열   ② 복사에 의한 열

③ 전도에 의한 열   ④ 적외선에 의한 열

23 댐퍼(damper)의 역할과 거리가 먼 것은?

① 은피를 배출함   ② 드럼내부의 열량을 조절함

③ 드럼내부의 공기 흐름을 조절함   ④ 흡열과 발열반응을 조절함

---

18 ①   **19** ①   **20** ①   **21** ①   **22** ④   **23** ④   정답

24 커피 로스팅 시 불조절의 방법에 따라 원두 부피의 팽창률이 달라진다. 원두 부피의 팽창률이 높을수록 커피의 성분이 물에 의해 추출될 수 있는 확률이 높아지는데, 같은 로스팅 머신으로 원두의 팽창률을 높이는 불조절을 바르게 설명한 것은?

① 최대 화력으로 단시간에 볶는다.

② 최소 화력으로 장시간 볶는다.

③ 중간 화력으로 중간으로 볶는다.

④ 초반에는 최소 화력으로 중간에는 중간 화력으로 후반에는 최대 화력으로 볶는다.

25 로스팅 세 가지 단계에 속하지 않는 것은?

① 건조 단계(Drying Phase)　　　　② 로스팅 단계(Roasting Phase)

③ 냉각 단계(Cooling Phase)　　　　④ 포장 단계(Packing Phase)

26 생두의 30% 정도 차지하며 로스팅 시 갈색으로 변하게 하고, 향기와 감칠맛을 증대시키는 역할을 하는 성분은 무엇인가?

① 카페인　　　　② 당분　　　　③ 섬유질　　　　④ 리놀레산

27 로스팅 후에 감소되는 원두의 성분은?

① 카페인　　　　② 지방　　　　③ 자당　　　　④ 탄산가스

🛈TIP 로스팅에 의하여 자당(Sucrose)은 거의 소실된다.

28 커피를 Roasting 하는 이유가 아닌 것은?

① 커피의 독특한 색을 얻기 위해서　　　　② 커피추출을 쉽게 하기 위해서

③ 오래 보관하기 위해서　　　　④ 커피의 맛과 향을 얻기 위하여

🛈TIP 커피는 로스팅을 하면 보관기간이 짧아진다.

29 생두를 로스팅 하면서 가장 많이 소멸되는 성분은?

① 카페인　　　　② 수분　　　　③ 지방　　　　④ 실버스킨

🛈TIP 커피 체리는 수분이 약 60% 정도이던 것이 건조 후의 생두는 12%정도, 로스팅하면 1% 정도만 수분이 남게 된다.

정답　24 ①　25 ④　26 ②　27 ③　28 ③　29 ②

30 커피 로스팅 방식이 아닌 것은?

① 자연 건조식　　　② 직화식　　　③ 열풍식　　　④ 반열풍식

31 로스팅 시 일어나는 변화로 보기 어려운 것은?

① 생두의 수분 함량은 줄고, 부피가 약 50%이상 증가한다.
② 카페인 성분은 로스팅 후에도 큰 변화가 없다.
③ 로스팅 정도는 로스팅 과정의 가열온도로 결정된다.
④ 휘발성 향기 성분은 점점 증가한다.

32 다양한 배전 방법을 위한 설명으로 적절하지 못한 것은?

① 더블 배전 – 배전을 두 번에 걸쳐서 하는 방법
② 혼합 배전 – 각 단종을 배전 후 혼합하는 방법
③ 고온 배전 – 고온으로 짧은 시간에 배전하는 방법
④ 저온 배전 – 저온으로 장시간 동안 배전하는 방법

33 다음은 커피 배전에 관한 내용이다. 바르게 설명된 것은?

① 일반적으로 바디가 강한 커피를 원하면 약 로스팅을 하고, 향미를 살리고 싶으면 강 로스팅한다.
② 프렌치 로스팅은 원두가 연 갈색을 띠며 신맛이 뛰어난 것이 장점이다.
③ 생두의 탄수화물, 지방, 단백질, 유기산 등은 화학반응을 일으켜 커피의 맛과 향기 성분으로 변화된다.
④ 좋은 생두일수록 열을 계속 흡수하면 조직은 수축하고 색상은 점점 푸른색으로 변한다.

34 로스팅 시 주의되는 감각이 아닌 것은?

① 촉각　　　② 시각　　　③ 청각　　　④ 후각

35 배전과정 중 생콩의 수분함량에 따라 배전조건을 조절하는 것이 매우 중요하다. 제어하여야 할 중요한 조건이 아닌 것은?

① 열의 조사 및 전열방법 ② 열원의 종류와 가열방법
③ 열풍온도와 콩의 표면온도 ④ 배전온도(열풍온도)와 시간

36 로스팅 과정 중 변화하지 않는 것은?

① 생산지 고유 특성의 변화 ② 향의 변화
③ 무게의 변화 ④ 부피의 변화

37 배전을 통한 맛의 변화로 맞게 설명한 것은?

① 약배전일수록 단맛이 약하다. ② 약배전일수록 단맛이 강하다.
③ 강배전일수록 신맛이 강하다. ④ 강배전일수록 쓴맛이 강하다.

TIP 약배전일수록 신맛이, 강배전일수록 쓴맛이 강하다.

38 배전과정 중 맛 성분의 변화에 대한 설명으로 옳지 않은 것은?

① 아라비카종이 로부스타종보다 쓴맛이 강하다.
② 아라비카종은 유기산이 많아 신맛이 강하다.
③ 맛 성분은 주로 가용성으로 끓는 물에서 약 18~22% 추출된다.
④ 생두의 당분, 유기산, 카페인, 무기질 등이 화학반응하여 신맛, 단맛, 쓴맛, 떫은맛 등을 생성한다.

39 로스팅 단계에 대한 설명 중 틀리게 설명한 것은?

① 로스팅이 강할수록 로스팅 단계를 나타내는 L값은 증가한다.
② 로스팅 단계는 기계적으로 측정한 L값(명도)으로 나타낸다.
③ 로스팅 단계는 로스팅 과정의 가열온도와 시간에 의하여 결정된다.
④ 원두의 갈색 정도를 표준샘플과 비교해서 로스팅 단계를 정하기도 한다.

TIP 로스팅이 강해질수록 콩의 표면의 색이 짙은 갈색으로 변화되므로 로스팅 단계를 나타내는 L값은 감소된다. L값은 클수록 색깔은 연하다.

정답 35 ② 36 ① 37 ④ 38 ① 39 ①

40 원두 중 L값(명도)이 가장 낮은 단계부터 순서대로 올바르게 나열된 것은?

① 프렌치 로스트 〉 미디엄 로스트 〉 풀 시티 로스트 〉 라이트 로스트

② 프렌치 로스트 〉 풀 시티 로스트 〉 미디엄 로스트 〉 시나몬 로스트

③ 라이트 로스트 〉 미디엄 로스트 〉 풀 시티 로스트 〉 프렌치 로스트

④ 라이트 로스트 〉 풀 시티로스트 〉 미디엄 로스트 〉 프렌치 로스트

TIP L값(명도)가 낮을수록 어두운 색이므로 강배전된 원두이다.

41 볶음 정도와 그에 따른 향미의 설명이 잘못 짝지어진 것은?

① Medium roasting – 신맛에 쓴맛이 더해져 아메리칸 커피에 적합하다.

② City roast – 달콤한 맛과 중후함이 강하고 신맛은 약하며, 카페오레에 적합하다.

③ Full city roast – 중후함과 향기가 최고이나 신맛은 약하다.

④ Italian roast – 맛이 아주 강하며, 에스프레소와 카푸치노에 적합하다.

42 커피 로스팅에 관한 설명이다. 틀린 것은?

① 로스팅 단계를 8단계로 분류하면 라이트–시나몬–하이–미디엄–시티–풀시티–프렌치–이탈리안으로 볼 수 있다.

② 볶는 기계의 열원으로는 LPG, 전기, 숯 등이 있고 화력 공급 방식에 따라 직화식, 반직화식, 열풍식 등으로 구분된다.

③ 생두의 수분은 감소하고 부피가 증가 하며, 맛과 향이 발현된다.

④ 열에 의해 생두 내부에 물리 · 화학적 변화가 생긴다.

TIP 로스팅의 8단계는 라이트–시나몬–미디움–하이–시티–풀시티–프렌치–이탈리안이다.

43 로스팅 단계 중 Dark Roast(강배전)에 대한 설명으로 틀린 것은?

① 배전을 강하게 할수록 원두의 무게는 줄어든다.

② 커피 지방성분은 일정량 늘어난 후 다시 줄어든다.

③ 카페인 양은 증가한다.

④ 이산화탄소는 증가하고 옅은 풋 냄새는 감소한다.

TIP 카페인의 양은 로스팅이 진행되어도 변화가 없다.

44 다음 중 생두를 볶는 과정에서 원두의 부피가 가장 커진 단계는?

① 시나몬   ② 풀시티   ③ 하이   ④ 프렌치

정답 40 ②   41 ②   42 ①   43 ③   44 ④

45 다음 중 커피의 쓴맛을 내는 성분이 아닌 것은?

① 카페인　　　　② 트리고넬린　　　③ 클로로제닉산　　　④ 주석산

📘TIP 주석산 : 포도의 신맛.

46 다음 성분 중에서 산화반응을 일으키는 커피의 성분은?

① 포화지방산　　　② 단백질　　　③ 탄수화물　　　④ 불포화지방산

📘TIP 분자 내에 이중결합을 갖고 있는 불포화지방산이 산화된다.

47 다음은 원두의 갈색 색소의 형성에 대하여 설명중 옳지 않은 것은?

① 생두에 함유되어 있는 자당의 캐러멜화에 의한 것이다.
② 아미노산과 환원당간의 마이야르 반응에 의한 것이다.
③ 갈색 색소는 저분자 물질로 구성되어 있다.
④ 클로로겐산이 자당의 열 분해물과 반응하여 갈색 색소를 형성한다.

📘TIP 갈색 색소는 고분자 물질로 구성되어 있다.

48 마이야르 반응에 대한 설명 중 가장 적합한 내용은?

① 효소적 갈변 반응이다.
② 캐러멜화 반응이라고도 한다.
③ 탄수화물을 가열하면 일어나는 반응이다.
④ 멜라노이딘이 형성되어 갈색을 띠게 되는 반응이다

📘TIP 마이야르 반응 아미노기와 카보닐기가 반응하여 갈변화하는
　　　 멜라노이딘(Melanoidine)을 만드는 비효소적 반응이다.

49 마이야르 반응(Maillard Reaction)중 커피의 색상과 관련이 없는 것은?

① 탄닌　　　　② 캐러맬　　　③ 카페인　　　④ 멜라노이딘

50 원두의 갈색 색소의 형성을 설명하는 화학 반응이 아닌 것은?

① 마이야르 반응　　　　　　② 캐러멜화 반응
③ 아스코르브산 반응　　　　④ 폴리페놀 산화반응

정답　45 ④　46 ④　47 ③　48 ④　49 ③　50 ③

51 다음은 커피의 어떤 성분을 설명한 것인가?

> • 생두 0.3~0.8%로써 원두 향기 형성의 중요한 성분
> • 이중의 일부 성분은 쓴맛 성분과 결합해서 갈색 색소의 성분으로 변화
> • 이 성분은 로스팅에 의해 급격히 소실
> • 당과 반응해서 멜라노이딘 및 향기 성분으로 변화

① 탄수화물의 다당류　　　　　② 지질의 불포화지방산
③ 탄수화물의 유리당류　　　　　④ 단백질의 유리 아미노산

52 수망을 이용한 로스팅 순서 중에서 바른 순서는?

> ㉮ 생두에 골고루 열을 전달하기 위해서 상하좌우 입체적으로 흔들어 준다.
> ㉯ 로스팅 한 원두는 신속히 냉각한다.
> ㉰ 원하는 포인트가 오기 전에 화력을 조절하고 포인트가 오면 불을 끈다.
> ㉱ 생두를 핸드픽해서 결점두를 제거한다.

① 다 – 가 – 라 – 나　　　　　② 라 – 가 – 다 – 나
③ 가 – 다 – 나 – 라　　　　　④ 가 – 나 – 다 – 라

53 로스팅에 의한 원두의 물리적 변화에 대한 설명으로 틀린 것은?

① 로스팅이 진행됨에 따라 원두의 비중은 감소된다.
② 로스팅이 진행됨에 따라 원두의 용적 증가율은 감소된다.
③ 로스팅이 진행됨에 따라 원두의 압축강도는 증가된다.
④ 로스팅이 진행됨에 따라 세포 내 성분은 겔(Gel)상으로 유동화된다.

🏷️TIP 로스팅이 진행됨에 따라 커피원두는 부피는 팽창되고 무게는 감소하여 압축 강도는 감소된다.

54 다음 로스팅 과정에서 일어나는 변화에 대한 내용 중 틀린 것은?

① 생두의 수분 함량은 2–3%로 감소한다.
② 생두의 당분, 단백질, 유기산 등이 갈변반응을 통해 가용성 성분으로 변화한다.
③ 생두 1g당 약 2–5ml의 가스를 발산하는데 대부분 이산화질소(NO_2)이다.
④ 생두의 색깔은 연녹색에서 점차 진한 갈색으로 변화한다.

🏷️TIP 이산화탄소(CO_2)를 발산한다.

51 ④　52 ②　53 ③　54 ③　**정답**

55 다음 중 로스팅 진행에 따른 커피의 특성 변화에 대한 설명으로 틀린 것은?

① 로스팅이 진행될수록 신맛은 강해진다.　② 로스팅이 진행될수록 쓴맛은 강해진다.

③ 로스팅이 진행될수록 향은 약해진다.　④ 로스팅이 진행될수록 탄 향은 강해진다.

TIP 로스팅이 약할수록 신맛이 느껴진다

56 다음 로스팅 진행에 따른 여러 가지 변화에 대한 설명으로 맞는 것은?

① 로스팅이 진행될수록 커피 향은 지속적으로 증가한다.

② 로스팅이 진행될수록 원두의 부피는 지속적으로 증가한다.

③ 로스팅이 진행될수록 원두의 무게는 지속적으로 감소한다.

④ 로스팅이 진행될수록 단맛은 지속적으로 증가한다.

TIP 원두의 부피는 2차 크랙 이후 더 이상 커지지 않는다.

57 로스팅 과정 중 1차 크랙 전인 옐로 단계에서 나타나는 현상이 아닌 것은?

① 생두가 열을 흡수하여 수분이 증발한다.

② 생두의 조직이 급격하게 팽창한다.

③ 녹색에서 점차 노란색으로 변화한다.

④ 향은 아직 약하게 나는 단계이다.

58 로스팅 과정에서 두 번의 크랙이 발생하는데 1차 크랙은 생두 세포 내부의 (　)이 증발하면서 나타나는 내부 압력에 의해 발생하며, 2차 크랙 현상은 주로(　)의 생성에 의한 팽창으로 발생한다. (　)안에 들어갈 알맞은 것은?

① 향미 성분, 이산화탄소　　　② 수분, 일산화탄소

③ 유기산, 질소　　　④ 수분, 이산화탄소

59 다음(　)에 맞는 것을 고르시오.

> 로스팅 단계별 명칭이나 정의는 나라나 지역마다 다른데 SCA에서는 명칭이 아니라 원두 컬러의 밝기에 따라 Agtron No. (　)까지 총 8단계로 분류하고 있다. 이 중 가장 밝은 단계의 명칭은 (　)이다.

① #25-95, Very Light　　　② #25-95, Liglit

③ #15-85, Very Light　　　④ #15-85, Light

정답　55 ①　56 ③　57 ②　58 ④　59 ①

60 로스팅의 8단계 중 다음 설명에 해당하는 로스팅 단계는?

> 프렌치 로스트의 전 단계로 짙은 갈색을 띠며, 신맛은 거의 사라지고 쓴 맛이 점차강해진다.

① 미디엄 로스트   ② 하이 로스트

③ 풀 시티 무스트   ④ 이탈리안 로스트

61 다음 중 로스팅 단계별 분류에 대한 설명으로 틀린 것은?

① 로스팅 단계별 명칭이나 정의는 일정하지 않고, 나라나 지역마다 상이하다.

② 우리나라에 많이 알려진 로스팅 8단계는 라이트 로스트부터 이탈리안 로스트이다.

③ SCA에 의한 로스팅 단계는 베리 라이트부터 베리 다크 로스트이다.

④ SCA에서는 로스팅 단계를 숫자(Agtron No.)로 표시하기도 하는데 숫자가 클수록 로스팅이 많이 진행된 상태이다.

62 로스팅 단계에 대한 아래 설명 중 틀린 것은?

① 로스팅 단계는 로스팅과정의 가열온도와 시간에 의하여 결정된다.

② 로스팅 단계는 기계적으로 측정한 L값(명도)으로 나타내기도 한다.

③ 로스팅이 약할수록 로스팅 단계를 나타내는 L값은 감소한다.

④ 원두의 갈색 정도를 표준샘플과 비교해서 로스팅 단계를 정하기도 한다.

63 로스팅 단계 중 L값(명도)이 가장 높은 것부터 순서대로 배열된 것은?

① 라이트 로스트〉미디엄 로스트〉풀 시티 로스트 〉 프렌치 로스트

② 미디엄 로스트〉라이트 로스트 〉 풀 시티 로스트 〉 프렌치 로스트

③ 풀 시티 로스트〉라이트 로스트〉미디엄 로스트 〉 프렌치 로스트

④ 라이트 로스트〉풀 시티 로스트 〉 미디엄 로스트 〉 프렌치 로스트

> 로스팅이 강해질수록 원두 표면의 색이 짙은 갈색으로 변화되므로,
> 로스팅 단계를 나타내는 L값(명도)은 감소한다.

64 다음 중 로스팅에 대한 설명으로 맞는 것은?

① 로스팅을 하기 전, 로스팅 머신은 강한 화력으로 최대한 짧은 시간에 예열해야 한다.

② 단종 커피를 로스팅 후 혼합하는 방법을 더블 로스팅이라고 한다.

③ 커피 로스팅 과정은 건조–열분해–냉각의 순서로 이루어진다.

④ 일부 로스팅 머신에 부착된 댐퍼는 흡열과 발열 반응을 조절하는 기능이 있다.

65 다음 중 로스팅에 대한 설명으로 틀린 것은?

① 로스팅을 마친 후 즉시 공기나 물을 이용해 가능한 빨리 냉각시켜야 한다.

② 로스팅 과정 중 초기에는 발열 반응이 나타나며, 점차 로스팅이 진행되면 흡열 반응이 순차적으로 발생한다.

③ 로스팅 과정 중 생두 표면에 붙어 있던 실버스킨은 온도 상승에 의한 팽창률 차이로 분리된다.

④ 로스팅은 생두를 선택하여 열을 가하는 일련의 과정을 지칭하는 말로서 방식에 따라 직화식, 반열풍식, 열풍식으로 크게 나눌 수 있다.

66 다음 중 열풍식 로스팅 머신에 의한 급속 로스팅의 특성이 아닌 것은?

① 원두 세포에 열 침투가 더 잘된다.

② 직화식 로스팅에 비하여 원두의 비중이 더 높다.

③ 순환열풍에 의한 유동화 로스팅 방식으로 균일하게 로스팅된다.

④ 로스팅 정도가 동일해도 로스팅 시간이 짧아 가용성 고형분 함량이 더 많아진다.

67 홈 로스팅의 여러 방법 중 수망 로스팅이 있다, 다음 중 이 방법의 특성이 아닌 것은?

① 매회 균일한 로스팅 정도를 기대할 수 있다.

② 원산지별로 다양한 종류의 생두를 특성별로 폭넓게 이해할 수 있다.

③ 생두의 가격이 저렴하므로 원두를 구입하는 것보다 훨씬 경제적이다.

④ 필요한 양 만큼만 로스팅을 함으로써 불필요한 커피의 낭비를 줄일 수 있고, 항상 신선한 커피를 마실 수 있다.

68 로스팅을 하기 전에 이루어지는 전 처리 과정에 대한 설명으로 맞지 않는 것은?

① 일반적으로 내추럴 커피보다 워시드 커피에 더 많은 시간이 걸린다.

② 커피의 향미를 더 좋게 하기 위한 과정이다.

③ 결점두나 이물질을 제거하는 과정이다.

④ 생두의 등급에 따라 소요되는 시간이 달라진다.

정답   64 ③   65 ②   66 ②   67 ①   68 ①

69 커피 로스팅은 온도와 시간에 따라 저온−장시간 로스팅과 고온−단시간 로스팅으로 분류할 수 있다. 다음 두 가지 로스팅 방법의 비교설명 중 맞는 것은?

① 저온−장시간 로스팅은 밀도가 작고, 고온−단시간 로스팅은 밀도가 크다.

② 저온−장시간 로스팅은 고온−단시간 로스팅에 비해 가용성 성분이 적어진다.

③ 저온−장시간 로스팅은 팽창이 크고 고온−단시간 로스팅은 팽창이 적다.

④ 저온−장시간 로스팅은 고온−단시간 로스팅에 비해 한 잔당 커피 사용량을 10−20% 덜 사용해도 되므로 보다 경제적이다.

70 풀 시티 이상으로 로스팅 할 때 원두의 수분 함량은 어느 정도가 되는가?

① 약 9%   ② 약 7%   ③ 약 5%   ④ 약 1%

[TIP] 8~12%였던 생두의 수분 함량이 로스팅 정도에 따라 1~5%까지 줄어들며 미디엄 로스트 일 때 2~3% 정도이다.

71 로스팅에 따라 발생하는 화학적 변화에 대한 설명으로 틀린 것은?

① 지질 함량은 소폭 증가한다.

② 단백질 함량은 큰 변화를 보이지 않는다.

③ 클로로겐산은 함량이 증가한다.

④ 카페인 함량은 거의 변화가 없다.

72 다음 커피 성분 중 산화반응을 일으키는 것은?

① 포화지방산   ② 단백질   ③ 탄수화물   ④ 불포화지방산

[TIP] 분자 내에 이중결합을 갖고 있는 불포화지방산이 산화된다.

73 다음은 커피의 어떤 성분에 대한 설명인가?

> • 생두 0.3-0.8%로서 원두 향기 형성의 중요한 성분
> • 일부는 쓴맛 성분과 결합해 갈색 색소 성분으로 변화
> • 이 성분은 로스팅에 의해 급격히 소실
> • 당과 반응해서 멜라노이딘 및 향기 성분으로 변화

① 다당류   ② 불포화 지방산
③ 유리당   ④ 유리 아미노산

69 ②   **70** ④   **71** ③   **72** ④   **73** ④   정답

★
74 커피에 함유되어 있는 카페인 성분에 대한 설명으로 틀린 것은?

① 생두뿐만 아니라 잎에도 소량 함유되어 있다.

② 아라비카가 로부스타에 비해 약 2배 이상 함유되어 있다.

③ 퓨린(Purine) 염기류에 속하며, 품종 및 재배지에 따라 함량 차이가 크다.

④ 테오브로민(Theobromine), 테오피린(Theophylline) 등은 로부스타의 경우 미숙과에만 함유되어 있다.

★
75 다음 로스팅 중 맛 성분의 변화에 대한 설명으로 것은?

> 가. 단맛은 클로로겐산, 옥살산, 말산 같은 유기산에 기인한다.
> 나. 신맛은 아라비카가 로부스타 커피보다 강하다.
> 다. 쓴맛은 카페인, 트리고넬린 카페산, 퀸산 등에 기인한다.
> 라. 쓴맛은 라이트, 시나몬 로스트일 때 가장 강하다.

① 가, 나　　　② 가, 라　　　③ 나, 다　　　④ 다, 라

★
76 다음 로스팅에 따른 맛 성분의 변화에 대한 설명 중 틀린 것은?

① 일반적으로 아라비카 커피는 로부스타 커피보다 유기산이 많아 신맛이 더 강하다.

② 맛 성분은 대부분 가용성으로 뜨거운 물에서 약 18–22% 추출된다.

③ 일반적으로 아라비카 커피가 로부스타 커피보다 쓴맛이 강하다.

④ 생두의 당분, 유기산, 카페인, 무기질 등이 화학 반응을 일으켜 신맛, 단맛, 쓴맛, 떫은 맛 등을 생성한다.

🔖TIP 로부스타 커피가 아라비카 커피보다 쓴맛이 더 강하다.

★
77 커피의 카페인 성분에 대한 다음 설명 중 틀린 것은?

① 아플라톡신의 생성을 억제하는 항균효능이 있다.

② 쓴맛이 나며 트리메틸 피리미딘 염기에 속한다.

③ 페니실리움 속과 같은 유해 곰팡이의 성장을 억제시킨다.

④ 커피의 알칼로이드 성분 중 함량이 제일 많다.

🔖TIP 카페인의 화학적 구조는 트리메틸 퓨린 염기(trimethyl purine base)에 속한다.

정답　　74 ②　　75 ③　　76 ③　　77 ②

★
78 다음 카페인에 대한 설명 중 틀린 것은?

① 카페인은 커피의 쓴맛을 대부분 차지한다.

② 카페인은 융점이 섭씨 238℃이며 물에 잘 녹는다.

③ 뜨거운 커피에 얼음을 넣어 냉각시키면 백탁 현상이 일어나는데, 이것은 저온에서 잘 녹지 않는 카페인과 클로로겐산의 복합체가 응집, 석출하기 때문이다.

④ 커피의 백탁 현상을 방지하고 카페인과 클로로겐산의 복합체의 응집을 피하기 위하여 얼음에 뜨거운 커피를 넣어 냉각시킨다.

★
79 다음 중 커피를 로스팅할 때 생두 성분의 양적 변화가 가장 적은 것은?

① Caffeine

② Free sugar

③ Clilorogenic acid

④ Trigonelline

TIP 카페인은 큰 변화가 없으며 나머지 성분은 모두 감소한다.

★
80 다음은 원두의 갈색 색소의 형성에 대하여 설명한 것이다. 틀린 것은?

① 생두에 함유되어 있는 자당의 캐러멜화에 의한 것이다.

② 아미노산과 환원당간의 마이야르 반응에 의한 것이다.

③ 갈색 색소는 저분자 물질로 구성되어 있다.

④ 클로로겐산이 단백질 및 다당류와 반응하여 갈색 색소를 형성한다.

TIP 갈색 색소는 고분자 물질로 구성되어 있다.

★
81 커피 갈변 현상 중 마이야르 반응과 캐러멜화 반응에 대한 설명으로 맞는 것은?

① 캐러멜화 반응만이 갈변 현상에 속한다.

② 마이야르 반응은 낮은 온도에서 시작되며, 더 높은 온도에서 시작되는 캐러멜화 반응보다 더 오랜 시간 진행된다.

③ 마이야르 반응은 당만으로 진행되는 반면 캐러멜화 반응은 단백질을 필요로 한다.

④ 마이야르 반응과 캐러멜화 반응은 같은 현상을 말하는 것이다.

TIP 캐러멜화가 마이야르 반응보다 더 높은 온도에서 이루어진다.

78 ① **79** ① **80** ③ **81** ② **정답**

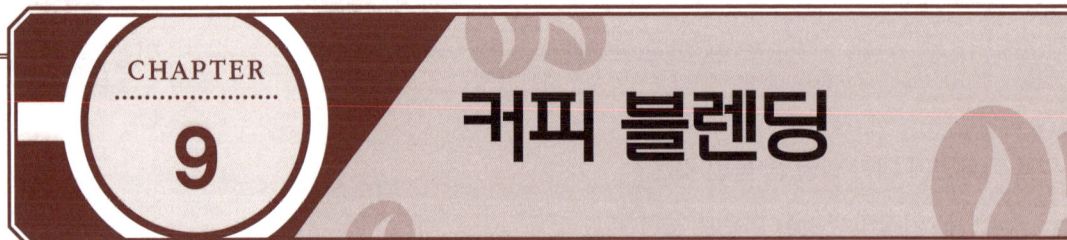

01 단종 별로 각각의 생두를 일정한 비율로 섞어서 좋은 맛과 향을 얻기위한 과정을 무엇이라 하는가?

① 로스팅　　　　② 블렌딩　　　　③ 그라인딩　　　　④ 믹싱

02 아래의 내용은 무엇에 대한 설명인가?

> 조화로운 맛을 지닌 에스프레소 커피는 한 종류의 커피원두에서 얻어지지 않으며, 여러 종의 커피가 각각의 유기적인 특성을 살려 조화롭게 혼합되어져야 한다.

① 팩킹(Packing)　　　　　　② 스티밍(Steaming)
③ 로스팅(Roasting)　　　　　④ 블렌딩(Blending)

03 블랜딩 방법 중 커피생두의 '로스팅 후 블렌딩'하는 방법의 특징을 틀리게 설명한 것은?

① 각각의 생두를 따로 로스팅을 하고 난 후 블렌딩을 하는 방법이다.
② 로스팅 횟수가 많아 작업이 번거롭다.
③ 블렌딩 비율에 준하여 계획적인 로스팅을 하지 않으면 특정 원두만이 남게 되어 경제성에 문제점이 있다.
④ 각각의 생두가 수확연도, 밀도 등에서 차이가 없는 경우 적합하다.

★04 로스팅후 블렌딩의 특성이 아닌 것은?

① 다품종 소량 생산에 적합하다.
② 로스팅 횟수가 많고 재고 관리가 어렵다.
③ 로스팅 색이 균일하다.
④ 생두의 특성과 개성을 최대한 발휘할 수 있다.

🔎TIP 로스팅 색이 불균일하며, 자유도가 높다.

정답　　01 ②　　02 ④　　03 ④　　04 ③

05 블렌딩 후 로스팅의 특성이 아닌 것은?

① 자유도가 높다.

② 로스팅 횟수가 적고 재고 관리의 부담이 적다.

③ 로스팅 색이 균일하다.

④ 항상 균일한 커피 맛을 내기가 쉽다.

▶TIP 자유도가 떨어지며 로스팅 후 조절이 어렵다.

06 에스프레소 추출에 사용하는 커피는 대부분 블렌딩 한 원두를 사용한다. 그 이유가 올바르지 못한 것은?

① 맛과 향의 조화를 추구하기 위해서

② 원가 절감을 위해서

③ 카페인을 줄이기 위해서

④ 특색 있는 에스프레소를 만들기 위해서

07 블렌딩 하는 이유에 해당 되지 않는 것은?

① 다양한 원두를 혼합하여 대체함으로써 맛을 살리고 제조 원가를 낮출수 있는 효과가 있다.

② 자신 만의 특화된 커피 맛을 개발할 수 있다

③ 새로운 맛과 향의 창조로, 타 점포와 차별성을 부여 할수 있다

④ 블렌딩시 좋은 생두만을 사용해야 하므로 원가절감이 어렵다

08 블렌딩(Blending)시 고려해야 할 사항이 아닌 것은?

① 맛의 조화와 개성미를 강조하여야 한다.

② 생두의 크기와 건조 상태가 일정한 것을 선택한다.

③ 생두 각각의 특성을 파악하여야 한다.

④ 로부스타나 가격이 저렴한 생두를 사용하면 안된다

커피 테이스팅

01 에스프레소 맛의 평가 시 체크 포인트가 아닌 것은?

① 후미
② 바디
③ 날카로운 신맛
④ 맛의 밸런스

02 커피의 향미를 관능적으로 평가하는 순서로 적당한 것은?

① 후각, 미각, 촉각
② 후각, 청각, 미각
③ 촉각, 미각, 후각
④ 청각, 후각, 촉각

📖TIP 향미(香味)는 커피의 향기(Aroma)와 맛(Taste)의 복합적인 느낌을 표현하는 단어이다.

03 다음 중 향기 성분에 대한 설명으로 올바른 것은?

① 아라비카 종보다 로부스타 종에서 더 많이 생성된다.
② 향기성분은 커피 중량의 5%미만인 7000~25000ppm으로 다소 적은 양이나 주요한 품질 요소이다.
③ 로스팅 정도에서 Full-City roast 까지는 향기 성분이 증가하다 French roast나 Italian roast에 이르면 오히려 감소한다.
④ 일반적으로 건식법으로 가공한 콩이 습식법으로 가공한 것보다 향기가 풍부하고 깨끗하다.

📖TIP 향기 성분은 커피 중량의 0.5% 미만으로 700~2,500ppm이며 프렌치, 이탈리안 로스트가 되면 향기 성분은 오히려 감소한다.

04 커피의 평가 용어 중 옳은 설명은?

가) Flavor : 입속에 커피를 머금었을 때 느껴지는 맛과 향
나) Fragrance : 볶은 커피의 분쇄 시 발산되는 향
다) Bouquet : 추출된 커피에서 후각으로 느껴지는 다양한 꽃향기
라) Aftertaste : 커피가 입안에 있을 때 지속적으로 느낄 수 있는 맛

① 가, 나
② 가, 라
③ 나, 다
④ 다, 라

정답   01 ③   02 ①   03 ③   04 ①

05 다음에 설명에서 ( )안에 들어간 단어를 제대로 연결한 것은?

> 음식이나 음료를 섭취한 후, 입안에서 물리적으로 느껴지는 촉감을( )이라 하며, 입안에 있는 말초 신경은 커피의 점도와 미끈함을 감지하는데 이 두가지를 집합적으로 ( )라 부른다.

① Flavor, Aftertaste
② Mouthfeel, Flavor
③ Aftertaste, Mouthfeel
④ Mouthfeel, Body

★
06 커피 맛을 표현하는 용어 중 커피빈이나 가루를 코로 들이마셔 보아 맡게 되는 향기로서 플로랄, 스파이시 등으로 표현할 수 있는 용어는?

① 프루티
② 프래그런스
③ 아로마
④ 플레이버

★
07 커피는 각기 다른 특유의 향기 특질을 가지고 있는데 전체 커피향의 총칭으로 사용 되는 것은?

① Aroma
② Fragrance
③ Bouquet
④ Flavor

★
08 커피에서 느낄 수 있는 향기는 휘발성 유기화합물들의 휘발성의 차이에 따라 네 가지로 분류할 수 있다. 이 중 가장 먼저 느낄 수 있는 향은?

① Fragrance
② Aftertaste
③ Aroma
④ Nose

★
09 다음 커피의 평가 용어에 대한 설명 중 맞는 것은?

> 가. 플레이버 : 입속에 커피를 머금었을 때 느껴지는 맛과 향
> 나. 프래그런스 : 분쇄 커피의 향기
> 다. 부케 : 추출된 커피에서 후각으로 느끼지는 다양한 꽃향기
> 라. 애프터테이스트 : 커피가 입안에 있을 때 지속적으로 느낄 수 있는 맛

① 가, 나
② 가, 라
③ 나, 다
④ 다, 라

05 ④ **06** ② **07** ③ **08** ① **09** ① 정답

10 ★ 커피의 전체 향미인 부케의 설명 중 틀린 것은?

① 에스테르의 화합물로 인해 형성되는 분쇄 향기를 프래그런스라고 부르며, 꽃향기가 이에 속한다.

② 케톤이나 알데히드 계통의 휘발성 성분으로 인해 추출 커피에서 맡을 수 있는 향기를 아로마라고 부르며, 과일향과 허브향, 너트향이 이에 속한다.

③ 비휘발성 액체 상태의 유기 성분으로 인해 마실 때 느껴지는 향기를 노즈라고 부르며, 캔디향과 시럽향이 이에 속한다.

④ 지질 같은 비용해성 액체와 수용성 고체 물질로 인해 마시고 난 다음 느끼지는 향기를 애프터테이스트라고 하며, 캐러멜향과 초콜릿향이 이에 속한다.

11 ★ 커피에서 느낄 수 있는 향을 단계별로 맞게 나열한 것은?

① Fragrance 〉 Aroma 〉 Nose 〉 Aftertaste

② Aroma 〉 Fragrance 〉 Nose 〉 Aftertaste

③ Fragrance 〉 Nose 〉 Aroma 〉 Aftertaste

④ Aroma 〉 Nose 〉 Fragrance 〉 Aftertaste

12 ★ 커피에서 느낄 수 있는 향은 휘발성 유기화합물들의 휘발성의 차이에 따라 네가지로 분류할 수 있다. 이 중 마시기 직전 추출 커피의 표면에서 느껴지는 향은?

① 프래그런스   ② 아로마   ③ 애프터테이스트   ④ 노즈

13 ★ 다음 중 커피를 마시기 전 느낄 수 있는 향의 주된 성분은?

① 케톤이나 알데히드 계통의 휘발성 성분

② 비휘발성 액체 상태의 유기 성분

③ 지질과 같은 비용해성 액체와 수용성 고체 물질

④ 에스테르 화합물

14 ★ 다음 중 커피를 마실 때 커피 추출액의 표면에서 생긴 증기에 의해 입속에서 느껴지는 향의 주된 성분은?

① 비휘발성 액체 상태의 유기 성분

② 케톤이나 알데히드 계통의 휘발성 성분

③ 지질과 같은 비용해성 액체와 수용성 고형 물질

④ 에스테르 화합물

정답   10 ④   11 ①   12 ②   13 ①   14 ①

15 커피를 마신 다음 혀에 남아 있는 커피의 잔류성분들과 이들로부터 발생한 증기에서 느낄 수 있는 향의 주된 성분은?

① 지질과 같은 비용해성 엑체와 수용성 고형 물질

② 케톤이나 알데히드 계통의 휘발성 성분

③ 비휘발성 액체 상태의 유기 성분

④ 에스테르 화합물

16 추출한 커피를 오래 가열하면서 보관하면 커피콩의 단백질 성분이 변화하면서 나타나는 맛의 결함은?

① 나무 맛(woody)　　　　　② 강한 탄내(scorched)

③ 기름냄새(hidy)　　　　　④ 탄내(tarry)

17 커피 생두가 가지고 있는 향기는 커피의 품종과 산지의 지역적 특성에 따라 나타나는 그 커피만의 고유 향기라고 할 수 있다. 다음에 예시하는 향기 성분들 가운데 휘발성이 가장 강한 향기는?

① 허브향기(herby)　　　　　② 감귤향기(citrus-like)

③ 꽃가루향기(fragrance)　　　④ 꽃향기(floral)

18 볶은 원두 에서 느낄수 있는 향기는 생콩에 있던 향기와 주로 중약 볶음의 커피에서 만나게 되는 당의 갈변 반응에 의해서 생성되는 향기, 강 볶음으로 진행되면서 나타나는 건열반응에 의해서 생성되는 향기로 분류할 수 있다. 다음 향기들 가운데 생콩에는 없던 향기는?

① 허브향기　　　　　② 베리향기

③ 꽃향기　　　　　④ 캐러멜 향

19 다음은 커피 향기를 나타내는 용어에 대한 설명이다. 해당하는 것은?

> 커피를 마시고 난 다음 입에 남아 있는 커피의 잔류 성분이 증기로 바뀌면서 느끼는 향기로 휘발성이 낮아 물에 녹아 증기 상태가 될 때 비로소 느껴진다. Spicy, Turpeny 등이 있다.

① Aroma　　　② Aftertaste　　　③ Body　　　④ Fruit

해설 Aftertaste
커피를 마시고 난 다음 코로 방출되어 올라오거나 입 뒤쪽에 느껴지는 향기(뒷맛, 후미)를 표현할 때 쓰는 용어이다. 주로 나는 향기로는 Chocolaty, Spicy, Turpeny 가 있다.

15 ①　16 ④　17 ④　18 ④　19 ② 　정답

20 커피 추출액에서 소독내가 심하게 나는 맛의 결함으로, 커피 열매가 나무에 달린 채 건조가 진행되어 미생물과 효소가 커피열매에 작용하여 생기는 향미의 결함은?

① 나무 맛(woody) ② 풀냄새(grassy)

③ 기름냄새(hidy) ④ 리오 취(rioy)

21 커피를 수확한 후 건조 과정에서 환경이 나쁘면 생 커피의 효소가 당분을 식초산으로 분해하면서 나타나는 향미의 결함은?

① 곰팡내 ② 누린내 ③ 흙냄새 ④ 발효냄새

22 추출한 커피에 대한 커핑(cupping)과 관련한 용어들 중 바르지 않은 것은?

① taste : 혀로 느낄수 있는 커피의 단맛, 신맛, 쓴맛

② aftertaste : 입안에서 느껴지는 커피의 맛

③ aroma : 후각으로 느낄수 있는 커피에서 증발되는 향

④ flaver : 커피를 한 모금 머금었을 때 후각과 입에 느껴지는 커피의 맛과 향

23 다음은 커핑 테스트 용어가 아닌 것은?

① Arabica ② Acidity ③ Sour ④ Body

24 에스프레소의 관능 평가 요소의 하나인 바디에 대한 설명 중 틀린 것은?

① 입안에서 느껴지는 촉감적인 특성을 의미한다.

② 혀에 존재하는 미각세포로 의해 느껴지는 감각 요소이다.

③ 바디는 Full bodied, Round, Smooth 등으로 표현될 수 있다.

④ 맛의 조화와 함께 평가되는 중요한 요소의 하나이다.

25 커피 맛의 평가기준 중 하나로 입안에서 느껴지는 커피 맛의 무게감과 농도에 대한 용어에 해당하는 것은?

① Aroma ② Acidity ③ Flavor ④ Body

26 볶은 커피에서 느낄 수 있는 향기는 휘발성 유기화합물들의 휘발성의 차이에 따라 아래의 네 가지로 분류할 수 있다. 이중에서 가장 먼저 느껴지는 특성은?

① 입속향기(nose) ② 증기향기(cup aroma)

③ 뒷맛(aftertaste) ④ 기체향기(dry aroma)

정답 **20** ④ **21** ④ **22** ② **23** ① **24** ② **25** ④ **26** ④

27 향기의 강도를 표현하는 연결이 올바르지 못한 것은?

① rounded : 풍부하지도 않고 강하지도 않은 향기   ② full : 풍부하지만 강도가 약한 향기

③ flat : 향기가 단조로울 때   ④ rich : 풍부하면서도 강한 향기

TIP flat – 향기가 없을 때

28 다음 커피 향기 성분 중 로스팅에 의해 생성되는 향이 아닌 것은?

① Nutty   ② Caramelly   ③ Fruity   ④ Chocolaty

29 커피를 로스팅하면 당의 갈변화가 일어나 향기 성분이 생성된다. 다음 향기 중 로스팅 정도가 가장 강한 단계에서 생성되는 것은?

① Nutty   ② Caramelly   ③ Flowery   ④ Chocolaty

30 다음 중 건류 반응에 의해 생성된 향기가 아닌 것은?

① Chocolaty   ② Spicy   ③ Carbony   ④ Turpeny

31 커피에 원래부터 있던 향기는 효소에 의해서 형성되었으며 휘발성이 매우 강하다. 다음 중 이에 해당하는 것은?

① Flowery, Fruity   ② Nutty, Malty

③ Caramelly, Chocolaty   ④ Turpeny, Spicy

32 커피의 전체 향기 중 추출한 커피에서 맡을 수 있는 향기를 아로마라고 한다. 다음 중 아로마와 관련이 없는 것은?

① Turpeny   ② Nut–like   ③ Herbal   ④ Fruity

33 다음 중 애프터 테이스트를 표현할 수 있는 용어에 해당하지 않는 것은?

① Carbony   ② Spicy   ③ Turpeny   ④ Herby

34 다음 커피 향기에 대한 설명 중 틀린 것은?

① 향기는 기체 상태로만 느낄 수 있다.

② 향기는 원인요소와 분자량에 의한 특징에 따라 이중 구조로 파악할 수 있다.

③ 일반적으로 분자량이 작을수록 날카롭고 거칠게 느껴진다.

④ 향기에 대한 판단은 일반적으로 경험이나 훈련에 의해 축적된 기억에 의존한다.

27 ③   28 ③   29 ④   30 ①   31 ①   32 ①   33 ④   34 ③   정답

★
35 다음 커피의 맛 성분에 대한 설명 중 틀린 것은?

① 단맛은 아라비카 커피가 로부스타 커피보다 강하게 느껴진다.

② 단맛과 짠맛은 온도가 높을 때 강하게 느껴진다.

③ 짠맛은 산화칼륨, 산화인, 산화칼슘 등에 의해 생성된다.

④ 쓴맛은 알칼로이드 용액 등의 특징적인 맛이다.

🄣TIP 단맛과 짠맛은 음식의 온도가 낮을 때 강하게 느껴지며, 신맛은 주로 혀의 뒤쪽 끝에서 느껴진다.

★
36 다음 커피의 신맛에 대한 설명 중 틀린 것은?

① 커피에 함유되어 있는 트리고넬린, 카페산, 퀸산 등이 신맛을 낸다.

② 아라비카 커피가 로부스타 커피보다 신맛이 더 강하다.

③ 커피의 신맛은 증가할수록 pH는 낮아진다.

④ 라이트 로스트 커피가 다크 로스트 커피보다 신맛이 더 강하다.

🄣TIP 트리고넬린, 카페산, 퀸산은 쓴맛을 낸다.

★
37 다음 중 커피의 쓴맛 성분이 아닌 것은?

① 퀸산   ② 트리고넬린
③ 카페인   ④ 글루코스

🄣TIP 글루코스는 포도당이다.

★
38 커피의 다양한 맛과 향을 전문적으로 평가하는 감별사 또는 커퍼는 커피의 향미를 아래와 같이 세부적인 용어로 표현한다. 다음 중 이와 관련이 없는 용어는?

① Rubber-like   ② Malty
③ Ashy   ④ Bitter

★
39 다음 중 커피 쓴맛의 생성 원천이 아닌 것은?

① 커피에 들어 있는 클로로겐산, 카페인산과 같은 특수한 비휘발성산

② 커피에 들어 있는 흰색 결정의 알칼로이드인 카페인과 트리고넬린

③ 다크 로스팅을 하면 건열 반응으로 생성되는 페놀화합물과 헤테로고리 화합물

④ 아스코르브산이 중성과 알칼리 조건에서 중합이나 축합반응을 일으키거나 또는 질소화합물과 반응하여 생성

정답   35 ②   36 ①   37 ④   38 ④   39 ④

40 다음 커피의 쓴맛에 대한 설명 중 맞는 것은?

① 로스팅을 강하게 할수록 카페인 성분이 새롭게 생성된다.

② 커피의 쓴맛은 거의 대부분 카페인에 의한 것이다.

③ 클로로겐산은 커피 음료의 강한 쓴맛을 나타내는 성분이다.

④ 로스팅을 강하게 할수록 새로운 쓴맛 성분이 생성되어 디카페인 커피도 강한 쓴맛을 갖는다.

41 다음 화합물 중에서 커피의 짠맛을 나타내는 성분은?

① 캐러멜화된 당류   ② 산화칼륨

③ 카페인   ④ 카페인산

42 다음 중 커피의 단맛과 관계없는 성분은?

① 단백질   ② 캐러멜   ③ 올리고당   ④ 환원당

43 커피열매가 나무에 달린 채 건조되었을 때 효소가 작용하여 나타날 수 있는 향미의 결함은?

① Rubbery   ② Fermented   ③ Earthy   ④ Musty

44 다음 중 커피 촉감에 대한 용어 중 지방함량에 따른 정도를 표시하는 용어가 아닌 것은?

① Creamy   ② Heavy   ③ Buttery   ④ Waterly

45 다음 중 커피 촉감에 관한 용어에 대한 설명으로 틀린 것은?

① Smooth : 커피 추출액에 지방 성분이 매우 많이 섞여있을 때 나타나는 입안의 촉감으로 에스프레소 커피와 같이 가압하여 추출할 때 나타나는 특성이다.

② Watery : 커피 추출 액 중 지방 함량이 매우 낮을 때 느끼는 감각으로, 생두의 지방함량이 매우 낮거나 매우 적은 양의 커피를 추출할 때 나타난다.

③ Heavy : 커피 추출액의 중후함을 나타내는 용어로 추출엑에 고형분 양이 많을 때 사용하며, 커피에 미세한 섬유질과 단백질이 많을 때 느껴진다.

④ Thick : 커피 추출액 중 비교적 많은 고형분이 섞여있을 때 느껴지는 감각으로, 섬유질이나 불용성 단백질이 많을 때 나타난다.

40 ④   **41** ②   **42** ③   **43** ①   **44** ②   **45** ①   정답

46 커피 추출액에서 소독내가 나는 결함으로 브라질 아라비카 내추럴 커피에서 주로 나타난다. 커피 열매가 나무에 매달린 상태로 건조가 진행될 때 미생물과 효소의 작용에 의해 발생하는 이 향미 결함은?

① Rioy ② Hidy ③ Quakery ④ Musty

47 다음은 커피의 세 가지 기본 맛을 온도에 따라서 다르게 느껴지는 것을 설명한 것이다. 맞게 설명한 것은?

① 높은 온도에서는 단맛과 신맛이 상대적으로 약하게 느껴진다.
② 높은 온도에서는 단맛과 짠맛이 상대적으로 강하게 느껴진다.
③ 높은 온도에서는 단맛은 강하게, 신맛은 약하게 느껴진다.
④ 높은 온도에서는 단맛은 약하게 느껴지나 신맛은 변화가 없다.

TIP 온도가 높아지면 단맛, 짠맛은 상대적으로 약하게 느껴지나 신맛은 변화가 없다.

48 다음 커피를 수확한 후 건조 과정에서 나타나는 향미 결함은?

> 혀에서 매우 불쾌한 신맛이 느껴지는 맛의 결점이다. 건조시킬 때 생두 안에서 당분을 아세트산으로 변화시키는 효소 활동으로 인해 발생한다.

① Earthy ② Fermented ③ Rubbery ④ Musty

TIP Fermented는 발효취이다.

49 장기 저장한 생두가 수년간의 숙성과정을 거치면서 유기화합물이 소실되어 나타나는 맛의 결함은?

① Woody ② Vapid ③ Grassy ④ Green

TIP Woody는 나무 맛이 나는 결점으로 Strawy와 유사하나 그보다 더 진행된 상태이다.

50 다음 중 '로스팅 후 산패 과정'에서 발생하는 맛의 변화 단계로 맞는 것은?

① Fresh → Vapid → Flat Insipid → Stale, Rancid
② Fresh → Vapid → Insipid → Flat → Stale, Rancid
③ Fresh → Flat → Vapid → Insipid → Stale, Rancid
④ Fresh → Flat → Insipid → Vapid → Stale, Rancid

정답 46 ① 47 ④ 48 ② 49 ① 50 ③

51 SCA 커핑 시 평가 항목에 대한 설명으로 틀린 것을 고르시오.

① 신맛(Acidity) : 커피를 시음했을 때 가장 먼저 느껴지는 맛으로 커피의 단맛, 향의 생동감과 바디 등에 영향을 준다.

② 동일성(Uniformity) : 커피의 전체적인 일관성을 평가하는 것으로 5개의 커피 샘플의 맛이 얼마나 같은지를 평가하는 것이다.

③ 클린 컵(Clean cup) : 커피의 투명도로 커피를 마시는 순간부터 마신 후까지 부정적인 요소가 있는지를 판정하는 것이다.

④ 오버롤(Overall) : 총 합계 점수에서 결점두의 감점 점수를 뺀 커피에 대한 객관적인 평가를 말한다.

52 SCA 커핑에서 뜨거운 물을 붓고 3-5분 지난 다음, 컵 상층부의 거품 층을 스푼으로 밀면서 맡는 향은?

① Clean cup   ② Break aroma
③ Fragrance   ④ Uniformity

53 다음 SCA 커핑 시 샘플준비에 대한 설명 중 틀린 것은?

① 로스팅 정도는 미디엄 로스트이며, 로스팅한지 24시간이 경과하지 않아야 한다.

② 샘플은 물 150ml에 커피 8.25g의 비율로 준비한다.

③ 필요한 커피의 무게는 균일성을 위해 분쇄한 상태에서 측정한다.

④ 입자의 굵기는 분쇄된 커피의 70-75%가 미국 표준 20번 체를 통과할 정도로 한다.

[해설] 커피 샘플의 무게는 분쇄하지 않은 상태, 즉 홀빈(Whole hean) 상태에서 측정한다.

54 SCA 커핑 시 필요한 기물 중 개인이 준비해서 사용해도 되는 것은?

① 커핑 스푼   ② SCA 평가지
③ 뚜껑이 있는 커핑 글래스   ④ 원두

01 식품위생법의 주요한 목적과 가장 거리가 먼 것은?

① 식품영양의 질적 향상 도모　　　② 전염병에 관한 예방 관리

③ 국민보건의 증진에 기여　　　　④ 식품으로 인한 위생상의 위해 방지

　TIP 식품 위생법의 목적
　　식품영양의 질적 향상 도모, 국민보건의 증진에 기여, 식품으로 인한 위생상의 위해 방지

02 식품위생법에서 다루고 있지 않는 내용은?

① 식품첨가물을 넣은 용기

② 식품저장 중 식품에 직접 접촉되는 기계

③ 농업에서 식품의 채취에 사용되는 기구

④ 화학적 수단에 의하여 분해반응 이외의 화학반응을 일으켜 얻어진 식품첨가물

03 식품위생법상에서 식품위생이라 함은 무엇을 말하는가?

① 음식에 관한 위생을 말한다.

② 기구 또는 용기, 포장의 위생을 말한다.

③ 식품 및 식품첨가물을 대상으로 하는 위생을 말한다.

④ 식품, 식품첨가물, 기구 또는 용기, 포장을 대상으로 하는 음식에 관한 위생을 말한다.

04 식품위생의 대상이 아닌 것은?

① 식품　　　　② 농기구　　　　③ 식품첨가물　　　　④ 용기

05 식품위생법상 식품의 정의는?

① 의약으로서 섭취하는 것을 제외한 모든 음식물을 말한다.

② 모든 음식물을 말한다.

③ 모든 음식물과 식품첨가물을 말한다.

④ 모든 음식물과 화학적 합성품을 말한다.

정답　　**01 ②　02 ③　03 ④　04 ②　05 ①**

06 의약으로서 섭취하는 것을 제외한 모든 음식물은 무엇을 정의한 것인가?

① 식품첨가물   ② 식품   ③ 수의약품   ④ 항생제

07 식품위생행정의 목적과 가장 거리가 먼 것은?

① 식품위생상의 위해방지   ② 식품영양의 질적 향상도모
③ 식품의 안전성 확보   ④ 식품의 판매촉진

08 영업허가를 받아야 할 업종이 아닌 것은?

① 식품첨가물제조업   ② 유흥주점영업
③ 단란주점영업   ④ 일반음식점영업

TIP 일반음식점은 허가제가 아니고 신고제임

09 식품접객업 중 음식류를 조리, 판매하는 영업으로서 식사와 함께 부수적으로 음주행위가 허용되는 영업은?

① 단란주점영업   ② 유흥주점영업
③ 휴게음식점영업   ④ 일반음식점영업

10 식품접객업 중 음식류를 조리, 판매하는 영업으로서 음주행위가 허용되지 아니하는 영업이며 주로 다류를 조리, 판매하는 다방 및 주로 빵, 떡, 과자, 아이스크림류를 제조, 판매하는 과자점 형태의 영업을 포함하고 있으며, 편의점, 슈퍼마켓, 휴게소 기타 음식류를 판매하는 장소에서 컵라면, 1회용 다류 기타 음식류에 뜨거운 물을 부어주는 경우를 제외한 영업을 무엇이라 하는가?

① 휴게음식점 영업   ② 일반음식점 영업
③ 단란주점 영업   ④ 유흥주점 영업

TIP 커피전문점은 휴게음식점에 속한다.

11 식품위생법령상 주류를 판매할 수 없는 업종은?

① 휴게음식점영업   ② 일반음식점영업
③ 유흥주점영업   ④ 단란주점영업

12 다음 중 커피는 어디에 속하는 음료인가?

① 청량음료   ② 유성음료   ③ 영양음료   ④ 기호음료

06 ② 07 ④ 08 ④ 09 ④ 10 ① 11 ① 12 ④ 정답

13 우리나라의 식품 위생법상 다류에 속하는 것은?

① 커피   ② 콜라   ③ 인삼차   ④ 오렌지주스

💡TIP 인삼차는 인삼류에 속한다.

14 다음 중 영업허가를 받거나 신고를 하지 않아도 되는 경우는?

① 식품첨가물이나 다른 원료를 사용하지 아니하고 농산물을 단순히 껍질을 벗겨 가공하려는 경우
② 방사선을 조사하여 식품의 보존성을 물리적으로 높이려는 경우
③ 보건복지부령이 정하는 식품 또는 식품첨가물의 완제품을 나누어 유통을 목적으로 재포장·판매하려는 경우
④ 주로 주류를 조리·판매하는 영업으로서 손님이 노래를 부르는 행위가 허용되는 영업을 하려는 경우

15 WHO에 대한 설명 중에서 다른 것은?

① 세계보건기구   ② World Health Organization
③ 메뉴개발   ④ 한국은 회원국이다.

16 세계보건기구(WHO)의 기능과 관련 없는 사항은?

① 회원국의 기술지원   ② 후진국의 경제보조
③ 회원국의 자료공급   ④ 국제적 보건사업의 지휘·조정

17 WHO에서 정의한 건강이란?

① 질병에 걸리지 않은 상태
② 육체적으로 편안하며 쾌적한 상태
③ 육체적, 정신적, 사회적 안녕의 완전한 상태
④ 허약하지 않고 심신이 쾌적하며 식욕이 왕성한 상태

18 식품위생법상 식품, 식품첨가물, 기구 또는 용기·포장에 기재하는 '표시'의 범위는?

① 문자, 숫자   ② 문자, 숫자, 도형
③ 문자   ④ 문자, 숫자, 도형, 음향

정답   13 ①   14 ①   15 ③   16 ②   17 ③   18 ②

19 식품 등의 표기기준에 명시된 표시사항이 아닌 것은?

① 업소명 　　　 ② 판매자 성명 　　　 ③ 성분명 및 함량 　　　 ④ 유통기한

20 허위표시 과대광고의 범위에 해당되지 않는 것은?

① 제조방법에 관하여 연구 또는 발견한 사실로서 식품학 영양학 등의 분야에서 공인된 사항의 표시광고

② 외국어의 사용 등으로 외국제품으로 혼동할 우려가 있는 표시광고

③ 질병의 치료에 효능이 있다는 내용 또는 의약품으로 혼동할 우려가 있는 내용의 표시광고

④ 다른 업소의 제품을 비방하거나 비방하는 것으로 의심되는 광고

21 식품 등의 표시기준상 '유통기한'의 정의는?

① 해당식품의 품질이 유지될 수 있는 기한

② 해당식품의 섭취가 허용되는 기한

③ 제품의 출고일부터 대리점으로의 유통이 허용되는 기한

④ 제품의 제조일로부터 소비자에게 판매가 허용되는 기한

22 판매의 목적으로 식품을 제조·가공한 영업자가 그 식품으로 인해 위생상의 위해가 발생할 우려가 있다고 인정하는 경우" 라면 다음 내용 중 옳은 것은?

① 위생상의 위해가 발생할 우려가 있다는 점만으로는 아무런 조치를 취하지 않아도 된다.

② 이러한 경우는 식품의 위해요소중점관리기준에 따라 처리된다.

③ 이러한 자진회수제도는 자동차 등에는 규정되어 있으나 식품과 관련하여서는 식품위생법에 아직 정해진 규정이 없다.

④ 영업자는 그 사실을 국민에게 알리고 유통 중인 당해식품 등을 회수하도록 노력하여야 한다.

23 식품위생법법규상 수입식품의 검사결과 부적합한 식품에 대해서 수입신고인이 취해야 하는 조치가 아닌 것은?

① 수출국으로의 반송 　　　　　　 ② 식용 외의 다른 용도로의 전환

③ 관할 보건소에서 재검사 실시 　　 ④ 다른 나라로의 반출

꿀TIP 수입식품 부적합 결과를 받은 식품은 전량 폐기하거나 반송하며, 재검사를 실시하지 않는다.

19 ② 　 20 ① 　 21 ④ 　 22 ④ 　 23 ③ 　 정답

24 바리스타는 커피와 같은 식음료의 품질관리 차원에서 HACCP 제도에 대한 지식이 갖추어져야 한다. 이 제도에 대한 설명으로 옳은 것은?

① 식품의 위해요소를 미리 확인, 예방함으로써 식품의 안전성을 관리하는 위생제도

② 식품과 음료를 대상으로 대장균이 증식하는 정도를 측정하는 제도

③ 유해한 미생물이 손, 기구, 용기 등에 전이되는 정도를 분석하는 제도

④ 소비자들에게 공중보건상 건강을 해칠 수 있는 요인들을 공지하는 제도

25 식품위생법규상 우수업소의 지정기준으로 틀린 것은?

① 건물은 작업에 필요한 공간을 확보하여야 하며 환기가 잘 되어야 한다.

② 원료처리실 · 제조가공실 · 포장실 등 작업장은 분리 · 구획되어야한다.

③ 작업장 · 냉장시설 · 냉동시설 등에는 온도를 측정할 수 있는 계기가 눈에 잘 보이지 않는 곳에 설치되어야 한다.

④ 작업장의 바닥 · 내벽 및 천장은 내부처리를 하여야 하며 항상 청결하게 관리되어야 한다.

26 수출을 목적으로 하는 식품 또는 식품첨가물의 기준과 규격은?

① 수입자가 요구하는 기준과 규격에 의함

② 국립검역소장이 정하여 고시한 기준과 규격에 의함

③ FDA의 규격에 의함

④ 산업자원부장관의 별도 허가를 득한 기준과 규격에 의함

27 식품 등의 위생적 취급에 관한 기준으로 틀린 것은?

① 식품 등을 취급하는 원료보관실 · 제조가공실 · 포장실 등의 내부는 항상 청결하게 관리한다.

② 식품 등의 원료 및 제품 중 부패 · 변질이 되기 쉬운 것은 냉동 · 냉장시설에 보관 · 관리하여야 한다.

③ 식품 등의 제조 · 가공 · 조리 또는 포장에 직접 종사하는 자는 위생모를 착용하는 등 개인위생 관리를 철저히 하여야 한다.

④ 유통기한이 경과 된 식품이라 할지라도 냉동실에 저장하여 보관한 경우는 판매해도 된다.

정답　　**24** ①　　**25** ③　　**26** ①　　**27** ④

28 다음 중 무상 수거 대상 식품에 해당하지 않는 것은?

① 출입검사의 규정에 의하여 검사가 필요한 식품 등을 수거할 때
② 유통 중인 부정·불량식품 등을 수거할 때
③ 도소매 업소에서 판매하는 식품 등을 시험검사용으로 수거할 때
④ 수입식품 등을 검사할 목적으로 수거할 때

29 질병 발생의 3대요소가 아닌 것은?

① 환경　　　　② 면역　　　　③ 숙주　　　　④ 병인

30 감각온도(체감온도)의 3요소에 속하지 않은 것은?

① 기온　　　　② 기습　　　　③ 기압　　　　④ 기류

31 수출을 목적으로 하는 식품 또는 식품첨가물의 기준과 규격은?

① 수입자가 요구하는 기준과 규격에 의함
② 국립검역소장이 정하여 고시한 기준과 규격에 의함
③ F. D. A의 기준과 규격에 의함
④ 산업자원부장관의 별도 허가를 득한 기준과 규격에 의함

32 세균의 번식이 잘 되는 식품과 가장 거리가 먼 것은?

① 온도가 적당한 식품　　　　　　② 습기가 있는 식품
③ 영양분이 많은 식품　　　　　　④ 양이 많은 식품

33 다음 중 가열하지 않고 기구를 소독할 수 있는 방법은?

① 화염 멸균법　　　　　　　　　② 간헐 멸균법
③ 자외선 멸균법　　　　　　　　④ 저온 살균법

34 다음 중 물, 기구, 용기 등의 소독에 가장 효과적인 자외선의 파장은?

① 50nm　　　　② 150nm　　　　③ 260nm　　　　④ 410nm

35 물로 전파되는 수인성 전염병에 속하지 않는 것은?

① 장티푸스   ② 홍역   ③ 세균성이질   ④ 콜레라

TIP **수인성 감염병**: 물이 원인이되어 감염되는 병으로 식품을 통하여 전파된다.
홍역: 호흡기를 통하여 감염 된다.

36 식품의 변질에 관계하는 세균의 발육을 억제하는 조건은?

① 중성의 pH   ② 30~40℃의 온도
③ 10% 이하의 수분   ④ 풍부한 아미노산

37 식품 등의 위생적 취급에 관한 기준으로 틀린 것은?

① 식품 등을 취급하는 원료보관실, 제조가공실, 포장실 등의 내부는 항상 청결하게 관리하여야 한다.
② 식품 등의 원료 및 제품 중 부패, 변질이 되기 쉬운 것은 냉동·냉장시설에 보관, 관리하여야 한다.
③ 식품 등의 제조, 가공, 조리 또는 포장에 직접 종사하는 자는 위생모를 착용하는 등 개인위생 관리를 철저히 하여야 한다.
④ 유통기한이 경과된 식품 등은 판매의 목적으로 전시하여 진열 보관하여도 된다.

38 식기, 기구의 소독에 이용되는 '자외선 살균등 소독법'에 대한 설명으로 맞는 것은?

① 살균력이 가장 강한 3,500Å 자외선을 이용한 소독법이다.
② 대부분의 미생물에 대해 효과가 있다.
③ 살균력은 균의 종류에 상관없이 동일하다.
④ 자외선은 물질의 표면과 내면을 투과한다.

39 다음 중 카페에서 많이 사용하는 행주를 소독하는 가장 좋은 방법은?

① 살균력이 강한 자외선에서 소독한다.
② 85℃의 열풍에서 15~20분동안 소독한다.
③ 염소계의 차아염소산나트륨 또는 역성비누를 이용하여 소독한다.
④ 중성세제에 세척한 후 100℃에서 5분 이상 열탕 소독한다.

40 다음 중 건조식품의 위생에 있어 가장 문제가 되는 것은 무엇인가?

① 효모   ② 곰팡이   ③ 세균   ④ 바이러스

정답   35 ②   36 ③   37 ④   38 ②   39 ④   40 ②

41 식품위생법에서 사용하는 용어 중 식품을 제조·가공 또는 보존하는 과정에서 식품에 넣거나 섞는 물질 또는 식품을 적시는 등에 사용되는 것을 무엇이라 하는가?

① 식품첨가물 　　　　　　　　　② 화학적 합성품

③ 식품 완제품 　　　　　　　　　④ 식품위생품

42 식품위생법에서 의미하는 식품의 원료, 제조, 가공 및 유통의 각 단계에서 발생할 수 있는 위해 요소를 분석 관리하여 식품의 안정성을 확보하는 제도란?

① 회수제도(Recall) 　　　　　　　② HACCP

③ KS 마크 인증 　　　　　　　　　④ ISO인증

43 다음 중 위해요소중점관리기준(HACCP)을 수행하는 단계에 있어서 가장 먼저 실시하는 것은?

① 중점관리점 규명 　　　　　　　② 관리기준의 설정

③ 기록유지방법의 설정 　　　　　④ 식품의 위해요소를 분석

44 기존 위생관리방법과 비교하여 HACCP의 특징에 대한 설명으로 옳은 것은?

① 주로 완제품 위주의 관리이다.

② 위생상의 문제 발생 후 조치하는 사후적 관리이다.

③ 시험분석방법에 장시간이 소요된다.

④ 가능성 있는 모든 위해요소를 예측하고 대응할 수 있다.

45 원료와 공정에서 발생 가능한 병원성 미생물 등 생물학적, 화학적, 물리적 위해 요소 분석을 의미 하는 것은?

① 가공식품산업 표준인증(KS) 　　② 지리적 표시인증(PGI)

③ 해썹(HACCP) 　　　　　　　　　④ 농산물 우수관리 인증 (GAP)

46 바리스타는 커피와 같은 식음료의 품질관리 차원에서 HACCP 제도에 대한 지식을 갖추어야 한다. 이 제도에 대한 설명으로 맞는 것은?

① 유해한 미생물이 손, 기구, 용기 등에 전이되는 정도를 분석하는 제도

② 식품과 음료를 대상으로 대장균이 증식하는 정도를 측정하는 제도

③ 소비자들에게 공중보건상 건강을 해칠 수 있는 요인들을 공지하는 제도

④ 식품의 위해요소를 미리 확인하고 예방함으로써 식품의 안전성을 관리하는 위생 제도

---

47 경수 와 연수에 관한 설명 중 틀린 것은?

① 경수는 칼슘 및 마그네슘 염류를 비교적 다량으로 함유한 물로 산성이라서 오래 사용하면 머신에 무리가 간다.

② 경수는 물속에 함유된 광물질 성분이 보일러 내부 벽에 흡착되어 물을 끓이게 되면 불순물이 생긴다.

③ 연수는 염류 함유량이 적은 물로 커피를 추출할 시 신맛과 마일드한 맛의 커피가 추출된다.

④ 경수를 연수로 만들기 위해서는 별도로 연수기를 설치하여야 한다.

TIP 경수는 알칼리성이다.

48 다음 중 물의 소독 방법이 아닌 것은?

① 오존 소독법　　② 자외선 소독법　　③ 염소 소독법　　④ 질소 소독법

49 다음 중 먹는 물의 기준으로 알맞은 것은?

① 무색 투명하고 색도는 4도, 탁도는 3도를 넘지 않아야 한다.

② 일반세균수는 1ml 중 50마리 이하여야 한다.

③ 대장균수는 50ml(cc)중에 전혀 검출되지 않아야 한다.

④ 수소이온 농도 pH는 5.5~7.5(중성)이어야 한다.

TIP **먹는 물의 기준**
　– 무색 투명하고 색도는 5도, 탁도는 2도를 넘지 않아야 한다.
　– 일반세균수는 1ml중 100마리 이하여야 한다. – 수소이온 농도 PH는 5.8~8.5(중성)이어야 한다.

50 다음 중 염소 소독의 특성에 대한 설명으로 틀린 것은?

① 잔류성이 좋아 살균효과가 오래 지속된다.

② 페놀과 결합하여 불쾌한 냄새를 나게 한다.

③ 바이러스를 살균할 수 있다.

④ 비용이 적게 든다.

51 정수처리 과정에서 사전 염소처리를 하는 목적은 무엇인가?

① 냄새 유발 물질 제거　　　　② 철, 망간 제거

③ 생물 번식 방지　　　　　　④ 유기물질 제거

TIP 수중생물 번식 방지로 여과막이 막히지 않도록 하는 데 목적이 있음.

정답　　47 ①　　48 ④　　49 ③　　50 ③　　51 ③

52 다음 중 물의 소독 방법에 해당되지 않는 것은?

① 오존 소독　　　　② 양이온 소독　　　　③ 자외선 소독　　　　④ 염소 소독

53 병원체가 음식물, 음료수, 식기, 손 등을 통하여 침입하는 경구전염병에 해당되지 않는 것은?

① 파라티푸스　　　　　　　　② 병원성 대장균
③ 디프테리아　　　　　　　　④ 세균성 이질

> TIP 음식물을 통하여 매개되는 소화기계 전염병을 경구전염병이라 말하며, 전염병 환자 보균자로부터
> 배출된 병원미생물에 의해 오염된다. 특히 물로 인해 전염된 것을 수인성 전염병이라 한다.
> 콜레라, 장티푸스, 파라티푸스, 세균성 이질 등이 있다. 대장균은 세균성 식중독에 해당된다.

54 다음 중 오크라톡신(Ochratoxin) A에 대한 설명으로 맞는 것은?

① 곰팡이 독소 종류이다.　　　　② 단백질의 일종이다.
③ 단백질 청소약이다.　　　　　④ 유산균의 일종이다.

55 다음 곰팡이 독소 중 커피에 가장 많은 피해를 주는 것은?

① Aflatoxin　　　　　　　　② Ochratoxin A
③ Zearalenone　　　　　　　④ Citrinin

56 다음 성분 중 물속에 극히 미량이 존재하여도 염소와 결합하여 강한 냄새를 풍기는 것은?

① 페놀　　　　② 시안　　　　③ 6가 크롬　　　　④ 수은

> TIP 페놀(Phenol)류는 염소와 결합 불쾌한 냄새 유발한다.

57 다음 중 도자기 그릇이나 법랑용기에서 용출될 가능성이 높은 중금속은?

① 주석　　　　② 비소　　　　③ 구리　　　　④ 납

58 다음 (   ) 안에 공통적으로 들어갈 말은?

> (   )는 이태리어로 '바(Bar)안에 있는 사람'이란 의미로 영어로 바맨(Bar man) 바텐더(Bartender)의 의미이다. (   )는 단순히 에스프레소를 추출하고 제조하는 능력만을 소유한 사람이 아니라 커피 외에도 커피에 관한 일반적인 지식을 알고 있어야 하며, 커피의 맛을 정확히 감별해 낼 수 있어야 하고, 본인이 사용 하는 에스프레소머신의 관리 및 간단한 보수는 할 수 있을 정도로 기계의 원리 및 구조를 정확히 알아야 한다. 완벽한 에스프레소의 추출과 좋은 원두의 선택, 커피머신의 완벽한 활용, 고객의 입맛에 최대한의 만족을 주기 위한 능력을 겸비해야 한다.

① 소믈리에(Sommelier) ② 파티쉐(Patissier)
③ 바리스타(Barista) ④ 치프(Chief)

59 커피 서비스 방법에 대한 설명 중 틀린 것은?

① 고객에게 커피를 서비스할 때 먼저 미소를 띠고 인사를 한다.
② 고객의 오른쪽에서 제공하고 시계방향으로 서비스 한다.
③ 커피를 제공할 때 커피가 흘러 넘치지 않도록 한다.
④ 고객의 왼쪽에서 제공하고 여성에게 우선 서비스 한다.

60 바리스타의 식음료 취급사항이다. 틀린 것은?

① 차가운 음료와 음식은 4℃ 또는 더 낮게 보관한다.
② 뜨거운 음료와 음식은 위생을 위해 최대한 뜨겁게 유지한다.
③ 작업공간에는 깨끗한 물수건이 준비되어 있어야 한다.
④ 일을 시작하기 전에 손을 청결히 한다.

61 바람직한 바리스타 모습이 아닌 것은?

① 영업장 내에 필요한 물품재고를 항상 파악한다.
② 영업장의 환기 및 기물등의 청결을 깨끗이 유지관리 한다.
③ 커피 제조 시 계량법을 무시하고 때에 따라 바꾼다.
④ 일일 판매할 재료가 적당한지 확인한다.

정답 58 ③ 59 ④ 60 ② 61 ③

62 바리스타가 추출 기구를 항상 청결하게 유지해야 할 이유가 아닌 것은?

① 고객에 대한 최소한의 배려　　　　② 보건 위생학적 이유

③ 법적인 이유로　　　　　　　　　　④ 정확한 그라인딩과 추출을 위해

63 서비스 직원의 기본자세 중 개인 위생에 대한 설명으로 틀린 것은?

① 머리는 단정하고 깔끔하게 하며 긴 머리는 묶는 것이 좋다.

② 매니큐어는 색깔이 있는 것은 안 되고 손톱은 짧게 한다.

③ 여자 직원은 굽이 낮은 검정색 구두를 착용하며, 스타킹도 검정색을 착용하는 것이 좋다.

④ 남자 직원은 검정색 구두를 착용하며 항상 깨끗하게 관리한다.

64 바리스타로서 지켜야 할 식음료 취급 방법 중 맞는 것은?

① 뜨거운 음료와 음식은 60℃ 또는 그보다 더 낮게 보관한다.

② 차가운 음료와 음식은 4℃ 또는 그보다 더 높게 보관한다.

③ 음식을 취급할 때는 항상 위생 장갑과 기구를 이용해야 한다.

④ 스팀 완드를 닦는 행주와 카운터용 수건은 함께 사용한다.

> **\[TIP\]** 세균증식을 예방할 수 있도록 부재료는 냉장 보관(4℃ 이하), 냉동 보관(−18℃ 이하),
> 혹은 온장보관(70℃)한다.

65 다음 중 커피 서비스 원칙에 대한 설명으로 틀린 것은?

① 커피 서비스는 고객의 오른쪽에서 오른손으로 한다.

② 커피 컵과 커피스푼 손잡이는 고객 기준으로 오른쪽으로 향하도록 서비스한다.

③ 커피 서비스는 여성 고객부터 시계방향으로 돌면서 한다.

④ 커피 서비스 시 서비스 트레이(Service tray)는 고객 테이블에 올려놓고 안전하게 서비스한다.

66 다음은 커피 서비스 방법을 설명한 것이다. 틀린 것은?

① 커피의 적정온도는 120℃ 이상이 적당하다.

② 커피를 서브할 때에는 커피 컵은 뜨겁게 보관되어져 있어야 하며, 크림은 너무 차갑게 제공되지 않아야 한다.

③ 커피를 서브할 때 한잔의 양은 100ml 정도가 적당하다.

④ 커피를 고객에게 제공할 때는 맛과 향기가 있도록 섬세한 주의를 요한다.

---

62 ③　63 ③　64 ③　65 ④　66 ①　　정답

67 종업원의 서비스 접객방법 중 잘못 설명된 것은?

① 세컨 라운드의 주문은 고객이 요청할 때까지 기다린다.

② 한잔의 주문일지라도 반드시 쟁반을 사용한다.

③ 주문이 끝나면 감사의 표시로 정중하게 인사를 드린 후 물러난다.

④ 주문은 복창 하여 주문 내용을 재확인 한다.

68 커피제조 시 바리스타가 지켜야 할 위생관리로서 가장 적절한 것은?

① 커피 제조 작업대는 1일 1회 정도 세척, 청소 관리한다.

② 재료와 기구 보관고는 분기별로 1회 이상 청소 관리한다.

③ 행주와 수건은 40℃이상 온수에 중성세제로 세척 후, 100℃ 이상 5분간 열탕 소독한다.

④ 커피잔, 유리컵 및 커피 관련 기물은 찬물로 깨끗이 씻어 둔다.

69 다음 중 식자재의 관리 중 가장 기본이 되는 방법은?

① 비싼 식자재를 먼저 사용한다.

② 먼저 들어온 식자재를 먼저 사용한다.

③ 유통기간이 가까워지는 식자재는 냉동보관 후 필요한 만큼만 해동해 사용한다.

④ 가능한 남기는 것이 없도록 철저히 계량하여 사용한다.

70 풍미가 가득한 양질의 커피를 마시기 위하여 커피콩을 보관할 때, 가루로 만들기 보다는 원두 상태로 보관하는 것이 좋다. 그 이유는 무엇일까?

① 원두상태로 보관하면 커피에 함유된 영양성분들이 축합반응을 일으켜 커피의 영양을 상승 시킨다.

② 가루상태의 커피는 함유된 열량 영양소와 무기질의 분해를 초래함으로써 커피의 영양을 감소 시킨다.

③ 가루상태의 커피는 표면적 확대로 인해 산화가 촉진되며 각종 휘발성분의 손실을 초래한다.

④ 원두상태로 보관하면 커피에 함유된 이산화탄소의 방출을 줄여서 커피향미를 향상 시킨다.

71 다음 중 고객 단가를 높이는 방법과 가장 거리가 먼 것은?

① 단체고객 유치에 주력한다.　　② 추가 주문을 유도한다.

③ 신상 메뉴를 권한다.　　④ 세트형 메뉴를 권유한다.

정답　　67 ①　　68 ③　　69 ②　　70 ③　　71 ①

72 다음 중 영업을 위한 준비 작업 사항에 대한 설명으로 틀린 것은?

① 영업 개시 전에 그날의 필요품을 보급 수행한다.

② 모든 청소는 영업개시 전에 반드시 완료한다.

③ 영업종료 후에 부패성이 있는 쓰레기를 즉시 치운다.

④ 커피 제조에 필요한 가니쉬(Garnish) 준비는 영업종료 후 다음 날을 위하여 신선한 재료를 미리 마련한다.

73 다음 중 메뉴 계획 시 고려할 사항 중 가장 거리가 먼 것은?

① 메뉴 품목에 대한 수요 및 공급의 가능성 　② 영업장의 데커레이션 조화를 고려

③ 각 품목의 판매가격 수준을 고가로 고려 　④ 서비스에 맞는 메뉴 디자인이나 내용을 구상

74 잔 받침의 설명 중 바르지 못한 것은?

① 반복사용도 가능하다. 　② 냅킨 대신으로 사용한다.

③ 인쇄물로서의 광고효과도 있다. 　④ 글라스의 밑받침이다.

75 유리컵을 잡을 때 어느 부분을 잡아야 가장 위생적인가?

① 글라스의 전 부분 　② 글라스의 입술 닿는 가장자리

③ 글라스의 상단 　④ 글라스의 하단

76 바리스타가 영업장에서 유리컵을 사용할 때 가장 먼저 체크해야 할 사항은?

① Glass의 청결 여부 　② Glass의 온도 여부

③ Glass의 재고 여부 　④ Glass의 가장자리 파손여부

77 커피전문점 종사원의 직무가 아닌 것은?

① 영업시간 전 준비상태 확인을 위한 각종 부재료 파악

② 월간 매출분석을 통한 경영분석

③ 영업장 내의 각종 재고량 파악

④ 각종 주문 전표 확인

78 커피 전문점에서 저장관리 원칙에 해당되지 않는 것은?

① 품질 보전 　　② 분류 저장 　　③ 저장위치 표시 　　④ 매상 증진

72 ④　73 ③　74 ②　75 ④　76 ④　77 ②　78 ④　정답

79 커피 전문점에서 그날의 영업을 위한 준비작업 중 틀린 것은?

① 일일 구매 결과 보고 및 체크　　　② 판매촉진 홍보 일정수립
③ 가니쉬 점검 및 준비　　　　　　　④ 시설 및 기물 작동 점검

80 영업을 위한 준비 작업 사항 중 틀린 것은?

① 영업 개시 전에 그날의 필요품을 보급 수행한다.
② 커피 제조에 필요한 재료는 영업종료 후 다음날 것을 미리 꺼내서 세팅해둔다.
③ 영업종료 후에 부패성이 있는 쓰레기를 즉시 치운다.
④ 모든 청소는 영업개시 전에 반드시 완료한다.

81 가장 위생적인 세척 순서는?

① 비눗물 ⋯ 찬물 ⋯ 더운물　　　　② 찬물 ⋯ 비눗물 ⋯ 더운물
③ 더운물 ⋯ 비눗물 ⋯ 찬물　　　　④ 비눗물 ⋯ 더운물 ⋯ 찬물

82 위생적인 영업장 기물 세척 시간은?

① 가능한 한 사용한 후 즉시　　　　② 비교적 깨끗한 것은 재사용해도 무방함
③ 기물을 전부 씻은 후　　　　　　　④ 영업시간 종료 후

83 식기, 기구의 소독에 이용되는 '자외선 살균등' 소독법에 대한 설명에 해당되는 것은?

① 자외선은 물질의 표면과 내면을 투과한다.
② 살균력이 가장 강한 3,500Å 자외선을 이용한 살균이다.
③ 살균력은 균의 종류에 상관없이 동일하다.
④ 물, 기구, 식기, 의류 등의 소독에 사용된다.

84 커피제조에 필요한 재료를 보관하는 냉동, 냉장고의 관리 및 사용에 대한 설명 중 틀린 것은?

① 교차오염 예방을 위해 식품을 분리 보관하다.
② 냉장고, 냉동고의 온도를 주기적으로 측정한 후 기록한다.
③ 주 1회이상 청소와 소독을 한다.
④ 냉장고, 냉동고는 내부 온도가 낮을수록 좋다.

정답　79 ②　80 ②　81 ④　82 ①　83 ④　84 ④

85 커피제조 관련재료의 보관에 필요한 냉장·냉동고의 적절한 온도대는?

① 냉장고 : 8℃ 이하, 냉동고 : −12℃
② 냉장고 : 5℃ 이하, 냉동고 : −18℃
③ 냉장고 : 7℃ 이하, 냉동고 : −15℃
④ 냉장고 : 10℃ 이하, 냉동고 : −20℃

86 식음료 취급사항 중 틀린 것은?

① 뜨거운 음료는 60℃ 또는 더 높게 보관한다.
② 유제품은 냉장보관(0~10℃)하고 제조일부터 5일 이내에 사용한다.
③ 냉동고의 온도는 될수록 낮게 하여 보관한다.
④ 차가운 음료는 4℃ 또는 더 낮게 보관한다.

87 맛있는 커피를 위하여 바리스타가 지켜야 할 수칙 중 틀린 것은?

① 깨끗하고 좋은 물을 사용하라.
② 사용하는 커피 잔은 항상 데워서 사용하라.
③ 커피가 남았을 경우 다시 데워 온도를 유지하라.
④ 커피는 항상 신선한 것을 사용하라.

88 메뉴 계획 시 고려할 사항으로 적당하지 않는 것은?

① 영업장의 데코레이션 조화를 고려하여 분위기를 살린다.
② 서비스에 맞는 메뉴 디자인이나 내용을 구상하여 변화를 준다.
③ 각 품목의 판매가격 수준을 고가로 책정한다.
④ 메뉴 품목에 대한 수요 및 공급의 가능성을 분석한다.

89 커피 전문점 관리에 있어서 바람직하지 못한 것은?

① 업장의 형태와 크기는 가능한 최대로 확보한다.
② 동일 상권에 있어 경쟁업체를 수시로 파악한다.
③ 가장 바쁜 시간의 영업량을 미리 예측한다.
④ 연령, 소득 등에 따라 목표 고객을 분석한다.

90 원가의 3요소에 해당되지 않는 것은?

① 판매관리비 　　② 노무비 　　③ 재료비 　　④ 경비

85 ②　86 ③　87 ③　88 ③　89 ①　90 ①　　정답

91 커피매장에서는 에스프레소 추출량을 메모리하기 위해 메모리 버튼을 기억시키는데 기억시키는 방법 중 틀린 것은?

① 추출량을 측정하기 위해 눈금이 있는 샷글라스를 사용한다.

② 메모리 후에는 새로운 커피를 투입하여 추출량을 다시 테스트해야 한다.

③ 커피는 투입하지 않아도 추출량을 계량잔에 맞추면 된다.

④ 커피의 분쇄입자와 추출시간을 맞추어 추출량을 메모리 한다.

92 다음 중 에스프레소 커피 제공에 대한 설명으로 틀린 것은?

① 스푼, 설탕, 냅킨, 물을 함께 제공한다.

② 에스프레소 커피는 데미타세에 제공한다.

③ 샷 글라스에 1온스 정량을 추출한 다음 제공한다.

④ 고객의 요구에 따라 추출량을 조절하여 리스트레또(Ristretto)나 룽고(Lun-go)로 제공하기도 한다.

93 에스프레소를 이용하는 커피 잔은 사용할 때 뜨겁고 물기가 없는 잔을 사용해야 한다. 그 이유로 보기 어려운 것은?

① 크레마를 단단하게 굳어지게 만들기 위해

② 크레마의 밀도가 물기에 의해 달라지지 않게 하기 위해

③ 표면장력이 달라지면서 전체적인 모양의 균형이 깨지는 것을 막기 위해

④ 커피가 쉽게 식지 않게 하기 위해

94 다음 중 데미타세나 카푸치노용 잔에 대한 설명으로 틀린 것은?

① 잔을 두껍게 제작하는 것은 보온 효과 때문이다.

② 도기, 유리 또는 동으로 만들어진 것이 좋다.

③ 용량은 일반 컵의 절반 정도인 60-70ml이다.

④ 외부 형태는 다양할 수 있으나 안쪽은 U자형으로 곡선처리된 것이 좋다.

TIP 잔의 재질이 유리인 것은 보온성과 내구성 때문에 잘 사용하지 않는다.

95 커피추출 시 주의 사항은?

① 추출 방법에 따라 분쇄도를 달리하며, 매일 분쇄도를 체크한다.

② 원두 구입 시 원가 절감을 위하여 대량씩 구입하며, 큰 포장을 많이 이용한다.

③ 손님이 많이 몰릴 경우를 대비하여 미리 원두를 갈아 둔다.

④ 원두의 변질을 막기 위해 항상 냉장고에 넣어두었다가 사용한다.

정답   91 ③   92 ③   93 ①   94 ②   95 ①

96 맛 좋은 레귤러 커피를 마시기 위한 적절한 방법이 아닌 것은?

① 분쇄는 커피를 뽑기 직전에 한다.

② 한 번에 양은 되도록 적게 구매하도록 한다.

③ 뽑은 커피는 약한 불에 데워 따뜻하게 유지한다.

④ 즉시 사용하지 않는 커피는 건냉암소(乾冷暗所)에 보관한다.

>**TIP** 건냉암소 – 건조하고 차갑고 어두운 장소

97 다음 중 식재료의 취급 방법에 대한 설명으로 틀린 것은?

① 커피 메뉴 제조 시 사용되는 부재료 중 하나인 우유는 냉장(0~10℃) 상태에서 보관한다.

② 식품 저장 시 깊은 풍미를 위하여 식품 내의 효소를 활성화시킨다.

③ 뜨거운 음료는 60℃ 또는 그 이상, 차가운 음료는 4℃ 또는 그 이하로 보관한다.

④ 식자재 보관 시 FIFO(First In First Out)를 기본으로 한다.

98 에스프레소 추출 작업에 사용되는 도구에 대한 설명 중 옳지 않은 것은?

① 블라인드 필터(Blind Filter) – 구멍이 없이 막힌 필터로 그룹 헤드 청소 시에 사용

② 넉 박스(Knock Box) – 커피를 보관하는 용기

③ 패킹 매트(Packing Mat) – 탬핑 작업

④ 탬퍼(Tamper) – 커피를 담아 다지는 도구

>**TIP** 넉박스(Knock box)는 에스프레소 추출 후 발생한 케이크를 버리는 통을 말한다.

99 화재 발생 시 조치사항으로 틀린 사항은?

① 최초 발견 시 비상벨을 눌러 알린다.

② 화재가 진행 중일 때는 소방관의 안내에 따라 질서 있게 신속히 대피한다.

③ 유독가스가 발생한 경우 옷이나 수건 등으로 코와 입을 가리고 상체를 세운 상태로 대피한다.

④ 가급적이면 화재발생지의 반대 방향으로 대피한다.

100 다음 중 지진발생 시 행동요령으로 옳은 것은?

① 충격에 대비하여 기둥으로부터 멀리 떨어진다.

② 정전이 되어도 당황하지 말고 위험한 행동은 삼가며, 상황이 진정되면 밖으로 대피한다.

③ 내부에서 문을 잠그고 지진이 끝날 때까지 기다린다.

④ 고층 건물에 있을 경우 엘리베이터를 이용하여 신속하게 지상으로 대피한다.

96 ③　**97** ②　**98** ②　**99** ③　**100** ②　정답

101 직접원가에 속하지 않는 것은?

① 직접 재료비   ② 직접 노무비   ③ 직접 경비   ④ 일반 관리비

102 제품의 제조수량 증감에 관계없이 매월 일정액이 발생하는 원가는?

① 체감비   ② 비례비   ③ 변동비   ④ 고정비

103 외식산업 운영시 식재료의 재고관리가 부적당한 경우는?

① 먼저 구입된 것을 먼저 소비하도록 한다.

② 각 식품에 적당한 재고기간을 파악하여 신선한 것을 이용하도록 한다.

③ 비상시에 대처하기 위해 가능한 많은 재고량을 확보하도록 한다.

④ 재고량 조사결과 차이가 발생할 때 건조, 폐기량 증가 등과 같은 오차의 면밀한 원인분석을 한다.

104 다음 자료를 가지고 재고조사법에 의하여 재료의 소비량을 산출하면 얼마인가?

> - 전월이월량 : 2 kg, 당월매입량 : 8 kg - 기말재고량 : 3 kg

① 70kg   ② 7kg   ③ 4.2kg   ④ 1.2kg

TIP 재료의 소비량 = (전월 이월량 + 당월 매입량) − 기말 재고량

105 재고 회전율에 대한 설명이 맞는 것은?

① 수요량과 재고 회전율의 관계는 반비례한다.

② 재고량과 재고 회전율의 관계는 정비례한다.

③ 일정 기간 동안 재고가 몇 번이고 0에 도달하였다가 보충되었는가를 측정하는 것이다.

④ 재고 회전율이 표준보다 높을 때는 재고가 많다는 뜻이다

106 총지출액과 총수익이 일치하여 이익도 손실도 발생하지 않는 지점을 무엇이라 하는가?

① 감가상각비   ② 손익 분기점   ③ 판매관리비   ④ 원가계산

107 커피제조 관련재료의 위생적 관리 및 정리보관을 위하여 어떠한 원칙을 따라야 하나?

① 후입후출법   ② 후입선출법   ③ 선입선출법   ④ 선입후출법

정답   101 ④   102 ④   103 ③   104 ②   105 ④   106 ②   107 ③

108 다음 카페 운영의 핵심 관리 항목 중 원가의 3요소에 해당하는 것은?

① 재료비, 인건비, 업장경비
② 세금, 봉사료, 인건비
③ 인건비, 세금, 재료비
④ 재료비, 세금, 업장경비

109 일과업무 시작 전에 커피 전문점에서 판매가능한 양만큼 준비해 두는 각종의 재료를 무엇이라고 하는가?

① Bar Stock
② Happy time
③ Par Stock
④ Daily Stock

110 커피숍 경영에 있어서 Happy Hour를 올바르게 설명한 것은?

① 사은 특별행사
② 여흥의 시간대
③ 가격할인 시간대
④ 영업시간 이외의 시간대

111 카페에서 실시하는 월말 인벤토리 조사는 무엇에 관한 것인가?

① 재고량
② 매상고
③ 순수익
④ 월 경비

112 커피전문점에서 사용하는 '스탠더드 레시피'란 뜻은?

① 표준 검수법
② 표준 저장법
③ 표준 제조법
④ 표준 봉사법

113 스탠더드 레시피를 설정하는 목적에 대한 설명 중 틀린 것은?

① 노무비를 절감할 수 있다.
② 바리스타의 업무 효율성을 높여 준다.
③ 원가 계산을 위한 기초를 제공한다.
④ 품질과 맛을 일정하게 유지시킨다.

114 다음의 계량단위가 틀린 것은?

① 1oz(ounce) = 5ml
② 1lb = 16oz
③ 1ts(티스푼) = 1/5oz
④ 1cc = 1ml

115 아래의 ( )에 맞는 것은?

> 서비스를 제공하는 종업원과 이를 받아들이는 고객 간의 원활한 상호작용이 이루어지는 시점을 ( )이라 하며, 고객의 만족도는 이 시점에서 최대가 되므로 서비스업은 이에 대한 관리에 최선을 다해야 한다.

① 서비스 기대점
② 서비스 접점
③ 서비스 순환점
④ 서비스 시발점

---

108 ①   109 ③   110 ③   111 ①   112 ③   113 ①   114 ①   115 ②   정답

커피의 역사

CHAPTER 12

01 공식적인 기록에 근거할 때 우리나라에서 커피를 최초로 접한 사람은?

① 고종황제　　　　　　　　　② 유학생

③ 김홍육　　　　　　　　　　④ 서길준

02 고종황제가 덕수궁 내에 우리나라 최초의 로마네스크풍의 건물을 지어 커피와 다과를 즐겼던 곳은?

① 밀다원　　　　　　　　　　② 카페세실

③ 난다랑　　　　　　　　　　④ 정관헌

03 다음 중 최초로 상업적인 커피 재배를 시작한 나라는 어디인가?

① 인도　　　　　　　　　　　② 인도네시아

③ 예멘　　　　　　　　　　　④ 브라질

04 'Coffee'라는 명칭은 여러 단계를 거쳐 변화하였는데, 다음 중 이 명칭의 탄생 배경이 되는 이슬람어는?

① Kisher　　　　　　　　　　② Cova

③ Chaube　　　　　　　　　　④ Qahwah

05 예멘 모카에서 종자용 커피를 밀반출해 인도에 커피를 전파한 이슬람 승려는?

① 아비세나　　　　　　　　　② 바바부단

③ 라제스　　　　　　　　　　④ 카이르 베그

> **TIP** Baba Budan이 예멘 모카에서 몰래 갖고 나와 인도의 마이소어 산에 재배하여 인도에 커피를 전파하였다.

06 커피의 전파경로 중 커피를 처음으로 경작한 곳은?

① 예멘　　　② 이슬람　　　③ 카파　　　④ 모카

정답　　01 ①　02 ④　03 ③　04 ④　05 ②　06 ①

07 17세기에 들어와 많은 도시에 커피하우스들이 문을 열었는데, 다음 중 가장 먼저 개점한 곳은?

① 카페 플로리안(Caffè Florian)

② 머천트 커피하우스(Merchant's Coffeehouse)

③ 더 킹스 암스(The King's Arms)

④ 카페 드 프로코프(Café de Procope)

📖 파스콰 로제(Pasqua Rosee)−1652년 영국 런던 최초의 커피하우스를 운영하였다.
게오르크 콜쉬츠키− 베니스 비엔나 커피하우스 "푸른병의 집−Zur Blaue Flasche"을 열었다.

08 모카(Mocha)의 의미로 올바르지 않은 것은?

① 예멘 항구의 이름

② 커피의 어원

③ 초콜릿이나 초콜릿 향이 첨가된 것

④ 예멘과 에티오피아에서 생산되는 커피의 총칭

📖 모카는 오래전 예멘의 항구 이름이었는데 네덜란드의 무역상들은 커피나무를 예멘의 모카 항으로부터
인도, 실론, 인도네시아 등지로 퍼뜨렸다. 마타리, 샤르키, 사나니 등으로 대표되는 이 나라의 고급 커피
는, 그 작고 못생긴 생김새에 비해 더할 수 없이 깊고 그윽한 맛과 독특한 향으로 많은 사람들로부터 긴
세월 끊이지 않는 찬사를 받고 있다.

★
09 영국 옥스포드 타운의 커피하우스에서 결성되어 지금까지 존재하는 영국에서 가장 오래된 사교
클럽은?

① 로얄 소사이어티(The Royal Society)

② 하이 소사이어티(The High Society)

③ 옥스퍼드 소사이어티(The Oxford Society)

④ 커피 소사이어티(The Coffee society)

★
10 항구 이름에서 유래한 커피명칭은?

① 자바(Java) ② 코나(Kona)

③ 산토스(Santos) ④ 파나마(Panama)

★
11 인도네시아에서의 커피 재배를 통하여 대규모 커피경작을 이룬 나라는 어디인가?

① 프랑스　　　　　　　　　　② 네덜란드

③ 이태리　　　　　　　　　　④ 스페인

TIP 1616년 네덜란드 상인이 예멘 모카에서 커피 묘목을 밀반출하여 암스테르담 식물원에 이식하여, 재배에 성공하였으며 1658년 인도의 실론섬에 소규모 커피 농장을 경영했다. 1696년 인도네시아 자바에 커피를 상업적으로 경작하기 시작했다.

★
12 다음 괄호 안에 들어갈 인물은?

> 졸음을 쫓고 집중력을 모으는데 탁월한 효과가 있는 커피는 많은 예술가들로부터 사랑을 받았다. 특히 프랑스의 문호(　　　)는(은) '인간희극' 등의 대작을 남긴 위대한 작가인데, 매일 12시간동안 약 80잔의 커피를 마시면서 글을 썼다고 한다. 아마도 이 초인적인 작가 (　　　)에게 커피는 두뇌노동의 근원이 되었을 것이다.

① 스탕달　　　　　　　　　　② 베토벤

③ 바흐　　　　　　　　　　　④ 발자크

★
13 역사 속의 수많은 인물들 중에는 커피 애호가가 많았다. 다음은 누구에 대한 설명인가?

> 나는 아침식사에 나의 벗을 한 번도 빠뜨린 적이 없다. 나의 벗인 커피를 빼놓고서는 어떠한 것도 좋을 수가 없다. 한 잔의 커피를 만드는 커피빈은 나에게 60가지의 영감을 준다.

① 브람스　　　　　　　　　　② 루소

③ 발자크　　　　　　　　　　④ 베토벤

★
14 커피를 표현하는 용어가 아닌 것은?

① 카와　　　　　　　　　　　② 모카

③ 체즈베　　　　　　　　　　④ 가배차

TIP Cezve는 터키식 커피 주전자의 명칭이다.

정답　　11 ②　12 ④　13 ④　14 ③

15 다음 커피와 관련된 설명 중 맞는 것은?

① "아— 맛있는 커피. 천 번의 키스보다 황홀하고, 무스카텔(Muscatel) 와인 보다 달콤하다"라고 묘사한 사람은 베토벤이다.

② 커피는 16세기 경 아프리카의 고원 지대에서 '칼디'라는 목동에 의해 인류에 게 전해졌다.

③ 커피의 식물 학명은 'Kaffee'이다.

④ 커피는 초기에 음료보다 약이나 식량으로 사용되었다.

> 🔖TIP ① 바흐(J.S Bach)가 1732년에 작곡한 커피 칸타타(Coffee Cantata)에 나오는 내용이다.
> ② 커피가 발견된 시기는 6-7세기경이다.

16 커피에 관한 역사적 사실에 대한 설명 중 틀린 것은?

① 커피는 처음부터 지금처럼 음료로 애용되었다.

② 구한말 커피를 '양탕국'이라 불렀다고 전해진다.

③ 1930년대 브라질은 전 세계 커피의 약 70% 정도를 생산하였다.

④ 17세기 런던에서는 커피음용을 금지해달라는 여성들의 청원이 있었다.

17 다음 중 유럽의 커피 전파와 관련된 역사적 사실로 틀린 것은?

① 이탈리아에서는 로마보다 베니스에 커피가 더 빨리 도입되었다.

② 프랑스에서 커피가 가장 먼저 도입된 도시는 마르세유이다.

③ 미국 최초의 커피숍은 거트리지 커피하우스이다.

④ 영국 런던 최초의 커피하우스는 로이드 커피하우스이다.

커피 영양

01 다음 중 상대적 감미도가 가장 높은당류는?

① 맥아당   ② 자당   ③ 과당   ④ 포도당

02 다음 중 식물에 존재하지 않는 당은?

① 맥아당   ② 유당(젖당)   ③ 과당   ④ 포도당

03 비타민에 관한 설명 중 맞는 것은?

① 카로틴은 초록색 색소 성분이다.   ② 비타민E는 토코페롤이라고도 한다.

③ 비타민E는 지방이다.   ④ 비타민C가 결핍되면 각기병이 발생한다.

04 유지의 산화를 가속화하는 요인이 아닌 것은?

① 온도   ② 산소   ③ 질소   ④ 자외선

05 유지의 산패를 촉진하는 무기질은?

① K, Fe   ② Cu, Fe   ③ Ca, Cu   ④ K, Ca

06 유지의 산패에 영향을 미치는 인자 와 거리가 먼 것은?

① 온도   ② 광선   ③ 수분   ④ 기압

07 적당량의 커피는 피로회복에 도움이 된다. 그 이유는?

① 심장과 근육의 수축작용   ② 신경 세포의 활성화작용

③ 심장과 근육의 이완작용   ④ 심장박동의 촉진작용

08 다량의 커피 섭취 시, 커피의 폴리페놀 성분은 어떤 무기질의 체내 섭취에 영향을 미치나?

① 인   ② 마그네슘   ③ 철분   ④ 셀레늄

정답   01 ③   02 ②   03 ②   04 ③   05 ②   06 ④   07 ③   08 ③

09 다음 중 커피가 인체에 미치는 영향이 아닌 것은?

① 위를 자극하여 위액의 분비를 촉진 시킨다.

② 이뇨제의 역할을 하여 소변의 양을 증가시킨다.

③ 심장 박동수를 감소시켜 진정의 효과를 나타낸다.

④ 중추신경계를 자극하여 정신을 맑게 한다.

10 다음 중 커피가 인체에 미치는 작용이 아닌 것은?

① 이뇨 작용   ② 혈압강하 작용

③ 소화액 분비 작용   ④ 신경흥분 작용

11 카페인에 대한 기술로 올바르지 않은 것을 고르시오.

① 커피는 세계에서 가장 큰 카페인 공급원이다.

② 콜라에도 카페인이 들어있다.

③ 아라비카 종에 비해 로부스타 종의 커피가 카페인 함유량이 높다.

④ 커피와 차에만 카페인이 있다

12 커피에 함유된 카페인의 역할이 아닌 것은?

① 피로회복 효과   ② 중추신경계의 자극을 통한 각성 효과

③ 위액분비 저하 효과   ④ 신장의 혈액량 증가에 의한 이뇨 효과

13 커피가 공기 중의 산소와 반응하여 변패되는 현상을 자동산화라 한다. 아래 성분 중에서 자동산화반응을 일으키는 커피의 성분은?

① 아미노산   ② 카페인   ③ 불포화 지방산   ④ 포화 지방산

14 천연당류 중 차게 마시는 음료의 감미료로 가장 적합한 것은?

① 포도당   ② 설탕   ③ 맥아당   ④ 과당

★
15 무기질의 기능과 무관한 것은?

① 체액의 pH 조절   ② 열량 급원

③ 체액의 삼투압 조절   ④ 효소 작용의 촉진

---

09 ③ **10** ② **11** ④ **12** ③ **13** ③ **14** ④ **15** ②   정답

★ 16 지용성 비타민만으로 된 항목은?

① 비타민 A, D, E, K

② 비타민 A, B, E, P

③ 비타민 B, C, P, K

④ 비타민 C, D, E, P

📖TIP 수용성 비타민 : 비타민 B_1, B_2, B_6, B_{12}, C, P

★ 17 항상화성 비타민으로 산패를 억제 시키고 조직의 손상을 막아 노화지연, 식품의 저장성을 향상 시키는 비타민 은 ?

① 비타민 D

② 비타민 A

③ 비타민 C

④ 토코페롤

📖TIP 토코페롤 : 비타민 E

★ 18 커피에 첨가되는 설탕과 유지방의 열량 비율에 대한 설명으로 맞는 것은?

① 설탕 1g의 열량이 유지방 1g보다 크다.

② 유지방 1g의 열량이 설탕 1g보다 크다.

③ 설탕 1g과 유지방 1g의 열량은 동등하다.

④ 유지방 1g은 설탕 1g보다 3배 이상의 열량을 가진다.

📖TIP 지방 lg 열량 = 9 Kcal. 탄수화물 lg 열량 = 4 Kcal

★ 19 마이야르 반응에 의해 갈색을 나타내는 식품이 아닌 것은?

① 커피

② 위스키

③ 흑사탕

④ 홍차

📖TIP 마이야르(Maillard) 반응: 아미노산과 환원당 사이의 화학 반응으로, 조리된 식품의 색깔이나 맛을 결정한다. 고기나 양파 구울 때, 커피 볶을때의 갈변 반응

★ 20 커피의 항산화 효능에 대한 다음 설명 중 맞는 것은?

① 커피의 시트르산, 아세트산 등이 항산화 작용을 한다.

② 로스팅 정도가 강할수록 아라비카 커피는 최대 항산화력을 나타낸다.

③ 커피의 특정 성분들이 활성 산소를 제거하여 산화적 손상을 예방하는 효과가 있다.

④ 로스팅 후 새롭게 생성되는 물질은 커피의 항산화 효능과는 관련이 없다.

📖TIP 커피의 하이드록시나믹산 계열(카페산, 클로로겐산, 쿠마릭산, 페루릭산, 시나픽산)이 항산화 효능이 있다. 로스팅 강도가 강할수록 항산화 효능이 대개 감소된다. 로스팅에 의해 생성된 신 물질들이 세포 산화를 예방하는 것으로 알려져 있다.

정답 16 ① 17 ④ 18 ② 19 ③ 20 ③

21 다음 중 산패가 가장 빨리 일어나는 지방산은?

① 라우르산　　　　　　　　　　② 리놀레산
③ 스테아르산　　　　　　　　　④ 올레산

> **TIP** 리놀레산(linoleic acid)은 이중결합을 2개 이상 가지는 불포화지방산으로 산패가 일어나기 쉽다.

22 커피오일에 함유되어 있는 지방산 중 가장 많이 함유되어 있는 것은?

① Arachidonic acid　　　　　　② Stearic acid
③ Linoleic acid　　　　　　　　④ Oleic acid

23 다음 중 커피에 함유된 폴리페놀 성분의 설명으로 틀린 것은?

① 콜레스테롤이 소화관으로 흡수되는 것을 막아주기 때문에 혈중 콜레스테롤의 수치를 낮춰 주기도 한다.
② 중추신경을 자극하여 정신을 맑게 한다.
③ 항산화제로서 노화방지에 효과가 있다.
④ 헬리코박터균을 박멸하여 충치 발생을 억제하는 효과가 있다.

24 커피가 건강에 미치는 영향에 대한 설명으로 틀린 것은?

① 커피는 활성산소를 증가시킨다.
② 커피에 함유된 카페인은 스트레스를 감소시킨다.
③ 커피는 아로마테라피(향기치료)로 활용될 수 있다.
④ 커피는 체내의 지방을 분해시켜 다이어트를 촉진한다.

25 생두의 지방산 중 가장 많이 함유되어 있는 것은?

① Oleic acid　　　　　　　　　② Linoleic acid
③ Stearic acid　　　　　　　　④ Arachidic acid

26 다음 중 생두에 함유되어 있는 지질 성분이 아닌 것은?

① Triglyceride　　　　　　　　② Diterpene
③ Tocopherol　　　　　　　　　④ Cholesterol

정답　21 ②　22 ③　23 ④　24 ①　25 ②　26 ④

27 생두의 화학성분 중 산화적 스트레스 예방 및 유해 산소류 제거 능력 등의 항산화 효능을 보유한 것은?

① 아세트산(Acetic acid)　　　　　　　② 글루탐산(Glutamic acid)

③ 클로로겐산(Chlorogenic acid)　　　　④ 옥살산(Oxalic acid)

TIP 생두의 항산화 물질로 대표적인 Polyphen이의 대부분은 Cinamic acid 유도체와 Quinic acid ester이다.
이들 결합 위치에 따라 여러 동족체가 있는데 이것을 총칭해 Chlorogenic acids라 한다.

28 생두에 함유된 트리고넬린에 대한 설명으로 틀린 것은?

① 트리고넬린의 쓴맛은 카페인의 약 25% 정도이다.

② 로스팅 과정에서 열분해되지 않고 대부분 남아 있다.

③ 커피뿐만 아니라 홍조류 섭취를 하는 어패류에도 다량 함유되어 있다.

④ 아라비카와 로부스타의 트리고넬린 성분 함량은 비슷하다.

TIP 생두에 함유된 트리고넬린은 로스팅 과정 중 대부분 열분해되어
향미몰 나타내는 성분과 니아신(Niacin)으로 생성된다.

29 생두의 전체 무기성분 중 가장 함량이 많은 것은?

① 칼륨　　　　② 칼슘　　　　③ 마그네슘　　　　④ 철분

30 다음 중 원두에 함유되어 있는 수용성 비타민이 아닌 것은?

① 니아신(Niacin)　　　　　　　　② 리보플라빈(Riboflavin)

③ 판토텐산(Panthothenic acid)　　　④ 아스코르브산(Ascorbic acid)

TIP VC인 Ascorbic acid는 로스팅 과정 중에 전부 분해되어 원두에는 남아있지 않게 된다.

31 다음 중 커피 성분의 하나인 클로로겐산의 특징이 아닌 것은?

① 생두에 풍부한 클로로겐산은 로스팅이 강할수록 함량이 감소한다.

② 세균과 바이러스에 대한 항균작용을 하는 원인물질 중 하나이다.

③ 활성산소를 제거하여 세포의 산화적 손상을 예방하는 기능이 있다.

④ 햇볕 차단 효과가 있어 자외선 노출에 의한 암 발생을 억제한다.

TIP 클로로겐산, 카페산, 퀴닌산 등은 항균작용과 관련 있는 커피 성분이다.
동물실험을 통해 햇볕 차단 효과를 보인 성분은 카페인이다.

정답　　27 ③　28 ②　29 ①　30 ④　31 ④

제 2 부

커피 용어 해설

ㄱ

◆ **가브리엘 마씨 드 클레외 Gabriel Mathieu de Clieu**

프랑스 해군 장교 가브리엘 마씨 드 클레외(Gabriel Mathieu de Clieu)가 1723년 카리브해에 있는 마르티니크(Martinique)섬에 커피를 이식했다.

◆ **가스 치환 포장 Gas Flush Packaging**

밀봉 포장 중에서 공기를 빼내고 대신 질소, 이산화탄소와 같은 불활성가스로 치환하여 포장하는 방법이며, 포장재는 가스투과성이 작은 것이 사용된다.

◆ **가압포장 Prassurized Packaging**

이탈리아 커피 제조회사에서 개발한 향기포장이며, 안전밸브가 부착된 금속제 용기에 로스팅이 된 커피를 넣고 질소치환하면서 공기를 방출시킨 다음 질소를 다시 충전하여 약 0.5기압의 압력을 가하여 포장하는 방법이다. 가압포장을 하면 15일쯤 후 숙성효과가 일어나므로 에스프레소의 향기와 중후함이 향상되며, 압력을 가해 충전한 질소가 분쇄커피의 휘발성 향기 성분을 입자 속에 고정시키므로 향기 손실을 억제한다.

◆ **가압 추출법 Pressed Extraction**

2~10기압의 뜨거운 물이 압력을 가하여 커피층을 통과시켜서 커피액이 용해되어 나오게 하는 방법이다.

ex) 에스프레소커피 추출방법에 따른 분류에는 달임법(Decoction), 우림법(Infusion), 여과법(Brewing), 가압추출법(Pressed Extraction), 진공 여과 추출방식(Vacumm Filtration) 등이 있다.

◆ **갈변반응 Sugar-Browning**

생두를 배전시 일어나는 색깔의 변화로 캐러멜 화(Caramelization), 마이야르 반응(Mailad Reaction), 클로로제닉산(Chlorogenic acid)에 의한 갈변 등이 있다.

◆ **가스켓 Gasket**

그룹헤드 안에 포터필터와 맞닿는 고무링으로써, 커피 추출 시 고압의 물이 새지 않도록 차단하는 역할을 한다.

◆ **건류반응 Dry distilation by-products**

Turpeny(Resinous, Medicinal), Spicy(Warming, Pungent), Carbony(Smoky, Ashy)

◆ **건류반응에 의한 향기 Dry Distillation by-products**

생두에 있는 섬유질의 건류 Dry Distillation: 연소반응에 의해 생성되며, 이종 환상화합물, 질소화합물, 탄환수소 화합물로 구성된다.

ex) Turpeny(송진향), Medicinal(의류소독약향), Spicy(향신료향), Pungent Carbony(탄향), Ashy(재향)

◆ **건조방식 Drying method**

① 자연건조 방식 Natural Coffee

가장 전통적인 가공 방식이며, 체리를 수확하여 물로 가볍게 세척한 후 체리를 분리하지 않고 넓은 땅에 펼쳐놓고 말리는 방식이다. 체리의 과육이 생두에 흡수되어 단맛과 바디감이 수세식 건조 방식보다 풍부하다.

② 수세식 건조 방식 : 세척방식 Washed Coffee

체리의 껍질과 과육을 벗겨내고 파치먼트 상태에서 건조하는 방식이다. 파치먼트는 얇고 깨지기 쉬워 손상되었을 경우 생두 품질에 안좋은 영향을 미칠 수 있다.

체리 껍질을 제거하면 과육이 남는데 세척을 하고 과육이 벗겨지고 파치먼트 상태로 되면서 발효되는 과정에서 깨끗한 맛과 과일향을 얻게 되며, 향과 신맛이 강하다. 수분 함량이 11~13%가 될 때까지 넓은 땅이나 그늘에 두고 건조하거나 건조 기계에 말리기도 한다.

③ 세미 워시드 방식 Semi-Washed Coffee

브라질에서 사용하는 방식이며, 체리를 수확한 뒤 물로 가볍게 세척한 뒤 기계로 껍질과 과육을 모두 벗겨내고 파치먼트 상태로 넓은 땅이나 그물에 두고 수분이 11~13%가 될 때까지 건조하는 방식으로 깔끔한 맛을 얻을 수 있다.

④ 펄프드 내추럴 방식 Pulped Natural Coffee

주로 브라질에서 사용하는 방식이며, 체리를 수확한 후 물에 가볍게 씻고 껍질은 분리 과육이 남아있는 파치먼트를 넓은 땅이나 그물망에 올려놓고 11~13%가 될 때까지 건조한다. 자연건조 방식 보다는 바디감이나 단맛이 덜하지만 향이 풍부하다.

◆ **건식법 Dry Processing/Method**

체를 수확한 후 펄프를 제거하지 않고 체리를 그대로 건조시키는 방법으로 물이 부족하고 햇빛이 좋은 지역에서 주로 이용하는 전통적인 방법으로 '이물질 제거-분리-건조' 세 과정으로 구분된다. 건식법으로 생산된 커피를 내추럴 커피(Natural Coffee)라 한다.

◆ **게오르그 콜쉬츠키 Georg Kolschizky**

비엔나 커피하우스의 역사를 연 인물이다.

◆ **게츠베 Cezve**

터키식 커피를 만드는 도구, 쟈즈베 라고도 한다.(예전의 이브릭)

◆ **겔화 Gel**

콜로이드 용객, 일정한 농도 이상으로 진해져서 튼튼한 그물조직이 형성되어 굳어진 것을 말한다.

◆ **결점두 Defect Bean**

생두 중에 혼입되어 있는 발육불안정두나 불량두를 말한다. 커피의 맛에 악영향을 끼친다.

◆ **결손률 Imperfections = 결점두수에 따른 등급 Grade**

◆ **계량스푼 a measuring spoons**

커피의 양을 측정하는 스푼으로 약 8g~12g 정도이다.

◆ **고도에 따른 분류**

'과테말라, 온두라스, 멕시코, 코스타리카'와 같은 고지대에서 생산된 생두를 높은 등급의 커피로 분류한다. 일반적으로 높은 지대에서 자란 커피들은 생두의 밀도가 높은데, SHB(Strictly Hard Bean), SHG(Strictly High Grown) 등으로 표기한다.

◆ **고노 Kono 드리퍼**

원추형 드리퍼로 추출구가 1개이며, 지름이 약 1.4cm 정도이다. 다른 드리퍼에 비해 추출속도가 빠르다.

◆ **고원지대 Altitude area Coffee**

아라비카 고급 커피품종으로 열대고원지대 2,000m까지의 높이에서 재배된다. 섬세한 맛과 기분 좋은 산미, 풍부한 아로마가 있다.

◆ **곰팡이병 koleroga**

커피 잎의 병명. 전염율이 높고 과거 곰팡이병의 원인으로 스리랑카는 홍차 재배로 전환했다. 우기에 많이 발생한다.

◆ **과다추출 Over Extraction**

커피 성분이 너무 많이 추출되는 현상으로 원두분쇄정도 입자가 너무 가는 경우, 커피 투입량이 너무 많은 경우, 물의 온도가 너무 높은 경우, 추출시간이 너무 긴 경우, 바스켓 필터 구멍이 막힌 경우 등의 이유를 들 수 있다.

◆ **과소추출 Under Extraction**

커피 성분이 너무 적게 추출되는 현상을 원두 분쇄 정도 입자가 너무 굵은 경우, 커피 투입량이 너무 적은 경우, 물의 온도가 너무 낮은 경우, 추출시간이 너무 짧은 경우, 바스켓 필터 구멍이 너무 큰 경우 등의 이유를 들 수 있다.

◆ **과테말라 커피 Guatemala Coffee**

중미 제2의 커피 생산국으로, 생산 품종은 아라비카종 70%, 버번 20%, 마라고지페 등이 해발 2000~6000ft 지역에서 생산된다. 주요특징은 푸른색을 나타내고 외형이 양호하며 신맛과 감칠맛이 있고 전반적으로 부드럽다. 특히 Antigua(5000~6000ft)는 세계 최고급품 중의 하나로 평가된다.

* 품질 등급은 SHB, HB, SH, EPW, PW 등으로 분류.

◆ **관능평가 = (컵 테이스트 – Cup test, 커핑테스트 – Cupping Test)**

관능평가의 세 단계는 후각(Olfaction), 미각(Gustation), 촉각(Mouthfeel)이 있다.

◆ **구오메 커피 Gourmet Coffee**

Gourmet는 '음식에 밝은 사람, 미식가' 라는 뜻으로, Gourmet Coffee는 고급커피, 미식가들이 즐겨 마시는 커피를 말한다.

◆ **국제커피기구 ICO**

International Coffee Organization의 약자. 커피 생산국과 소비국의 연합. 회원국은 세계커피생산의 95%를 차지한다. 웹사이트에서 커피거래에 관한 모든 지식을 경험할 수 있다. 거기엔 또한 국제커피거래소의 최근 세계 시장가격이 공시되어 있다.

◆ **그라니타 디 카페 Granita di Caffe**

잘게 분쇄한 얼음 위에 에스프레소를 붓고 취향에 따라 휘핑크림을 얹어 마시는 차가운 커피이다.

◆ **그늘 경작법 Shading**

커피의 경작법 중의 하나로 키 큰나무의 그늘을 이용하여 커피나무의 일조 시간을 줄여줌으로 생두의 밀도를 높여준다. 커피나무에 그늘을 만들어주기 위하여 심는 나무를 셰이드 트리(Shade Tree), 그늘 경작법으로 생산된 원두를 셰이드 그로운 커피(Shade Grown Coffee) 라고 한다.

◆ **그라운즈 Grounds**

사용한 커피 찌꺼기를 말하며 추출이 끝난 뒤 남은 불순물의 총칭이다.

◆ **그라인더 Macinadosatori: 마치나도자또리**

배전한 콩을 가루로 분쇄하는 도구. 밀(mill)을 말한다. 크게 구분하면 전동과 수동 2가지 타입이
있다.

   ※**에스프레소 4M** : 블렌딩(Miscela: 미셀라),그라인더(Macinadosatori: 마치나도자또리), 커피기
　　　　　　　　계(Macchina: 마끼나), 바리스타의 손 (Mano: 마노)

   ※**그라인더의 구성** : 호퍼(Hopper), 그라인더 모터(Moter), 그라인더 날(Blade), 도저(Doser)

◆ **그라인드 Grind**

'갈다, 으깨다'의 뜻으로, 배전한 콩을 분쇄한 가루를 말한다. 커피의 맛을 결정하는 큰 포인트 중
하나.

◆ **그러시(Grassy)**

미각용어의 일종. 풀 같은 풋내의 풍미의 커피를 일컫는다. 갓 벤 알팔파에서 나는 냄새와 풀의 아
린 맛의 결합 된 향미 결점을 말한다.

◆ **그린빈 Green Bean = 생두**

커피 열매인 체리에서 과육을 없앤 상태로, 생두는 실버스킨 Silver skin 이라는 은색의 얇은 막이
둘러싸고 있으며, 다시 파치먼트(Parchment=껍질)가 감싸져 있고, 파치먼트 상태의 생두를 심으
면 싹이 난다.

◆ **그룹헤드 Group Head**

에스프레소의 추출을 위해 물이 공급되는 부분이며, 포터필터를 장착하는 곳이다.

◆ **글레이더 Glader**

그레이딩(Glading) 하는 사람을 말한다.

◆ **글레이딩 Glading**

생두를 수확한 후 포장의 전 단계로, 일정한 기준에 따라 등급, 맛, 크기 등을 심사하여 분류하는
일을 말한다.

◆ **그래뉼레이터 Glanulater**

커피그라인더의 일종으로 2개의 둥근 축에 그물망 같은 칼이 붙어 볶은 커피를 분쇄하는 기구이
다. 마찰에 의한 열발생이 적으며 비교적 균일하게 갈 수 있다.

◆ **깔루아 Kahlua**

데낄라, 커피, 설탕을 주성분으로 만들어진 멕시코산의 커피 리큐르(Liqueur)를 말한다.

◆ **끼아로 Chiaro**

에스프레소 한 잔과 타서 마실 우유를 따로 서비스하는 이탈리안 스타일의 커피를 말한다.

◆ **기계건조 Mechanical Dry**

커피가 딱딱해지고 검은색으로 변하는 단계인 수분함량이 20% 이하가 되면 수평의 커다란 드럼으로 된 기계건조기나 수직으로 된 타워형 건조기에서 40℃정도의 온도로 건조시킨다.

◆ **꽃 Floral**

꽃은 흰색이며, 자스민(Jasmine)향이 나며 꽃잎은 아라비카 5장, 로부스타는 5~7장이다. 끝은 뾰족한 모양을 하고 있고 약 2~3일에서 길게는 1주일 정도 피는데, 열매를 맺기 위해 수정을 하고 나면 바로 시들어 버린다. 아라비카종은 자가 수정, 로부스타종은 타가 수정한다.

ㄴ

◆ **내추럴 Natural**

자연 건조식 가공방식을 거친 생두를 의미하며, 이러한 가공방식을 거친 커피는 향과 단맛이 뛰어나다.

◆ **냉각 쿨러 Cooling Cooler**

로스팅 후에 원두를 골고루 식혀 주기 위한 교반 역할 하는 기구

◆ **냉동건조 커피 Freeze Dried Coffee**

원두를 배전하여 추출한 커피원액을 영하 40℃의 저온에서 순간적으로 냉동, 수분을 순화시켜 결정체를 만들어내는 제조방법으로 천연커피의 깊고 풍부한 맛과 향을 그대로 지닌 최고급 인스턴트 커피이다.

◆ **너티 Nutty**

땅콩, 아몬드, 헤이즐넛 같은 견과류와 같은 고소한 풍미를 표현하는 용어이다.

◆ **넉박스 Knock Box**

에스프레소 추출 후 발생하는 커피 찌꺼기를 버리는 통이다.

◆ **네이밍 Naming**

커피 거래시 생두의 산지, 종류, 등급, 특징, 유통 등을 표시한 것을 말한다.

◆ **뉴욕 커피거래소 NYBT**

커피 생두의 국제거래가 이루어지는 곳으로 현물과 선물 옵션 거래도 일반적이다. 뉴욕 거래소에서는 결점두 수에 따라 Class1 ~ Class5 까지 등급을 책정하기도 한다.

뉴크롭 New Crop

수확한지 1년이 경과하지 않은 생두를 말하며 생두의 기간별 분류방법으로 뉴크롭New Crop, 패스트 크롭Past Crop, 올드크롭Old Crop 등으로 분류한다.

◆ **노즈 Nose**

마실 때 느껴지는 향기를 말한다. 비휘발성 액체 상태의 유기성분이 원인 물질이며 candy, syrup이 주로 나는 향기이다. 커피를 마시게 되면 커피가 입안에 있는 공기와 만나 액체 중 일부가 기화가 되는데, 이런 과정에서 커피의 맛이 느껴지면서 코에서도 향을 느낄 수 있다. 캐러멜향Caramelly, 볶은견과류향Nutty, 볶은 곡류향Malty 등이 해당된다.

※ **부케(Bouquet − 커피의 전체적인 향)의 구성**

프라그런스(Fragrance), 아로마(Aroma), 노즈(Nose), 에프터테이스트(Aftertaste)

◆ **너티 Nutty**

로스트 한 콩류(땅콩,아몬드,헤이즐넛)와 같은 고소한 풍미를 표현하는 용어

◆ **뉴트럴 Newtral**

어떤 특정한 풍미도 튀지 않는 밸런스가 잘 된 커피맛의 표현 용어로써 블렌딩에서 연출할 수 있는 특성이다. 과거에는 개성이 없는 부정적인 의미로 쓰이기도 했다.

◆ **니피 Nippy**

'인색한, 구두쇠, 차가운, 살을 에는 듯한, 싸구려 식당의 여 종업원'의 뜻으로, 상큼한 맛이 변하여 나타내는 커피의 2차 맛으로 커피 첫 모금을 마실 때 혀의 끝에서 느껴지는 강렬한 단맛Nipping Sweet이다. 커피가 식으면 정상적인 단맛으로 느껴진다. 당분이 많은 커피에서 산이 과다하게 있을 때 나타나는 맛으로 코스타리카 SHB커피의 특징적 맛이다.

◆ **다크 로스트 Dark Roast**

강배전을 의미하며 원두 표면으로 오일이 베어나와 윤기가 나며, 중간 초콜릿색에서 진한 검은색까지 다양한 빛깔이 난다.

◆ **단맛 Sweet Taste**

환원당으로 단백질의 아미노산하에 갈변반응(캐러멜당)을 일으키며 착색효과를 내며 단맛을 낸다.

◆ **단종블렌딩 Blending After Roasting**

각각의 생두를 따로 로스팅을 하고 난 후 블렌딩을 하는 방법

* **특징 :** ① 생두의 특성을 최대한 발휘할 수 있다.

② 로스팅 횟수가 많고 재고 관리가 어렵다.

③ 항상 균일한 맛을 내기가 어렵다.

④ 로스팅 칼라가 불균일하다.

◆ **달임법 Dcoction**

끓는 물에 커피 가루를 넣고 짧은 시간동안 끓인 후 커피를 침전시켜서 마시는 방법으로 터키식 커피가 대표적이다.

◆ **대용 커피**

커피 이외의 재료로 커피와 비슷하게 만든 음료. 일본에서는 전쟁 중에 큰 콩이나 백합 줄기, 도토리 등을 구워 커피를 대신했었다

◆ **댐퍼 Damper**

드럼 내부의 공기 흐름과 열량, 향, 연기, 실버스킨 등을 조절하는 장치로써, 로스팅 과정 중 화력 조절과 드럼 내부의 공기의 흐름과 열량, 기압을 조절하는 장치이다. 댐퍼를 열고 닫음으로 드럼 내부의 온도를 조절하며, 댐퍼를 열 때 드럼 내부의 온도가 떨어지지 않게 주의가 필요하다.

댐퍼 개폐 여부에 따른 맛의 변화

댐퍼 개폐 여부	맛의 변화
열기	전체적으로 깔끔한 느낌, 가벼운 맛, 바디감 감소
닫기	무거운 느낌, 텁텁한 맛, 스모키한 느낌, 바디감 상승

◆ **더블A**

아프리카산을 시작해서 커피의 등급 표기의 하나이며, 주로 크기가 우수한 커피를 표시한다.

◆ **더블 배전 Double Roasting**

같은 콩을 2번에 나눠서 배전하는 것을 말한다. 콩의 수분 함유량을 일정하게 배전할 수 있다. 그러나 향과 맛이 평범해지기도 한다.

◆ **더티 Dirty**

커피에서 깨끗하지 않은 냄새가 나거나 맛에서 케케묵은 신맛이나 곰팡내가 날 때 표현하는 용어.

◆ **더치 커피 Dutch Coffee**

水(수)出(출)식 커피를 말한다. 얇게 분쇄한 커피 가루에 물을 넣고 장시간에 걸쳐 추출한다. 네덜란드령 시대의 인도네시아에서 고안되었다고 해서 더치 커피라고 불린다.

◆ **데미 Demi**

이등분, 부분적, 반Half을 의미한다.

◆ **데미타세 Demitasse**

에스프레소용의 작은 커피 컵「데미(demi)」는 반, 「타세(tasse)」는 컵을 의미. 보통의 커피잔은 용량이 150~200cc인데 비해 데미타세 잔은 70~90cc이다.

◆ **델리케이트 Delicate**

완전히 잘 익은 커피체리로 만든 커피에서 맛볼 수 있는 용어이다. 혀 끝에서 살짝 감지할 수 있는 민감한 맛이다.

◆ **도저 Doser**

에스프레소를 추출하기 위해 분쇄된 원두를 보관하고 계량하여 필터 홀더에 담아주는 역할을 하며 도저 조절핀을 이용하여 조절 레버를 시계방향으로 돌리면 양이 줄고 시계 반대방향으로 돌리면 양이 늘어난다. 도저레버를 당기면 시계방향으로 돌아가면서 원두가 아래로 떨어진다. 빠르게 앞으로 당긴 후 놓아주면 리턴 스프링에 의해 자동으로 복귀된다.

◆ **도징 Dosing**

그라인더로 커피를 분쇄하여, 도저의 배출레버를 당겨 일정한 양의 커피를 담는 과정을 말한다.

◆ **도징 챔버 Dosing Chamber**

분쇄 커피통을 말한다.

◆ **도피오 Doppio = 더블에스프레소 Double Espresson, 투샷 Two Shot, 더블샷 Double Shot**
에스프레소 메뉴로 25–30초 이내 에스프레소 2샷 (60ml)을 추출한다.

◆ **동티모르 커피 East Timor Coffee**
수백년간 포르투갈의 식민지였던 지난 1974년까지 연간 45,000톤의 아라비카가 생산되었고, 그후 인도네시아에 의하여 강점당한 상태에서 탄압을 당하면서 커피 수출량은 6,000~8,000 톤 정도로 줄었다. 동티모르의 수입은 인도네시아 군도 중에 가장 낮으며, 조금의 야채와 과일을 제외하고는 커피가 유일한 수입원이다. 커피 수확 기간은 5월에서 10월까지이고 티피카(Tipica)종만을 재배하고 있다. 특징은 좋은 농밀함을 가진 중간 이상의 달콤한 신맛과 향기로운 여운이 있다.

◆ **드라이 카푸치노 Dry Cappuccino**
거품이 많은 카푸치노를 말한다.

◆ **드립 Drip or 핸드드립 Hand Drip**
더치와 같이 여과법 추출 방법으로, 드리퍼에 종이필터를 밀착한 뒤 분쇄된 커피를 담은 뒤 드립 서버 위에 올려놓고 92℃가량의 뜨거운 물로 여과하여 추출하는 추출법이다. 필터의 종류에 따라 융(천) 소재의 필터인 경우 융드립으로 나뉜다.
※ **핸드드립의 도구 :** 드리퍼, 종이필터(여과지), 계량스푼, 서버, 드립포트, 스톱워치, 온도계

◆ **드리퍼 Dripper**
필터(여과지)를 올려놓고 분쇄된 커피를 추출하는 도구며, 드리퍼의 재질에 따라 플라스틱 드리퍼, 도자기 드리퍼, 동 드리퍼, 융 드리퍼로 구분하고 드리퍼 브랜드에 따라 멜리타, 칼리타, 고노, 하리오로 구분한다.

◆ **드리퍼 리브 Dripper Rib**
드리퍼 내부의 요철을 뜻하며, 드립 시 물을 부었을 때 공기가 빠져나가는 통로 역할을 해준다.

◆ **드립 커피 Drip Coffee**
페이퍼 필터나 융(천)을 사용하여 여과식으로 추출한 커피를 말한다.

◆ **드라이드 체리 Drided Cherry / Pods**
결점두이며, 말 그대로 건조된 체리로 외피가 벗겨지지 않은 생태로 건조된 것이다. 잘못된 탈곡 또는 잘못된 펄핑(과육을 제거하는 과정)으로 발생되며, 발효된 불쾌한 맛을 내는 원인이 되기도 한다.

◆ **드립포트 Drip Pot**
뜨거운 물을 담아 드립 시 사용하는 포트를 말하며, 포트 주둥이가 S자 형태로 주입부 앞부분이 좁다.

◆ **드립서버 Drip Sever**

드리퍼 아래에 놓고 추출된 커피를 받는 용기를 말하며, 서버에 눈금이 있어 추출되는 커피의 양과 농도를 확인할 수 있다. 용기의 재질은 플라스틱과 유리가 있으나 유리재질이 온도를 오래 유지할 수 있다.

◆ **디스펜서 Dispenser**

버튼 또는 손잡이를 한 번 누르면 정해진 양만 공급되도록 만들어진 도구로 Automated Dispenser(자동 디스펜서)라 한다.

◆ **디카페인 커피 Decaffeinated coffee**

디카페인 커피는 1819년 독일의 화학자 룽게(Friedrich Ferdinand Runge)에 의해 최초로 카페인 제거 기술이 개발되었으나 상업적 규모의 카페인 제거 기술은 로셀리우스(Ludwig Roselius)에 의해 1903년 개발되었다.

* **방법 :** ① Green Bean 상태의 커피콩을 증기로 쪄, 수분률이 50-60%가 되게 한다.

② 솔벤트, 물, CO_2 등을 사용하여 커피와 카페인 성분을 분리한다.

③ 다시 커피성분을 넣고 열풍 건조시켜 수분률을 다시 13%로 맞춘다.

* **디카페인 추출 방법에 따른 분류**

① 용매추출법 벤젠, 디클로로 메탄, 트리클로로 에틸렌, 클로로포름 등의 유기용매제로 추출하는 방법으로, 안정성 문제와 낮은 비등점, 용매제거의 어려움 등 문제점이 있으나 97~99%의 카페인이 제거된다.

② 물 추출법 생두에 물을 통과하여 카페인을 제거하는 방법으로 추출속도가 빨라 회수되는 카페인의 순도가 높으며, 유기 용매가 직접 생두에 닿지 않아 안전성이 있으며 경제적이어서 가장 많이 이용되는 방법이다.

③ 초임계 추출법 초임계 상태에서 CO_2는 액체 상태가 되며, 생두에 침투 되어서 카페인이 제거되는 방법이다. 유해 물질의 잔류에 대한 염려가 없으며, 카페인만 선택적으로 추출이 가능하나, 설비에 비용이 많이 든다는 단점이 있다. 카페인 함량은 0.02% 이하로 조절된다.

◆ **디펙트 Defect**

결점을 의미하며, 브라질에서는 300g의 생두 샘플 가운데 들어있는 검은콩, 불완전한 콩, 그 밖의 혼입물을 모아 결점으로 간주하고 그 수의 다소에 따라 등급을 매긴다. 결점수는 일정한 환산기준에 따라 정해진다.

◆ **디펙트 빈 Defect Bean**

결점두를 말하며 생두 속에 혼합되어 있는 불완전 하면서도 품질이 떨어지는 콩을 말한다.

◆ 라운디드 Rounded

커피 향기의 강도를 나타내는 말이다. 풍부하지도 않고 강하지도 않은 향기(not full&strong)

◆ 라이트 로스트 Light Roast

약배전을 의미하며 크기가 크고 색깔이 엷거나 붉은 갈색을 띄는 커피로 시나몬이나 약한 초콜릿 색을 띄며 시나몬 Cinamon 로스트 라고도 한다. 로스팅 시간이 충분하지 않기 때문에 표면에 오일성분이 없고 신맛이 강한 것이 특징이다.

◆ 라떼아트 Latte Art

라떼Latte란 이탈리아어로 우유Milk를 뜻한다. 그리고 아트Art는 인간의 창조활동을 뜻하는 것으로 커피에 디자인을 접목시킨 것이 라떼아트이다.

◆ 러버리 Rubbery

아프리카의 건식 로부스타 종에서만 나타나는 고무나무에서 나는 듯한 탄성맛. 나무에 달린 체리가 한쪽만 부분적으로 익은 것들에서 이런 맛이 나타난다. 커피열매가 너무 오랫동안 매달려 부분적으로 마를 때 생성되는 결점

◆ 러프 Rough

커피맛에서 주로 짠맛이 강할 때 나타나는 현상으로 혓바닥을 바싹 말리는 느낌일 때 쓰는 표현 용어이다.

◆ 레귤러 커피 Regular Coffee

어떠한 인공적인, 인위적인 가공을 하지 않은 순수한 커피이며, 커피에 보통 양의 우유와 설탕이 들어간 가장 일반적으로 많이 마시는 커피를 말한다.

◆ 레귤러 컵 Regular Cup

평상시 흔히 사용하는 보통 크기의 컵을 말한다.

◆ 레귤러 그라인드 Regular Grind

분쇄한 커피 입자의 크기를 표현하는 것으로 중간 정도의 분쇄에 해당된다.

◆ 렌시드 Rancid

산소와 습기가 커피의 유기물질에 안 좋은 영향을 주어 생성되거나 로스팅 후 불포화 지방산이 산화되어 생기는 맛. 상당히 불쾌한 맛을 느끼게 하는 맛의 결점

◆ **로브스타종 Robusta**

커피 3대 원종의 하나. 아프리카의 콩고(가봉,우간다)가 원산지로서 카네포라종의 하나로 저지대에서 재배되어 아라비카종과 비교해서 맛과 풍미가 떨어져 인스턴트 커피 등에 가공된다.

산미가 약하고 쓴맛이 강하며, 나무의 높이가 10m 이상으로 아라비카종과 리베리카종의 중간 성질을 갖고 있다. 곰팡이 병에 저항성이 강하며, 인도네시아 등에 넓게 재배되고 있다

◆ **로스터 Roaster**

배전기 또는 배전자, 배전업자를 말한다.

* **로스팅의 의미**

로스팅은 복잡한 물리 화학적 과정이 연속적으로 일어나며 이 과정 중에 색상, 맛, 향미 성분이 형성되며 커피콩은 건조해지며 부서지기 쉬운 구조로 변한다.

◆ **로스트 Roast**

커피를 볶아줄 때 200~260도 사이의 온도로 8~15분 정도 걸린다. 정해진 품종마다 볶는 시간을 적절하게 조절하는건 커피로스터의 기술이다. 대형 커피로스팅상점에서는 커피를 완전 자동화장치로 포장한다. 진공 포장을 하면 커피의 습기와 향을 보호해준다. 로스팅시간에 따라 라이트, 미디엄, 하이로 표시된다. 너무 강하게 볶으면 커피 고유의 향과 맛을 잃어버려 낮은 품질로 여겨진다.

* **로스트단계 Roast degree**

라이트 로스팅 : 시나몬 로스팅(계피색)

미디엄 로스팅 : 아메리칸 로스팅

시티 로스팅 : 저먼 로스팅(German Roasting)

풀시티 로스팅 : 에스프레소나 아이스커피에 좋다.

이탈리아 로스팅 : 에스프레소 로스팅

◆ **로제타 Rosetta**

라떼아트의 메뉴로 나뭇잎 모양의 라떼아트이다.

◆ **루이지 베제라 Luigi Bezzera**

1901년 이테리 밀라노에서 증기압을 이용한 커피 추출기구인 에스프레소 머신을 출원하였다.

◆ **룽고 Lungo**

에스프레소를 길게 뽑은 것을 말하는데, 과다 추출된 맛이 난다.

◆ **리바 Riba**

브라질에서 사용되고 있는 커피 열매의 탈피용 절구를 말한다.

◆ **리베리카 종 Liberica**

아라비카Arabica, 로부스타 Robusta:Canephora 종과 함께 커피의 3대원종이다.

아프리카의 라이베리아가 원산지이며, 향미가 떨어지고 쓴맛이 강하며, 생두의 크기도 작아 거의 재배를 하지 않고 있다. 세계의 주된 산출국은 브라질, 콜롬비아, 에콰도르, 페루, 멕시코, 과테말라, 온두라스, 엘살바도르, 니카라구아, 코스타리카 등이다. 리베리카는 거의 생산되지 않아 일반적으로 아라비카에서 분류된 마일드Mild와 브라질Brazil, 로부스타Robusta로 분리를 하는데, 마일드는 예멘의 모카 커피를 비롯하여 콜롬비아, 코스타리카, 멕시코, 에콰도르, 에티오피아, 베네수엘라에서 채택하고 브라질은 세계 젤의 산출량을 자랑하는 품종으로 원두 모양은 원형, 부드럽고 신맛이 강하다. 등급은 No.2~No.8 까지로 나뉜다.

◆ **리스트레토 Restretto**

에스프레소의 종류. 온수 추출시간을 짧게 하여 에스프레소의 가장 맛있는 부분만을 추출하는 것.

◆ **리베리카종 Liberica**

커피 3대 원종의 하나. 서아프리카 리베리아 원산의 품종으로 과실은 아라비카종, 로브스타종 보다 크다. 주로 평지나 저지대에서 재배되어 환경의 변화에도 잘 적응해 병충해에도 강하다. 현재 리베리아, 스리남 등에서 소량 생산되고 있다. 맛과 향이 떨어져 자국내에서 소비하거나 연구용으로 쓰인다.

◆ **리오 Rio**

브라질산 커피를 말한다.

◆ **리오이 Rioy**

브라질의 리오 데 자네이로항의 명칭을 딴 것으로, 브라질 커피의 특성처럼 약용의 쓴맛이 날 때 표현한다. 요오드 같은 약품 맛이 심하게 나는 맛의 결점으로 자연 건조한 브라질 커피에서 주로 발생한다.

◆ **리퀴드 커피 Liquid Coffee**

액상 커피를 말하며, 커피나무 열매, 볶음 커피에 대해서 최종적인 음료의 형태가 된 커피로 보통 컵 커피라고 한다.

◆ **리치 Rich**

향기의 강도를 나타내는 말인데, Bouquet가 풍부하게 감지될 때 사용하는 용어이다.
풍부하면서도 강한 향기(full&strong)가 날 때 표현한다.

■

◆ **마라고지페 Maragogype**

1870년 브라질의 한 농장에서 발견된 Typica의 돌연변이 품종. 아라비카와 리베리카 품종의 교배종이다. 콩의 사이즈가 크며 나무키가 크고 생산성은 낮다. 현재는 나이지리아, 콩고, 브라질, 중앙아메리카에서 재배한다.

◆ **마일드 Mild**

커피맛의 어떤 특성도 넘치거나 부족하지 않은 상태일 때 쓰는 표현 용어

◆ **마이야르 반응 Maillad Reaction**

비효소적 갈변반응으로 생두를 로스팅할 때 생두에 포함되어 있는 미량의 아미노기(Amino group)와 환원당인 카보닐기(Carbonyl group)와 작용하여 갈색의 중합체인 멜라노이딘(Mela-noidine)을 만드는 반응

※ 갈변반응(Sugar-browning)에는 캐러멜화(Caramelization), 마이야르반응(Maillard Reaction), 클로로겐산(Chlorogenic acid)에 의한 갈변이 있다.

◆ **마일드 Mild**

아라비카Arabica품종으로, 해발 600-2000m로 높고 서늘한 곳에서 재배하며, 청록색이나 연녹색으로 크고 긴 타원형으로 향기가 풍부하며 좋은 신맛과 단맛이 있다. 스트레이트 커피에 사용한다.

◆ **마타리 Matari**

모카 마타리는 예멘의 수도 사나의 서쪽에 위치한 베니 마타르bani matter지방에서 생산되는 커피이다. 대부분 1,000-1,300m정도의 고지대에서 자연적인 조건 아래 재배된다. 10-12월경 수확이 이루어지며 자연건조 방식으로 가공되어 풍부한 단맛과 고급스러운 와인의 신맛이 조화로운 커피이다.

◆ **마끼아또 Macchiato**

에스프레소에 약 15ml의 우유로 점을 찍는다는 뜻이다. 다양한 메뉴 개발에 힘입어 여러가지 시럽을 우유 거품 위나 아래에 뿌려 다양하게 마킹하는 모양의 메뉴이다.

◆ **만델링 Mandheling**

인도네시아 수마트라섬 북부에서 재배되며, 산도가 높고 단맛과 쓴맛이 조화롭다.

◆ **말리부 커피 Malibo Coffee**

말리부 Malibu liqueur를 이용한 칵테일 커피를 말하며, 말리부 Malibu liqueur는 카리브해산의 코코넛, 바르바도스산 화이트 럼을 사용하여 만든 코코넛 향의 럼베이스 리큐르이다.

◆ 매쉬 mash

가루의 크기. 커피 가루의 입자가 균일한 것을 말한다.

◆ 맥아커피 Malt Coffee

보리로 만든 대용 커피를 말하는데, 물에 담가 놓은 보리는 발아하고 맥아당으로 변한다. 이것을 볶으면 맥아당이 캐러멜로 변하고 색과 향이 발생한다. 이후의 가공과정은 인스턴트커피와 비슷하다.

◆ 메델린 Medellin

콜롬비아 안티오퀴아 Colombia Antioquia에서 재배되며, MAM은 콜롬비아 커피 주요 산지인 메델린 Medellin, 아르메니아 Armenia, 마니잘레스 Manizales를 의미한다.

◆ 멜라노이딘 Mlanoidine

환원당과 아미노산이 반응으로 메일라드 반응

◆ 멜리타 식 드리퍼 Melitta Dripper

1908년 독일의 메리타 벤츠 Melitta Bentz 부인이 발명한 종이필터 드리퍼로 초창기 드리퍼이다. 추출구는 한 개이며, 전체 폭이 약간 크고 칼리타에 비해 경사가 가파르다. 메리타 아로마는 추출구가 바닥면에서 약간 위부분에 있어 드리퍼에 바닥면에 물이 고였다가 추출이 되기 때문에 추출 수율이 높으나 과추출이 될 수 있는 단점이 있을 수 있다. 산뜻하고 부드러운 커피 보다는 바디감이 강한 커피 추출에 더 유리할 수 있다.

◆ 멜로우 Mellow

산도가 높지 않아서 익은 과실의 원숙한 달콤함이 입안을 부드럽게 감싸는 듯 느껴질 때 사용하는 용어

◆ 모카 Mocha

16~17세기 경 에멘의 모카항을 통하여 유럽으로 수출 되었는데, 이로서 예멘에서 생산된 커피를 총칭하여 모카라고 부르게 되었다.(마타리, 사나니) 17~18세기 초에는 에티오피아, 서인도제도, 인도네시아에서 생산된 커피(만델링)도 모카라 부른다. 서인도 제도에서 재배된 커피는 예맨에서 종자를 가져간 것으로 맛과 향이 유사하여, 서인도제도에서 생산된 커피도 모카라 부르기도 한다. 또한 에티오피아 하라 커피는 체리 가공방식이 예멘의 커피와 동일 하여 맛과 향이 유사하여 모카 커피라 불리기도 한다.(하라, 시다모) 그리고 예멘 커피에서 느껴지는 커피향이 초콜렛 향과 맛도 유사하여 초콜릿을 의미하는 단어로도 사용된다. 또한 에스프레소 베리에이션 커피 중 카페 모카는 커피에 초콜릿과 우유를 혼합한 음료를 지칭한다.

※모카의 철자는 Mocha, Mocca, Moca, Moka, Mokha, Macha 등 다양하게 쓰여진다.

◆ **모카포트 Mocha Pot**

가정용 에스프레소 추출기구로, 커피 가루를 필터에 넣고 아래층에 물을 넣고 불 위에 올려 놓고 물이 끓을 때 수증기의 압력(대기압에서 2~3기압)으로, 커피를 추출 하는 기구이다. 모카포트의 구성은 제일 상단에 포트탑, 중간에 바스켓, 하단에 베이스 세 부분으로 나뉘어진다.

◆ **모파도 Mofado**

'곰팡이 냄새'를 말한다.

◆ **몰디 Moly**

커피를 잘 저장하지 않으면 곰팡이 냄새가 날 수 있으며, 커피 열매의 껍질을 벗기고 생두를 세척할 때 제반 조건이 불량하여 이런 현상이 생길 수도 있다.

◆ **머디 Muddy**

'흐린, 선명치 않은, 탁한'의 뜻이며, 맛이 탁하고 무딜 때 쓰는 표현이며 그린빈 생산 과정에서 땅에 휘저어 말릴 때 감염되어 나타날 수 있는 맛이다. 지방성분이 곰팡이 냄새를 흡수하거나 콩의 곰팡이와 접촉하여 발생한다.

◆ **머스티 Musty**

커피맛에서 곰팡이 냄새처럼 묵은 냄새가 날 때 쓰는 표현 용어. 그린빈의 생산 과정에서 충분히 건조시키지 않았거나 창고의 결함으로 습도 조절에 문제가 있을 경우 이런 맛이 난다. 지방성분이 곰팡이 냄새를 흡수하거나 콩의 곰팡이와 접촉하여 발생한다.

◆ **명도 L값, L- Value**

로스팅 단계를 원두의 밝기를 나타내는 말

◆ **모판 Nursery**

커피를 심어 묘목을 키우는 곳을 모판(Nursery)라고 하는데 물 공급이 용이하고 해충의 피해가 없는 곳에 나무기둥을 세우고 그 위를 그물망이나 야자수 잎 등으로 지붕을 만들어 반그늘 (Semi-Shade)을 만들어 준다.

◆ **몬순커피 Monsoonde Coffee**

건식 가공 커피를 습한 계절풍(Monsoon)에 노출시켜 숙성하여 만드는데 약간 쓰는 듯 하며 바디가 많고 독특한 양을 가진 커피로 인도 몬순 말라바르(Malabar)AA가 있다.

◆ **몬순닝 Monsooning**

커피에서 좀 더 자극적인 맛이 나도록 하기 위해 숙성시키는 것을 말한다. 주로 17~18세기 유럽에서 유행된 맛을 충족시키기 위해 아랍상인들이 완전히 숙성된 커피를 구입하는 과정에서 생겨

났다. 따라서 커피를 습기가 많은 온도에서 장시간 둠으로써 열매가 숙성되는 과정을 거치게 된다. 이것을 바로 '숙성된 커피(aged coffee)'라고 하며, 최근에는 인디아에서 높은 온도와 습도가 높은 곳에서 몇 달 동안 숙성한 커피의 브랜드로 변화되어 가고 있다.

◆ **무기질 Mineral**

무기질 중에 가장 많은(약 40%정도) 성분은 K(칼륨)이며 99%가 추출되어 인스턴트커피에 이행하기 때문에 추출율의 판단에 이용된다.

◆ **문도 노보 Mundo Novo**

Bourbon과 Typica(Sumatra)의 자연교배종으로 1950년부터 브라질에서 재배되기 시작했다. 환경적응력이 좋고 특성은 Typica와 Bourbon의 중간적 형태로 나무키가 큰 것이 단점이다.

◆ **물 추출법 Swiss water process**

생콩에 물을 통과시켜 카페인을 제거한다.

* **특징 :** ① 추출속도가 빨라 회수 카페인의 순도가 높다.
        ② 유기용매가 직접 생콩에 접촉하지 않아 안전하고 경제적이다.
        ③ 가장 많이 사용 된다.

◆ **미각 Gustation**

커피의 기본적인 맛은 단맛, 신맛, 짠맛, 쓴맛의 네 가지가 기본 맛인데 쓴맛의 역할은 단지 다른 세 가지 맛의 강도를 조절할 뿐이며, 예외적으로 질이 낮은 커피나 다크 로스트 커피에서 쓴 맛이 지배적으로 느껴진다.

◆ **미국 커피 America Coffe**

1670년 영국 식민지 시대 최초의 커피숍 거트리지 커피하우스(Gutteridge coffee house)가 보스톤에 오픈. 1696년에 뉴욕 최초의 커피숍 더 킹스 암(The King's Arms)이 문을 열었다. 18세기 말경 미국은 영국 홍차 대신 커피 마시기를 독립 운동으로 권장했다.

◆ **미국 스페셜티 커피 협회 SCAA : Specialty Coffee Association of America**

1982년 커피 전문가들이 모여 만들어졌으며, 현재 약 40개국 3,000여명의 회원과 회원사를 가진 세계 최대의 커피 무역 협회로, 최근 브라질 등 여러 나라에서 SCAA 평가기준에 따라 생두의 등급을 분류한다. 또 한 커핑 테스트 평가 기준 및 커피무역을 위한 품질 평가 기준 등 메뉴얼을 만든다.

※ **관련단체 -** 월드 바리스타 챔피언쉽(World Barista Championship), 로스터스 길드(Roasters Guild : 매년 세계 커피 생산지에서 열리는 세미나), SCAA 박람회 (SCAA Exposition)

◆ **미디엄 로스트 Medium Roast**
중배전을 의미하며 향기와 맛, 빛깔이 좋아서 부드러운 맛을 느낄 수 있다.

◆ **미분 微紛 Coffee dust**
커피 분쇄시 발생하는 아주 작은 입자로 물에 빨리 녹아 커피 맛을 나쁘게 한다.

◆ **미성숙두 Immature Bean / Unripe Bean**
결점두에 속한다.

◆ **밀크 포머 Milk Foamer**
우유를 거품내기 위한 기구로 수동과 전동이 있다.

ㅂ

◆ **바디 Body**
입 안에서 느끼는 커피 맛의 농도에 따른 무게감과 밀도에 대한 감각적인 인상을 표현할 때 쓰는 용어이다. 입안의 촉각 Coffee Mouthfeel으로 커피를 마시는 과정에서 입안에 커피의 지방 성분에 의해 느껴지는 커피 맛의 무게감과 느껴지는 전체적인 촉감을 흔히 바디body라고 하며, Light(또는 Thin), Meduim, Full 의 단계로 이야기한다.

◆ **바바부단 Baba Budan**
인도 출신의 이슬람 승려로 예멘 Yemen 모카에서 7개의 커피 씨앗을 몰래 밀반출하여 인도 마이소르 Mysore 지역에 커피를 심게 되었으며, 커피 재배에 성공을 이뤄 예멘에 이어 커피를 경작한 나라가 되었다.

◆ **바리스타 Barista**
이탈리어로 바 Bar 안에 있는 사람이라는 뜻으로, 바리스타는 원하는 맛의 에스프레소의 추출과 좋은 원두의 선택, 기계에 대한 올바른 숙지, 그리고 고객의 입맛을 만족 시켜줄 수 있는 서비스 관리의 능력을 갖춰야 한다.

◆ **반열풍식 Semi-rotating Fluidized Bed roaster**
직열40% + 열풍60%의 로스팅방법을 말한다. 안정적인 커피 맛과 향이 있으며, 로스팅시간이 길다.(최소 30분이상) 댐퍼의 기능이 다소 민감하며 저온 + 고온 로스팅이 가능하다. 바의 서비스인 일본에서는 커피(에스프레소)를 내리는 프로라고 말한다.

◆ **발효 Fermented**
커피 수확 후 건조 과정에서 환경이 나쁠 때 생두에 있는 효소가 당분을 식초산으로 분해함으로 인해 생기며 혀에 매우 불쾌한 맛과 신맛을 남기는 맛의 중요한 결점이다.

◆ **발효두 Sour Bean**
발효된 콩으로 결점두에 속한다.

◆ **배기 Baggy**
'헐렁헐렁한, 불룩한'의 뜻으로 적절하지 못한 순간에서 오랫동안 저장된 가볍게 볶은 커피에서 나타나는 변질된 맛을 의미한다.

◆ **배전 Roast**
커피 원두를 굽는 것을 말하며 로스팅Roasting / 로스트Roast라고도 한다.

◆ **백플러싱 Back Flushing**
에스프레소 머신의 압력을 이용하여 그룹헤드 부분에 남아있는 에스프레소 찌꺼기를 제거하는 청소과정을 말한다.

◆ **밸런스 Balance**
'조화, 균형'의 뜻으로, 모든 특징을 알맞은 정도로 가지고 있어서 '조화롭게 어울린다'라는 것을 말한다.

◆ **버번 Bourbon**
Bourbon 섬(현 Reunion섬)에서 발견된 품종. 콩은 작고 둥근 편으로 수확량은 Typica보다 20~30% 많다. 중미, 브라질, 케냐, 탄자니아 등지에서 주로 재배된다.

◆ **버터리 Buttery**
'버터와 같은, 버터향이 나는'의 뜻으로 오일감이 풍부하게 나는 커피의 풍미를 표현한다.

◆ **버터 커피 Butter Coffee**
크림대신 버터를 넣은 고소하고 열량이 높은 커피를 말하며, 커피가 식으면 버터가 컵 주위에 붙으므로 뜨거울 때 빨리 마시는 것이 좋다.

◆ **베이크드 Baked**
낮은 열로 너무 오래 로스팅을 하여 캐러멜화가 제대로 진행되지 않아 향미 성분이 충분히 생성되지 않는 현상

◆ **베제라 Bezzera**

'루이지 베제라'는 1901년 이태리 밀라노 사람으로 에스프레소 기계를 최초로 발명한 사람이다.

◆ **베트남커피 Vietnam Coffee**

1990년대 들어 생산량이 급속하게 늘어나서 브라질, 콜롬비아와 인도네시아에 이어 세계 제4위의 생산국이 되었다. 베트남의 주 생산 품종은 로부스타인데, 이 통계에는 라오스 등으로부터 밀수입된 커피도 포함되어 있다. 하지만 쓴 맛이 주도적으로 나타나면 밸런스에 문제가 있는 좋지 않은 커피이다.

◆ **베이피드 Vapid**

유기물질이 소실되어 추출 커피에서 향이 별로 없는 향기 결점

◆ **벨벳밀크 Velvet Milk**

'벨벳밀크'란 말 그대로 벨벳과 같은 미세한 우유거품을 포함한 스팀밀크를 말하며, 이는 카푸치노를 구성하는데 가장 중요한 요소이다.

◆ **보일러 Boiler**

에스프레소 머신의 부품으로 물을 가열해 온수와 스팀을 공급하는 역할을 한다.

◆ **보일링 Boiling**

손잡이가 달린 냄비에 물을 끓여 그 속에 직접 분쇄 커피를 넣고 끓여 일정 시간동안 담근 후 보통 필터로 거른다. 온도와 소요 시간에 다라 맛이 달라진다.

◆ **부룬디 Burundi**

1930년 경, 벨기에의 식민지가 되면서 유럽으로 알려지기 시작했다. 향기도 풍부할 뿐더러 맛이 좋아서 생산 커피 전량이 미국, 독일, 핀란드, 일본 등지로 수출되고 있다. 다른 아프리카 국가들과는 달리 품질 등급을 크게 풀워시드와 워시드로 나눈 후 이를 다시 세분하고 있다.

◆ **부카라망가 Bucaramanga**

콜롬비아 Colombia 보고타에서 북쪽으로 300Km 떨어진 해발고도 959m의 고원에 위치하며, 콜롬비아 커피 주요산지 중 한 곳이다.

◆ **부케 Booquet**

휘발성 조직적 화합물의 냄새, 코, 커피의 뒷맛에서 나타내는 결과로 코의 얇은 막에서 가스와 증기의 감각에 의해 만들어지는 신체적인 향기의 윤곽을 나타낼 때 사용한다. 커피는 각기 다른 특유의 향기 특질을 가지고 있으며 전체 커피 향기를 총칭하여 부케(Bouquet)라고 한다. Fragrance, Aroma, Nose, After taste 등이 있다.

* **Bouquet의 구성(SCAA Cupper's Handbook)**

냄새로 지각할 수 있는 모든 표현 용어의 총칭. 즉 Fragrance(커피 빈의 향), 아로마, 뒷맛에서 맡을 수 있는 향 등을 포함한다.

◆ **분쇄 Grinding**

볶은 커피를 분쇄할 때 분쇄의 정도, 분쇄 방법에 따라 커피의 향기 성분이 달라질 수 있다. 커피의 분쇄 방법은 절삭 Cutting으로 분쇄하는 방법을 이용한다. 으깨어서 Crushing 분쇄 하는 방법의 경우 분쇄 과정 중 열이 발생되어 탄내를 남기기 쉬우며 커피 향기 성분을 잃을 수 있다.

◆ **브라이트 Bright**

얼얼할 정도로 산미가 느껴지는 산도가 높은 커피맛을 표현할 때 주로 쓰는 용어

◆ **브라이니 Briny**

추출된 커피를 다시 데웠을 때 드러나는 짠맛을 표현한 용어. 물이 증발하고 무기질 성분이 농축되면서 짠맛이 나는 맛의 결점이다.

◆ **브랙키쉬 Brackish**

산화무기물과 염기성 무기질이 농축되어 나타나는 맛의 결점

◆ **브리브 Breve**

밀크가 아닌 라이트 크림으로 만든 카푸치노를 말한다.

◆ **브라질커피 Brazil Coffee**

브라질의 관리 '프란치스코 드 멜로 팔헤다'에 의해 처음 커피 종자 전래되었다. 20세기 초 세계 커피 소비량의 약 75%를 생산한 커피대국으로 세계 최대 생산국이며 재배기후의 영향으로 생산량의 변동이 심한 편이다. 주요 특징은 산지별로 큰 차이를 나타내나 중성적이며 부드러운 신맛이 특징이며, Sao Paulo지방 커피가 품질이 양호한 편이다.

* **주요 산지** – Parana, Sao Paulo, Minas, Esprito Santo, Rio de Janeiro 등.
* **품질 등급** – Defects, Screen Size, Cup(Taste), Color 등 여러 가지로 분류.

◆ **블라인드 바스켓 Blind Basket = 블라인드 필터 Blind filter**

구멍이 없는 필터 바스켓이며, 에스프레소 기계를 청소(세척)하는 기구이다.

| 에스프레소 기계청소방법 |

① 필터 홀더의 필터 바스켓을 빼고 브라인더 바스켓으로 바꿔 끼워준다.

② 필터 바스켓에 한 스푼 정도 청소 약품을 담고 그룹헤드에 끼운다

③ 커피 추출 버튼을 눌러 약 10초 정도 기계를 가동시키면, 이때 물이 밖으로 빠져 나오지 못하고 역류시켜 그룹 헤드에 맴돌면서 세척이 된다.

④ 깨끗한 물이 나올 때까지 커피 찌꺼기 물을 버려가며 반복한다.

◆ **블라인드 테스팅 Blind Tasting**

라벨을 가리고 커피의 산지, 상표, 등급 등을 모두 밝히지 않은 상태에서 미각검사 하는 것을 말한다.

◆ **블랙 빈 Black bean**

수확되기 전에 떨어져 버린 죽은 커피 열매를 말한다.

◆ **블렌드 Bland**

혀 가장자리에서 감지할 수 있는 부드럽고 온화함의 정도를 표현하는 커피맛의 평가기준 용어로써 Soft와 Neutral의 범위에서 표현하기도 하고, 또 일반적으로는 향이 희미한 커피를 지칭하기도 한다.

◆ **블렌딩 Blending**

커피의 특성이 서로 다른 커피를 혼합하여 새로운 맛을 창조하는 것을 말하며 블렌딩을 하기 위해서는 단종별로 커피의 특성을 제대로 이해하고 있어야 한다. 블렌딩 방식은 단종별로 각각 커피를 로스팅 한 후에 블렌딩하는 방식인 단종블렌딩과 반대로 생두를 일정 비율로 혼합한 뒤 한 번에 로스팅을 하는 혼합블렌딩이 있다.

◆ **블루 마운틴 Blue Mountain**

커피의 황제라 불리우는 최고의 맛과 향을 낼 수 있는 커피로, 가격이 비싼 세계 커피품종의 하나이다. 2,000m이상 고지대인 자메이카의 블루 마운틴 산맥의 고산지대에서 생산되는 커피로, 카리브의 온화한 기후와 연중 고른 강수량과 비옥한 토양이 높은 밀도의 가장 이상적인 커피를 재배할 수 있는 환경에서 생산된 최고의 커피 중 하나이다.

◆ **비니 Beany**

'활발한, 기분이 좋은'의 뜻으로 잘 볶아진 특별한 향기를 말한다.

◆ 비엔나 블렌딩 Vienna Blending

주로 아라비카 품종으로 이루어진다. 에스프레소 원두보다는 밝지만 일반 필터커피보다는 진하게
볶아준다.

◆ 비타민 Vitamin

수용성 비타민인 Niacin은 생두일때 22 정도이나 원두는 93~400 이상으로 증가한다. Thia-
min(비타민 B1), Riboflavin(비타민 B2), Ascorbic acid(비타민 C), Panthothenic acid(판토산)는
아주 미량이며 모두 파괴된다.

◆ 비터 Bitter

혀 뒤쪽에서 감지되는 맛으로 커피의 키니네, 카페인, 그리고 다른 알칼로이드 성분에서 쓴맛을
낸다. 일반적으로 사람들은 쓴맛을 좋아하지 않지만 커피에서는 쓴맛이 통상적으로 나타나야 한
다. 쓴맛이 없는 커피는 개성이 없고 뭉툭한 느낌을 준다. 쓴맛은 주로 에스프레소를 위한 강한
로스팅이나 진한 추출에서 많이 다루게 되는데, 밸런스가 잘 잡힌 가운데 쓴맛이 포함 된 진한 커
피는 보통 '스트롱하다, 풍부하다' 등으로 말할 수 있다.

ㅅ

◆ 사나니 Sanani

아라비아 반도 남쪽에 위치한 예멘은 고급 아라비카 커피의 대명사인 모카Mocha 커피의 고향이
다. 예멘의 수도인 사나Sana지역에서 생산된 커피로 마타리와 함께 예멘의 대표적인 모카커피이
다. 모카의 특징 중 하나는 초콜릿 향이 나는 것이 특징으로 사나니는 초콜릿향, 과일향과 신맛이
균형있고 조화로운 것이 특징이다.

◆ 사우어 Sour

생생한 산미와는 다른 개념의 신맛으로, 주로 덜익은 빈으로 만든 커피에서 이런 시큼한 맛을
낸다.

◆ 사우어리 Soury

혀의 옆 뒤의 부분에서 주로 느끼며, 커피의 무기질이 산과 결합하여 만들며, 전체적 신맛을 감소
시키는 것을 말한다.

◆ **사이폰 Siphon : Syphon**

추출도구의 하나로 영국인에 의해 개발된 것으로 증기의 압력과 진공 흡입원리를 이용한 진공여과 추출방식Vacuum filtrain이다. 사이펀이란 이름은 일본에서 통용되고 있으며 배큐엄 브루워 Vacuum Brewer라고도 한다. 사이펀의 구성은 상부 로트, 하부플라스크(모두 유리재질), 필터, 아래의열원(알코올램프, 할로겐램프, 가스스토브 등)으로 이루어져 있다.

◆ **산토스 Santos**

브라질 상파울로 주에 있는 세계최대의 커피 수출 항구. 브라질 커피의 대명사로 산토스 또는 산토스 커피라고 말하면 브라질의 커피를 말한다. 그 외의 커피 수출 항구로는 에티오피아의 모카 등이 유명하다.

◆ **산패 산화 Rancidihy Oxidation**

분쇄한 커피는 바로 산화되기 시작하는데, 커피에 들어 있는 특정 성분이 공기 중의 산성성분과 반응하는 것을 산화라고 하고 이때 향이 날아가 버린다. 잘 보관하면 산화를 줄이고 늦출 수 있지만 막을 수는 없다.

댐퍼개폐여부	산패 진행
산소	포장 내 소량의 산소만으로도 완전 산화된다.
수분	상대 습도가 100%일때 3~4일, 50%일때 7~8일, 0%일때 3~4주부터 산화가 진행 된다.
온도	온도 10℃ 상승 시 마다 2.3배씩 향기 성분이 손실 된다.
로스팅 정도	강한 로스팅일수록 약한 로스팅일때 보다 빨리 진행 된다.
분쇄 입도	분쇄 상태의 커피는 원두보다 5배 빨리 산화가 진행 된다.

◆ **상미기한(賞味期限)**

커피를 보관함에 있어서 맛의 유지를 위해 지켜야할 조건으로서 차광성(遮光性), 보향성(保香性), 방습성(防濕性)이 필요하다.

◆ **샷 Shot**

술의 단위 1ounce를 말하며, 에스프레소 전문용어이다.

◆ **샘플러 Sampler, Trier**

로스팅 도중 로스팅 진행상황을 확인할 수 있는 장치

◆ **생두 Green Bean**

커피체리를 정제 가공하여 상품으로 가격을 책정한 커피 종자. 그린 커피 등으로 불려진다.

◆ **서버 Server**

커피를 드리퍼로 내릴 때 드리퍼 아랫부분에 받혀내는 기구를 말하며, 유리서버는 커피의 양을 가늠하며 추출할 수 있는 장점이 있고, 도자기 서버는 추출된 커피가 금방 식지 않는 장점이 있다.

◆ **설해 Snow Damage**

서리가 내려 일으키는 커피의 피해를 말한다. 브라질의 경우 8월 전후에 차가운 남풍의 영향으로 서리가 내리기 쉽다. 매년 이 시기의 커피 관계자들은 브라질에 주목한다.

◆ **세미 워시드 Semi washed**

Pulped natural과 다른 방식으로 체리 껍질을 벗긴 후 과육과 점액질까지 완전히 물에 씻거나 제거해버린 후 건조시키는 방식으로 영세한 농장에서 사용되지만 지금은 거의 이용되고 있지 않다.

◆ **세척방식 Washed Coffee=습식법 Wet Processing**

커피 체리를 수확하여 껍질과 펄프(과육)을 벗겨내는 펄핑Pulping을 하고 파치먼트 상태에서 발효(발효시간은 12~36시간 정도) 후 만져보면 조약돌과 같은 느낌이 난다. 이후 수분함량이 11~13%가 될 때까지 건조를 시킨다. 발효는 세척 방식의 핵심으로 발효되는 과정 중 깨끗한 맛과 과일향을 얻게 된다.

◆ **센터 컷 Center cut**

생두의 가운데에 나 있는 홈

◆ **소프트 Soft**

Bland의 정도를 구분하여 표현할 때 쓰이는 용어로 혀를 자극하는 맛이 전혀 나타나지 않을 때 쓸 수 있다.

◆ **솔트 Salt**

짠맛은 커피에 감칠맛을 돌게 하고 활력을 불러일으키는 중요한 요소로 커피의 맛을 감별할 때 없어서는 안 되는 인자이다. 그러나 짠맛이 주된 맛으로 나타날 때는 커피빈의 상태가 안 좋은 경우이다. 짠맛의 작용으로 표현되는 커피맛은 Bland와 Sharp의 범위에서 나타나게 된다.

◆ **수마트라 커피 Sumatran coffee**

세계 최상급의 커피인 Mandheling과 Ankola가 이 섬에서 생산된다. 둘 다 서부에서 중부 수마트라 지역 2,500~5,000ft의 고도에서 재배된 자연건조 방식의 커피이다. 이 커피는 Pandang항에서 선적된다. 수마트라는 인도네시아로부터 수출되는 모든 커피의 65%를 생산한다. Mandheling은 독특하고 달콤하며 시지 않은 커피로 세계에 잘 알려져 있다.

◆ **수프리모 Supremo**

콜롬비아 원두의 표시

◆ 쉘 Shell

생두 속에 혼입되 각피로 이것이 들어가 있으면 결점두로 간주된다.

◆ 쉬링키지 Shrinkage

볶기에 의해 커피의 무게가 감소하는 현상 또는 감소율을 말한다. 수분의 손실과 여러 가지 화학 반응의 결과 보통 15~18%의 무게가 감소한다.

◆ 슈바도 Chuvado

브라질 커피콩의 미각용어로 '비에 어울리는 맛'이다.

◆ 술라웨시 커피 Sulawesi Coffee

셀레베스라고 알려진 이 섬은 세계에서 아주 좋은 커피들 중 몇 가지를 생산한다. 그 섬의 중앙 부분 산에서 재배된 Toraja는 가장 유명한 커피 중에 하나이다. 가공 방식은 자연건조 방식인데 달콤함과 흙맛의 오묘한 조화를 가지고 있다. 이 커피는 진한 농밀함과 함께 낮은 신맛을 가지고 있으며, 수마트라 산 커피보다 훨씬 비싼 가격에 거래되고 있다.

◆ 스위스 워터 프로세스 커피 Swiss Water Process Coffee

화학 약품을 쓰지 않고 생두에서 카페인을 제거하는 방법

◆ 스위트 Sweet

기본적으로 사람이 좋아하는 맛으로, 혀의 앞쪽에서 집중적으로 느낄 수 있는 표현이다. 커피에서 단맛을 내는 요소는 탄수화물과 단백질이다.

◆ 스파이시 Spicy

아로마와 맛에서 모두 나타날 수 있는 향미로 보통 계피나무나 정향나무를 연상시킨다.

◆ 스크린 Screen

커피콩을 크기별로 분리할 때 사용하고 구멍을 뚫은 체 스크린 넘버가 클수록 큰 알이 된다.

◆ 스크린 사이즈 Screen size

생두의 크기는 스크린 사이즈(screen size)로 분류된다. 스크린 사이즈는 1/64인치로 약 0.4mm 이다.

◆ 스콜치드 Scorched

로스팅 과정에서 너무 많은 열이 너무 짧은 시간에 공급되어 콩의 표면이 타서 발생한다.

◆ 스테일 Stale

커피의 플레이버 성분이 소실되어 추출한 커피에서 느껴지는 맥 빠진 맛을 내는 맛의 결점

◆ 스텐실 아트 Stencil Art

글자나 무늬, 그림 따위의 모양을 그려낸 후, 그 구멍에 파우더를 넣어 그림을 찍어내는 라떼아트 기법

◆ 스트레이트 커피 Straight Coffee

한가지의 단일종으로만 내린 커피

◆ 스트로이 Strawy

수확한 후 보관을 오래하여 유기물질이 없어져 생성된다.

◆ 스페셜티 커피 Speciality Coffee

재배 이력이 특정하고 그 산지에서만 나타나는 풍미와 특성을 갖춘 고품질의 커피를 말한다. 각국에 협회가 있어 엄격한 정의가 나라별로 조금씩 다르다.

◆ 스페셜티 그레이드 Specialty Grade

Category I (Primary defect)은 허용되지 않으며 Full defects가 5 이내이다.

◆ SHB Strictly Hard Beans

1,500m 이상의 고산지대에서 생산된 커피의 표기이다. 또한 열대기후에 고산지대의 서늘함과 풍부한 강수량은 가진다. 이런 곳에서 커피나무는 전반적으로 더 천천히 자란다. 이 과정을 통해 커피 원두는 복합적인 향이 생긴다.

◆ 습식법 Wet Processing/Method

체리에서 펄프(과육)를 벗겨내는 작업인 낸 펄핑(Pulping)을 한 후 파치먼트에 달라붙어 있는 끈적끈적한 점액질(Mucilage)을 제거하는 과정으로 전통적인 방법인 발효(Fermentation)과정이나 기계(Mucilage remover)를 사용하여 점액질을 제거하며, 발효 시간은 12~36시간 정도이다.

◆ 시애틀 카페 Seattle Caffe

에스프레소를 베이스로 여러 가지 응용 메뉴를 제공하는 시애틀 발상의 카페 스타일. 스타벅스 등이 유명하다.

◆ 신맛 Sour

클로로겐산, 옥살릭산, 말릭산, 시트릭산, 타타릭산

◆ 쓴맛 Bitte

카페인, 트리고넬린, 카페익산, 퀴닉산, 페놀릭화합물

◆ 씬 Thin

추출에 문제가 있어서 산미가 느껴지지 않거나 생기가 없는 커피를 지칭할 때 쓰는 용어이다.

◆ **아라비카 Arabica**

연평균 기온이 약 20℃ 정도, 연강수량 1500~1600mm 범위의 동쪽이나 동남쪽 방향으로 약간의 경사가 있는 유기질이 풍부한 화산성 토양, 배수가 잘 되고 미네랄이 풍부한 화산재 토양이 적당하다.
* 헥타르당 평균 생산량이 1,500~3,000kg 정도

◆ **아라비카종 Arabica 학명: Coffea Arabica**

커피 3대 원종의 하나로 그 이외에 로브스타종, 리베리카종이 있다. 3종 중에서는 아라비카종이 품질이 가장 좋다고 하지만 곰팡이에 약한 재배상의 결점이 있다. 주로 남미, 아프리카, 아시아의 고지대에서 재배되고 있다.

◆ **아로마 Aroma**

커피를 끓일 때와 막 추출한 상태에서 방출되어 나오는 향기(=Cup aroma)를 표현할 때 쓰는 기준용어. Fruty(과실수의 향기)와 Herby(꽃향기),Nut-like 의 범위에서 현할 수 있다. 원인 물질은 케톤이나 알데히드계통의 휘발성 성분이다.

◆ **아르메니아 Armenia**

콜롬비아 커피산지이다.

◆ **아메리카노 Americano**

진한 에스프레소에 뜨거운 물을 부어 연하게 하고 양을 늘린 에스프레소이다. 전통적인 필터커피에 대한 대체물이다.

◆ **아메리칸 커피 American Coffee**

미국에서 친근한 옅은 커피. 설탕, 크림 등을 첨가하지 않고 진하지 않은 것을 말한다.

◆ **아이리쉬 커피 Irish Coffee**

아이리쉬 위스키와 흑설탕을 내열성 유리잔에 넣고 그 위로 불을 붙여 가열한다. 여기에 갓 내린 드립커피를 부어주고 휘핑크림을 올려준다.

◆ **알코올과 커피 Alcohol & Coffee**

술을 즐긴 후에 커피는 혈중알코올 농도를 감소시킨다는 설이 있다. 그러나 커피는 단지 알코올의 심리적 피로감을 쫓는다. 그러나 그것도 아주 짧은 시간동안뿐이다.

◆ 알투라 Altura

커피생산지의 해발을 표시하는 용어로 저지대, 중지대 보다 높은 고지대(1,200~1,500m)를 말한다.

◆ 앙코라 Ankola

수마트라 섬의 앙코라 지방에서 생산하는 우수한 커피를 말한다.

◆ 어설빅 Acerbic

추출 후 뜨거운 상태에서 지속적으로 보관 시 생성되는 강한 신맛

◆ 얼디 Earty

커피의 맛을 표현하는 미각용어의 하나. 대지의 흙 등을 느끼게 하는 풍미에 대해 사용함.

◆ 열풍식 Rotating Fluidized Bed roaster

열풍 100%의 로스팅 방법을 말한다. 보다 안정적인 커피 맛과 향이 있으며, 로스팅 시간이 길다 (최소 30분이상). 댐퍼의 기능이 다소 민감하며 고온 로스팅에 적합하다.

◆ 애칭아트 Etching Art

미술 동판화 작품을 그릴 때 사용되는 동판 위에 선을 새기어 만드는 라떼아트 기법

◆ 액시디티 Acidity

추출한 커피의 생동감을 좌우하게 되는 가장 중요한 맛 인자로써 커피맛의 평가 기준 중 하나다. 또한 산미 자체의 맛으로서 감지되는 산도는 높고 낮음으로 얘기할 수 있다. 생과일에서도 감지하게 되는 생생한 산미는 혀 가장자리에서 느낄 수 있고 산도의 정도는 뒷맛에서 감지할 수 있다.

◆ 애프터 테이스트 Aftertaste

커피를 마시고 난 다음 코로 방출되어 올라오거나 입 뒤쪽에 느껴지는 향기(뒷맛, 후미)를 표현할 때 쓰는 용어. 주로 나는 향기로는 Carbony, Chocolaty, Spicy , Turpeny이 있다. 원인물질은 지질 같은 비 용해성 액체와 수용성 고체물질이다.

◆ 에티오피아 Ethiopia

아라비카 커피의 원산지.

　* **특징** – 그 생산량의 절반이 해발 1,500m 이상의 고지대에서 수확되고 있다. 그 중 가장 고지대에서 생산되는 커피는 하라, 가장 맛있는 커피는 이르가체프며, 역사적으로 가장 유서깊은 커피는 모카다.

◆ 에스테이트 커피 Estate Coffee

한 국가 안에 있는 작고 특별한 재배지역에서 생산한 커피를 위한 표현이다.

◆ **에스프레소 Espresso**

에스프레소 커피를 말한다. 이탈리아어로 빠르다는 의미. 미세하고 고운의 커피 가루를 사용해 증기압으로 한번에 추출한다. 이태리에서 보통 마시는 커피는 에스프레소를 의미하며, 커피주문시 카페caffe를 주문하면 에스프레소를 제공한다. 에스프레소는 20~30ml 추출하는데 20~30초 안에 9기압의 압력으로 빠른 시간에 추출하며, 데미타세demitasse라 하는 에스프레소 잔에 제공을 한다. 에스프레소를 이용한 다양한 메뉴Espresso menu에는 도피오Doppio, 리스트레또Ristret-to, 룽고Lungo, 아메리카노Americano가 있으며, 베리에이션 메뉴Variation menu로 에스프레소 마끼아또Espresso macchiato, 카페라떼Caffe' latte, 카푸치노 Cappuccino, 카페 꼰 빠나Caffe' con panna, 카페오레Caffe au Lait, 카페모카Caffe' mocha, 카페 프레도Caffe Freddo가 있다.

◆ **에스프레소 바 Espresso Bar**

에스프레소 커피를 베이스로 하여 응용한 커피를 판매하고 있는 이탈리아식 바. 커피바라고도 말한다. 예멘으로 흘러들어가서 예멘 모카가 된다.

◆ **에이드 Ade**

레몬이나 오렌지 등의 과즙에 설탕을 넣고 물 또는 탄산수로 희석시킨 혼성음료로, 레모네이드 또는 오렌지에이드를 만든다.

◆ **에이징 Aging**

생두에서 수분을 빼 말리거나 일정 기간 숙성시키는 것. 콩의 수분함량이 안정되어 배전이 비교적 용이해진다. 커피의 맛이 매끄러워진다고 한다.

◆ **HdT**

아라비카와 로부스타의 교배종(Hibrido de Timor). 커피잎녹병(CLR)에 강하고 콩의 크기가 큰 편이다.

◆ **엑셀소 Excelso**

콜롬비아 커피의 등급 용어로 '고품질'을 의미한다. 콜롬비아의 수출 표준 커피로 널리 알려져 있다.

◆ **엑스트라 프라임 워시드 Extra Prime Washed**

과테말라에서 사용하는 커피콩의 생산지 표고(해발고도)에 따른 분류 용어의 하나로 보통 3,000ft 이상, 3,500ft 미만의 지대에서 생산된 커피를 지칭한다.

◆ **엑조틱 Exotic**

'이국적인, 이국정서'란 뜻으로 꽃 과일의 맛과 향을 나타내는 말로 아프리카와 인도네시아 커피의 특성을 말한다. 엘살바도르해안선을 따라 국토의 중앙을 지나는 산맥(1500~5000ft)의 경사면에서 재배되며, 주요 특징은 양질의 신맛과 감칠맛, 부드러운 맛이 뛰어나다.

＊ **재배품질 등급** – SHGC, HGC, CT

◆ 예멘 Yemen

모카라는 단어는 오래 전 예멘의 항구 이름이었다. 네덜란드의 무역상들은 커피나무를 예멘의 모카 항으로부터 인도, 실론, 인도네시아 등지로 퍼트렸다. 마타리, 샤르키, 사나니 등으로 대표되는 이 나라의 고급 커피는, 그 작고 못생긴 생김새에 비해 더할 수 없이 깊고 그윽한 맛과 독특한 향으로 많은 사람들로부터 긴 세월 끊이지 않는 찬사를 받고 있다.

◆ 여과지 Filter

멜리타 벤츠(Melitta Bentz)여사가 만든 여과지는 자기 아이들의 공책 압지를 사용하였다. 여과지는 순식간에 확고한 자리를 잡았고, 포트와 잔에 남았던 커피찌꺼기를 완전히 제거한 중요한 의미를 지녔다.

◆ 영국커피 British coffee

1650년 영국 최초의 커피하우스가 유태인 야곱(Jacob)에 의해 오픈. 1652년 파스콰 로제(Pasqua Rosee)가 런던 최초의 커피하우스를 운영. 옥스포드 타운의 커피 하우스에서 결성되어 현존하는 영국 최고의 사교클럽은 The Royal Society이다. 영국의 커피 하우스에서 발전되어 이루어진 세계적인 보험회사는 로이드이다.

◆ 오일오프 Oily Off

커피에 크림을 넣을 때 지방구에서 유리지방이 분리하여 기름 방울이 액체의 표면에 뜨는 현상으로 양이 많으면 표면이 매우 번쩍 거린다.

◆ SCAA 분류법 Green Coffee Classification

SCAA는 커피를 스페셜티 그레이드(Specialty Grade), 프리미엄 그레이드(Premium Grade) 두 가지로 분류하는데 아래 스페셜티 분류 기준에 부합하여야 하며 다시 결점계수를 환산하여 분류한다.

스페셜티 커피 분류 기준

항목	내용
샘플 중량	– 생두 : 350g – 원두 : 100g
수분 함유량	– 워시드 방식 : 10~12% 이내 – 내추럴 방식 : 10~13% 이내
콩의 크기	편차가 5% 이내 일 것
냄새	외부의 오염된 냄새(Foreign ordor)가 없을 것
로스팅의 균일성	– Specialty coffee : Quaker는 허용되지 않음 – Premium coffee : Quaker는 3개까지 허용
향미 특성	– 커핑을 통해 샘플은 Fragrance/Aroma, Flavor, Acidity, Body After taste의 부분에서 각기 독특한 특성이 있을 것 – 향미 결점이 없어야 한다(no fault & taint)

◆ **와이니 Winey**

미각용어. 와인과 같은 풍미

◆ **용매 추출법 solvent extraction process**

벤젠, 클로로포름, 디클로로메탄, 트리클로로에틸렌 등의 유기용매로 카페인 추출

* **유의사항 :** ① 용매의 잔류에 의한 안전성 문제
② 카페인의 용해성
③ 낮은 비등점과 용매제거의 문제
④ 97~99%의 카페인 제거

◆ **오가닉 커피 Organic Coffee**

인체, 환경을 배려하여 농약, 화학비료를 사용하지 않고 재배한 커피콩. 또 그것으로 내린 유기농 커피.

◆ **오스트리아 커피 Austria Coffee**

세계적으로 유명한 coffee lovers중 "아~맛있는 커피, 천 번의 키스보다 황홀하고, 마스카텔 포도 주보다 달콤하다" 라고 말한 사람은 바흐(J.S.Bach)이다. 비엔나 커피 하우스를 연 인물 – 게오르그 콜쉬츠키

◆ **온두라스 Honduras**

생산품종은 아라비카와 Washed가 80%, Natural이 20% 정도이며, 서부 고원 산악지역에서 재배 Santa Barbara에서 30% 이상을 생산. 볶기가 까다롭지 않고 부드러운 맛과 신맛이 특징.

* **품질 등급** – SHG, HG로 구분

◆ **올드 크롭 Old Crop**

수확되고 2년 이상 지난 원두. 수분함량이 적고 올드커피나 에이지드 커피라고도 불린다.

◆ **우간다 Uganda**

로부스타 커피를 주로 생산. 아라비카 커피는 전체 커피 생산량의 10% 미만에 불과하고, 아라비카 커피들은 주변의 케냐, 탄자니아, 자이레 등과의 국경 지역에서 재배되는데, 그나마 수송항으로 가는 도로 사정이 열악하고 주변 국가로의 밀수출이 성행하여 어려움을 겪고 있는 형편이다.

◆ **우디 Woody**

생나무, 마른 나무와 같은 풍미의 커피에 대해 사용하는 미각용어의 하나. 불쾌한 나무와 같은 맛 (Woody-like)을 내는 맛의 결점을 말한다.

◆ **와일드 Wild**

맛에서 활력이 느껴질 때 사용할 수 있는 표현 용어이다. 주로 이디오피아의 야생 커피나무에서 수확한 커피에서 와일드한 느낌을 받을 수 있다.

◆ **외피 Outer skin**

맨 바깥의 겉껍질(외과피,Exocarp)

◆ **워시드 Washed**

수세식으로 정제된 커피를 말한다. 정제도가 높고 결점두나 이물질의 혼입이 적다. 많은 생산국이 이 방법을 사용한다.

◆ **워터리 Watery**

커피 추출 시 물의 양이 적절한 비율이 아니었을 때 지방의 함유량이 떨어져 나타나는 맛의 표현 용어이다.

◆ **워터노즐 Water Nozzle**

뜨거운 물이 나오는 노즐과 우유 등을 데울 수 있는 스팀이 나오는 노즐을 말한다.

◆ **유당 Lactoes**

유당은 포유동물 특유의 당질이며, 체내에 들어오면 대장 내에서 유산균을 자라게하여 정장작용을 하며, 칼슘의 흡수와 이용을 돕기도 한다. 유당은 물에 잘 녹지 않으며 단맛이 적고 위속에서 발효가 잘 안되어 많이 먹어도 위의 점막을 자극 시키는 일이 적다. 우유에 감미가 있으나, 자당에 비교하여 감미는 훨씬 약하며, 자당의 감미를 100으로 하였을 때 유당은 16이다. 유당은 95% 이상의 알코올, 에테르에 녹지 않으며 냉수에도 용해도가 낮다.

유당은 효소 락타아제(Lactase)에 의하여 가수분해 되어 글루코스와 갈락토스로 된다. 소장의 점막상피세포의 외측막에 락타아제가 결손되면 유당의 분해 흡수가 되지 않아 오히려 장관을 자극하여 심하면 통증을 유발한다. (유당 불내증, Lactose Intolerance) 칼로리원이 되는 동시에 장내의 젖산균 번식을 왕성하게 하여 다른 유해균의 발육을 억제 하는 효과를 가진다.

◆ **유리당 Free sugar**

유리당류는 원두의 갈색이나 향의 형성에 큰 영향을 미치며, 아라비카종이 로부스타종 보다 많이 함유된다. 유리딩류 중 자당(Sucrose)이 주성분으로 6~8%정도 포함되어 있다.

* 유리당류는 로스팅 후에 거의 소실된다.

* Sucrose는 로스팅 후에 갈색 색소 향기성분으로 변화하고 나머지는 이산화탄소와 물로 사라진다.

◆ **유리아미노산 Free amino acid**

생두의 0.3~0.8%로서 원두의 향기 형성에 중요한 성분이다. 로스팅에 의해 급속히 소실되며, 당과 반응해서 멜라노이딘(Melanoidine) 및 향기 성분으로 변화한다. 일부 성분은 쓴맛 성분과 결합해서 갈색색소 성분으로 변화한다.

◆ **융 필터 Cotton Flannel Filer**

드립식으로 필터가 되는 융 주머니. 이것을 사용해 내리는 방법을 융 드립 이라고 한다. 원두가 가지고 있는 맛을 충분히 낼 수 있다.

◆ **은피 銀皮 Sikver Skin**

커피의 생두 외측에 부착되어 있는 얇은 피막. 실버 스킨(Silver skin)이라고 한다.

◆ **음양커피**

홍콩에서 마시는 드링크로 커피와 홍차를 섞은 것. 별칭 홍차커피

◆ **이그조틱 Exotic**

일반적이지 않은 맛을 표현하고자 할 때 사용하며, 커피에서 일반적이지 않은 향미는 Berry 나 Floral 등을 들 수 있다.

◆ **이브릭 Ibrik**

터키사람들이 커피를 끓여 마실 때 사용되는 추출용 포트. 소재는 동이나 놋쇠로 긴 손잡이가 있다. 현지 터키에서는 쟈즈베라고 불린다.

◆ **인도커피 India Coffee**

인도는 아시아에서 세번째로 큰 커피 생산국이다. 연간 생산량은 약 160만 Bag(60Kg/bag)이며, 150만 Bag을 수출한다. 수확기는 11월에서 다음해 2월까지이다. 잘 수확된 년도의 인도 커피는 과테말라 커피의 전형적인 신맛과 좋은 자마이카 커피의 짙은 농도를 가진다. 이 커피는 향신료처럼 톡 쏘는 풍미까지 있다.

◆ **인도네시아 커피 Indonesia Coffee**

아라비카보다 로브스타 재배가 많은 나라. 인도네시아는 세계에서 네 번째로 많은 커피를 생산하고 있지만, 단지 10%만이 아라비카 종이며, 이중에도 Specialty 커피에 통용되는 커피의 양은 제한되어 있다. 대표적인 커피로는 만데린, 토라자, 칼로시, W.I.B 등이 있다. 질 좋은 커피는 전체 커피 생산량에 비하여 적지만 세계 최상급의 커피가 몇 가지 있다. 이 커피들은 풍부함과 충만한 농밀함, 자연의 맛과 부드러운 신맛을 가지고 있으며 재배 품종은 Catimor이다. 인도네시아의 커피생산량은 약 560만 Bag이고 수확기는 지역과 고도에 따라서 연중내내 수확되고 있다. 생두의 등급은 300g중 결점두수에 따라 G-1, G-2, G-3 등으로 나눈다.

◆ **인증커피 Certified coffee**

공적 기관에서 인정을 받은 커피. 또 그것을 사용한 상품.

◆ **임퍼펙션 Imperfection**

일정량의 생두안에 들어있는 검은콩, 미숙두, 부서진 커피콩, 벌레먹은 커피콩, 껍질, 깍지 등을 임퍼펙션(불완전콩)이라 하며, 그 종류와 수에 따라 등급이 매겨진다.

ㅈ

◆ **자루 Sack**

커피의 수량을 측정하는 국제적으로 보편화된 단위. 표준자루로 45kg과 60kg 무게가 있다. 단지 예외적으로 콜롬비아는 75kg의 자루를 사용한다.

◆ **자메이카 Jamaica**

세계에서 가장 비싸고 희귀한 커피를 생산하는 섬나라. 섬의 동서 산맥의 경사면에서 주로 커피를 재배. 이 산맥 동쪽의 최고 높은 산이 블루마운틴으로 최고봉은 해발 7,400ft이다.

품질등급 – 최고급은 Blue Mountain(4000~5500ft)으로, Wallenford Estate 등 지정된 4개 공장에서 엄선 가공되며 가공 공장별로 Wallenford Estate, MBCF, MH/BGT, PC/SH 등으로 표시되며, 그 다음 High Mountain(3000~3500ft), Prime Washed, Washed 등으로 나누어진다. 주요 특징으로서 외형은 회록색의 큰 콩이며 볶기가 까다롭지 않고 적당한 신맛, 감칠맛, 부드러운 향을 가지는 세계 최고의 품질을 자랑하는 커피이다.

◆ **자메이카 블루마운틴 jamaica Blue Mountain**

세계3대 커피중의 하나로 서늘한 기후와 빈번한 안개, 풍부한 강수량, 배수가 잘 되는 토양, 커피 재배에 천혜의 기후와 환경을 가지고 있어 최상의 커피가 재배된다. 해발 1,100m 이상에서 생산 된 커피를 블루마운틴이라 하며, 해발 1,100m 이하에서 생산 된 커피는 "하이 마운틴High Mountain"이라 한다. 또한, 마비스뱅크Mavis Bank에 있는 실버힐Silver Hill, 노이홀Moy Hall, 월렌포드Wallenford에서 생산 된 커피를 블루마운틴이라 한다.

블루마운틴의 등급

등급	특징
Blue Mountain	색깔은 푸른색을 띠며, Aroma와 Acidity, 단맛 등 조화로운 맛이다. No.1 = 스크린 사이즈 17이상 / No.2 = 스크린 사이즈 16 / No.3 = 스크린 사이즈 15
Blue Mountain Valley	해발 1,100m 이하에서 생산, 역시 우수한 맛과 향을 지니고 있다
High Mountain Supreme	고지대에서 생산된 커피로, 생두 모양이 고르다. 좋은 Aroma, Acidity, Body 를 느낄 수 있다.
Prime Jamaica Type1, Type2	중지대에서 생산 된 커피로 Aroma, Acidity, Body가 조화롭다.
Prime Jamaica Type3, Type4	위 등급 보다 스크린 사이즈가 작으며, 결점두가 발견 됨
Triage A, B	수출금지 등급

◆ **자바커피 Java Coffee**

네덜란드는 자바에 있는 그들의 식민지에 아라비카종을 들여왔는데, 1870년 녹병이 휩쓸고 지나가기 전까지 선두적인 커피 생산지였다. 그 후 농부들이 다시 재배하다가 세계 제 2차 대전 중에 또 다시 농장이 황폐화되자 이 후로는 질병에는 강하지만 질이 떨어지는 로부스타를 재배하게 되었다. 이 후 인도네시아 정부의 지원으로 아라비카종이 재배가 다시 이루어졌다. Estate Java는 그 지역의 다른 커피에 비하여 더 신맛이 나고 농밀함이 가벼운 수세건조식 커피다.

자연건조법 Natuaral Processing = 건식법 Dry Processing

가장 전통적인 커피 가공 방식으로, 체리 상태의 커피를 땅에 펼쳐 놓고 햇빛에 건조시키는 가공 방식이다. 체리를 균일하게 건조하는 것이 가장 중요하다. 제대로 건조되지 않은 체리는 건조 과정 중 썩게 되면 커피의 맛에 좋지 않은 영향을 미친다. 자연건조방식으로 가공하는 국가는, 브라질, 인도네시아, 에티오피아가 대표적이다.

◆ **자블럼 JBM : Jablum**

블루마운틴을 로스팅한 커피이다.

◆ **정제 Refine**

커피콩을 과실에서 빼내는 작업. 외피 과육 내과피(파치먼트), 은피(실버 스킨) 등을 제거한다. 수세식과 자연 건조식의 주로 2가지 방법이 있다.

◆ **지질 Lipid**

아라비카종 : 평균 15.5% / 로부스타종 : 평균 9.1%

장기 저장 시 지질의 산가는 증가한다. 커피생두의 색깔은 녹청색 → 옅은 녹청색 → 황색 → 갈색으로 변화한다. 저장기간이 길어질수록 lipase에 의한 가수분해가 촉진되어 산가가 높아진다.

* **커피생두의 지질 성분 :** Triglyceride / Diterpene / Phospholipid

◆ **지질 지방 Lipid**

아라비카종에는 로부스타종 보다 지질을 많이 함유하고 있으며, 장기 저장시 지질의 산가는 증가한다. 커피생두의 색깔은 녹청색 → 옅은 녹청색 → 황색 → 갈색으로 변화한다. 저장기간이 길어질수록 lipase에 의한 가수분해가 촉진되어 산가가 높아지고 커피생두의 지질성분에는 Triglyceride, Diterpene, Phospholipid(인지질)가 있다.

◆ **직화식 fired**

드럼 내·외부에 직접 열이 전달되는 로스팅 방법을 말한다. 개성적인 맛과 향 표현이 짧다. 민감 저온 로스팅이 가능하다.

◆ **진주콩 or 피베리 Peaberry**

커피열매는 보통 생두가 두 개 달리는데 한 개의 둥근 생두만 있다면 진주콩 혹은 피베리로 부른다.

◆ **짐바브웨 Zimbabwe**

1960년대 들어 커피를 재배하기 시작하였으며, 대부분 동부 고원지대에서 생산된다. 그 가운데 흥미로운 커피 재배가로는 'Farewell Coffee Estate'가 있는데, 이들은 170ha 정도의 땅에 가족 단위로 재배하면서 일일이 손으로 열매를 채취하여 조심스러운 일광 건조 과정을 거쳐서 최고급의 커피만을 생산하려고 노력하고 있다.

◆ **집진기 a dust collector**

로스팅 과정에서 발생하는 실버스킨과 기타 불순물을 모아 주는 기능

ㅊ

◆ **차광성 遮光性 lightproof**

커피의 포장 재료가 갖추어야 할 4가지 조건 중 하나로 말 그대로 빛을 막는 성질을 가져야 한다. 차광성 遮光性, 향성 保香性, 방습성 防濕性, 방기성 防氣性은 커피의 포장 재료가 갖추어야 할 4가지 조건이다.

◆ **체리 Cherry**

커피 꽃이 떨어지고 나면 그 자리에 열매를 맺게 되며 초기에 녹색이었다가 익으면 빨갛게 되는데 이를 체리(Cherry), 커피체리(Coffee cherry)라 부르며 길이는 15~18mm 정도이다. 과육이 당도는 비교적 높으나 두께가 약 1~2mm로 과육이 차지하는 부분이 적어 과일로 이용되지 않는다.

◆ **초임계 추출법 supercritical extraction method**

초임계 상태에서 CO_2는 액체상태가 되며 생두에 침투해 카페인을 제거하여 유해물질의 잔류문제가 없고 카페인의 선택적 추출이 가능하나 설비에 따른 비용이 많이 드는 단점이 있다. 카페인의 함량은 0.02% 이하이다.

◆ **초콜라티 Chocolaty**

뒷맛에서 감지할 수 있으며, 달지 않은 다크초콜렛이나 바닐라맛을 연상하게 하는 향그러움

◆ **추출 抽出 : Brewing**

커피 추출은 우려내거나 뽑아내는 것을 의미하며, 볶은 커피에 있는 가용성 성분을 최대한 좋은 향미 성분만 추출 하는 것이다. 추출하는 방법은 크게 침지와 여과로 나뉘며, 우려내기, 달임법(=보일링), 반복여과추출, 여과추출, 진공여과추출, 가압여과추출 방식이 있다.

◆ **침지 浸漬 : Infusion**

적시고 담근다는 뜻으로, 커피가루를 보통의 물 혹은 뜨거운 물에 부어 우려내는 방식으로 터키식 추출, 보일링 추출, 퍼컬레이터, 배큐엄브루어 Vacuum Brewer=사이펀, Siphon, 프렌치 프레스 추출법이 침지에 속한다.

ㅋ

◆ **카네포라종 Canephora = 로부스타종**

19세기말 콩고에서 발견되었으며, 아라비카종에 비해 병충해에 강하고, 700m 이하의 고도에서도 재배된다. 카페인 함량 2~4% 거칠고 쓴맛이 강하며, 인스턴트커피 제조에 사용된다. 재배국은 인도, 베트남, 인도네시아, 우간다, 콩고, 카메룬, 코트디부아르, 마다카스카르 등에서 재배된다.

◆ **카라멜리 Caramelly**

아로마에서 감지할 수 있으며 사탕이나 시럽을 연상하게 할 때 표현하는 용어

◆ 카라콜리로 Caracolillo

커피 체리에 생두 하나만 들어있는 것을 말한다. 피베리 Peaberry라고도 한다.

◆ 카리오몬 Kari Omon

에디오피아의 대표적인 생활 문화로서 초대한 손님을 접대하고 우정을 나누는 특별한 행사이며 전통적인 커피 습관. 커피 세리머니라고도 불린다.

◆ 카보니 Carbony

아로마에서 감지할 수 있으며 탄맛을 연상시키는 향미의 표현. 주로 강한 로스팅을 한 커피빈으로 만든 커피에서 느낄 수 있다.

◆ 카타손 Catacao

손으로 생두를 선별하는 일 Hand Picking을 말한다.

◆ 카투라 Caturra

브라질에서 발견되었으며 Bourbon의 돌연변이로 1937년부터 재배되었으며 녹병에 강하다. 콩의 크기는 소형이며 수확량은 많다. 풍부한 신맛이 나고 나무 키는 작은 편이다.

◆ 카투아이 Catuai

Mundo Novo와 Caturra의 교배종. 나무 키가 작고 생산성은 높음. 병충해와 강풍에 보다 강함. 매년 생산 가능. 생산기간이 타 품종에 비해 10여 년 정도 짧은 것이 단점

◆ 카티모르 Catimor

HdT와 Caturra의 교배종. 발군의 성장성과 다수확을 자랑하며 체리 사이즈가 큰 편이다. 1959년 포루투갈에서 처음 시도된 품종으로 아라비카종 카투라Catura와 로부스타종 티모르의 교배종이다. 동아프리카에서 재배되기 시작하였으며 신맛과 함께 후미에 짠맛도 느낄 수 있다.

◆ 카파 Kaffa

에티오피아 남서부에 위치한 지역으로 커피Coffee의 어원이다.

◆ 카페 Caffe

일반적인 에스프레소를 일컫는다.

◆ 카페 누아르 Cafe Noir

크림이나 밀크가 가미되지 않은 블랙 커피를 말한다.

◆ **카페 로열 Cafe Royal**

왕족의 커피라는 의미로 나폴레옹이 자주 마셨다는 커피 칵테일이다. 카페로열용 스푼을 컵에 걸치고 각설탕을 올린 후 그 위에 브랜디를 붓고 불을 붙이는 것이다. 푸른 불빛이 올라오며 흔들리기 시작할 때 주변의 불빛을 없애면 환상적인 분위기가 연출된다.

◆ **카페 마끼아또 Cafe Macchiato**

에스프레소에 우유거품을 얹은 것을 말한다.

◆ **카페모카 Cafe Mocha**

에스프레소에 우유와 초콜릿을 첨가하여 휘핑크림을 얹은 커피로 단맛이 많이 난다. 초콜릿 대신에 화이트 초콜릿 시럽, 캐러멜 등을 섞을 수도 있다.

◆ **카페오레 CafeauLait**

'커피와 우유'라는 의미의 프랑스 풍의 커피로 커피를 보통커피의 추출농도보다 40%정도 진하게 추출한 후 큰 컵에 설탕을 미리 넣고 커피와 동시에 따뜻한 우유를 부어준다.

◆ **카페올 Caffeol**

볶은 커피로부터 나오는 향기로운 오일로 커피는 400°F(204℃)에서 열분해가 시작되어 짙은 갈색으로 변하면서 커피오일이 생기게 되며, 커피오일의 함량에 따라 커피의 풍미가 결정된다.

◆ **카페 브륄로 Cafe Brulot**

오렌지 레몬 껍질로 맛들여 브랜디 Brandy를 넣어 불을 붙인 뒤에 마신다.

◆ **카페익산 Caffeic acid**

커피의 쓴 맛을 내는 성분이다.

◆ **카페인 Caffeine**

식물에 함유되어 있는 쓴맛의 성분 알카로이드의 일종. 커피 이외에 카카오, 차 등에도 함유돼 있다. 주로 흥분, 이뇨, 강심의 작용이 있다. 체내에 들어간 카페인은 산화해서 요산 등이 되어 나온다.

- 카페인에 의한 쓴맛성분이며 전체의 10%정도이다.
- 퓨린(Puriine)염류에 속하며 재배지, 품종에 따라 함량 차이가 크다.

씨앗뿐만 아니라 잎에도 소량 함유(나무껍질과 뿌리에는 없음) 카페인은 열에 안정적이어서 130℃이상이 되면 일부 승화하여 소실되나 대부분은 원두에 남아서, 카페인 함량은 로스팅을 해도 거의 일정한 값을 유지한다.

◆ **카페 코르타도 Cafe Cortado**

소량의 진한 커피나 에스프레소 잔에 담긴 에스프레소 혹은 작은 유리잔에 달콤한 가당연유와 약간의 우유를 채운 것이다.

◆ **카페 콘 레체 Cafe con leche**

스페인이나 포르투갈식 카페라떼. 강하게 볶은 커피에 설탕과 따뜻한 우유를 넣어 마시는 것이다.

◆ **카페 프라페 Cafe Frappe**

에스프레소와 아이스크림, 얼음을 블랜더에 넣고 섞어준 것이다.

◆ **카페 필트러 Cafe Filtre**

여과한 커피 Filtered Coffee를 말한다.

◆ **카페 깔루아 Cafe Kahlua**

깔루아(혼성주)의 향기와 커피의 맛이 어우러진 독특한 커피를 말한다.

◆ **칼디 Kaldi**

기원 전 800년경, 에티오피아의 한 산골에 염소치는 소년 칼디(Kaldi)가 살고 있었다. 어느 날 기르고 있던 염소들이 갑자기 날뛰는 것을 보고 칼디는 염소들을 관찰했고 작은 나무에서 빨간 열매를 먹고 염소들이 흥분을 하고 밤에 잠을 자지도 않는 것을 발견하게 되었다. 칼디는 직접 열매를 따먹어 보았는데 갑자기 온몸에 힘이 넘치고 상쾌해짐을 경험했고 소년은 그 열매를 몇 개 따다가 가까운 곳의 이슬람 승려에게 보여 주었다. 승려는 여러 가지 실험을 거쳐 이 열매가 잠을 쫓는 효과가 있다는 것을 알아냈고 그 후부터 커피는 에티오피아 이슬람 승려들이 잠을 쫓고 기도를 하기 위한 음료로 이용되었다.

◆ **칼리타 드리퍼 Kalita Dripper**

페이퍼 드립용의 대표적인 드리퍼. 밑에 3개의 구멍이 있어 잘 막히지 않고 안정적인 커피를 추출할 수 있다. 메리타식의 메리타식 드립퍼는 구멍이 한 개로 잘 비교된다.

◆ **캐러멜리 Caramelly**

추출 커피의 무거운 향기중의 하나로 커피를 삼킬 때 생긴 증기 중에 있는 휘발성이 약한 당Carbony 화합물에 의해 캔디와 시럽같은 향이 생성된다.

◆ **캐러멜 화 Caramelization**

당을 가열할 때 생두에 5~10% 포함되어 있는 Sucrose의 갈변반응을 말한다.

◆ **캐미컬 Chemical**

'화학의, 화학적인'의 뜻으로 완전한 화학적인 맛을 말한다.

◆ **커먼 Common**

평범하고 보통의 커피를 말한다.

◆ **커퍼 Cupper**

커핑테스트를 전문적으로 수행하는 사람을 말한다.(커피 감별사) 원두의 품질을 감정하는 taster 를 말하며, 커피의 고유한 맛과 개성을 알아보고 품질정도를 측정하는 사람을 말한다. 커핑과정 에서는 커퍼의 능력이 절대적으로 중요한데 수년간의 훈련과 경험이 필요하다.

◆ **커피금지 Prohibition of Coffee**

1780년 프리드리히 대제는 독일에 커피를 금지시켰다. 오직 국가에서 커피로스팅공장을 세우고 로스팅할 수 있었다. 커피가 너무 비싸서 백성들이 커피에 열광하는 것이 국가에 악영향을 끼쳤기 때문이다. 커피수입은 외환으로 지급해 커피 소비를 조절하였다. 그가 죽고 난 뒤 금지령은 해제 되었다.

◆ **커피 런 Coffe Run**

커피를 데우기 위해 열을 가할 수 있는 전열기를 말한다.

◆ **커피 마에스터 Coffee Maester**

일본 스페셜티 커피 협회가 운영하는 협회에 가입한 사람을 대상으로 한 자격제도. 커피의 프로 서비스 스텝.

◆ **커피 밀 Coffe mill**

커피 그라인더를 말하며 가는 기구이다.

◆ **커피 벨트 Coffe Belt, 커피 존 Coffee Zone**

커피는 적도를 중심으로 남위 25도에서 북위 25도 사이의 열대, 아열대 지역에 속하는 나라에서 주로 생산되며 벨트 모양처럼 위치하고 있다고 하여 이를 커피 벨트(Coffee Belt) 또는 커피 존 (Coffee Zone) 이라고 하는데 약 60여개 국에서 생산되고 있다.

◆ **커피브레이크 Coffee Break**

차 마시는 시간, 휴식시간 오전 오후 중간의 약 15분 가량의 가벼운 휴식을 말하며, 각종 회의를 진행하는 동안 잠깐 쉬는 시간에 미리 준비한 커피 음료 등을 제공하는 약식 tea party를 말한다.

◆ **커피 수확 It's Coffee Bean**

1헥타르에 연평균 550kg의 커피가 수확된다. 아라비카 나무 한 그루에 약 1kg이 생산된다. 한 재 배국가나 지역에서 수확량은 차이가 있다. 코스타리카에서는 1헥타르당 1,600kg, 앙골라에서는 단지 100kg의 커피원두를 산출한다.

◆ **커피체리 Coffee Cherry**

커피의 과실. 익으면 빨간 색으로 체리와 비슷하여 그렇게 불린다.

◆ **컵 테스트 커핑 Cup-test Cupping**

커피의 품질을 감정하는 미각검사를 말한다. 감정을 하는 사람을 커퍼, 컵 테이스터라고 한다.

| 커핑 테스트 용어에 대한 내용 |

Winy, Sour, Acidity

| 컵핑(또는 컵테스트)에 대한 설명 |

– 커피와 물의 비율은 모든 견본에 대해 같게 하는데, 약 150ml의 물에 25g의 커피의 비율로 실시한다.

– 평가자의 후각, 미각, 촉각을 통해 관능적 평가를 실시하는 여러 과정으로 구성되어 있다.

– 컵핑 시 추출 방법은 침지법을 사용하다.

| 커핑시 이용되는 용어 |

– Flavor – 입속에 커피를 머금었을때 후각과 입속에 느껴지는 맛과 향

– Aroma – 후각으로 느낄 수 있는 커피에서 증발되는 냄새

– Taste – 혀로 느낄 수 있는 커피의 단맛, 신맛, 및 쓴맛

| SCAA커핑 테스트 평가항목 평가기준 |

① Fragrance/Aroma

원두를 분쇄 후 물을 붓기 전의 향을 Fragrance 라고 하며, 분쇄한 후 물을 만났을 때의 향을 Aroma라고 한다. 평가기준으로는 달콤 새콤한 경쾌한 향이 느껴질수록 10에 가깝고 암모니아 냄새와 같이 발효된 듯한 안 좋은 향은 1에 가깝다.

② Acdity

커핑 스푼을 통해 커피 액이 입 안으로 들어갔을 때 혀에서 느껴지는 새콤함이다. 평가기준으로는 오렌지와 같이 상큼함이 느껴질 경우 1에 가깝고, 발효 된 식초맛과 같다면 1에 가깝다.

③ Flavor

맛과 향의 종합적인 느낌이다. 맛과 향이 균형감이 있으면 10에 가까우며, 시큼한 맛이나 쓴맛이 두드러 지거나, 향이 약할 경우 점수는 낮다.

④ Body

입안에서 느껴지는 중후함이다. 원두의 오일(지방) 고형 침전물에 기인하는 커피 액의 질감으로 강하게 느껴지면 10, 약하게 느껴지면 1에 가깝다.

⑤ Aftertaste

커피액을 입 안에서 굴리면서 평가한 후 뱉은 다음 느껴지는 맛과 향에 대한 전체적인 느낌이다. "taste"라는 용어가 들어가 있으나 맛에 대한 평가로 오인 할 수 있다. 맛과 향의 조화로운 균형감이 느껴지면 10에 가까우며, 어느 한쪽으로 치우쳐 있다면 1에 가깝다.

⑥ Cupper's point

커피에 대한 평가자의 전체적인 견해이다. 전체적인 항목에서 좋은 점수를 받았다면 +5에 가까우며, 반대인 경우 -5에 가깝다.

⑦ Overall

각 항목의 점수를 합산한 다음 40을 더하여 나온 결과를 기록한다. 커피의 품질을 감정하는 미각검사를 말한다. 감정을 하는 사람을 커퍼 또는 컵 테이스터라고 한다.

◆ 커피 플로트 Coffee Float

유리컵에 커피를 붓고 얼음을 넣은 다음 아이스크림을 덮은 후 생크림을 친 커피를 말하며, 카페 그라쎄 Cafe Grasset 또는 카페제라트 Cafe Gelate라고도 한다.

◆ 커피 아이리시 Coffe Irish

1인분의 커피를 Tumbler Glass에 서서히 넣으면서 설탕을 2ts을 가하여 뜨거운 커피 2/3을 따른다. 잘 섞은 후에 Irish Whisky 2ts를 첨가하여 크림 1ts를 띄운다. 추울 때 마시면 좋다.

◆ 케냐 Kenya

케냐 커피는 우리가 커피에 대해 기대하는 거의 모든 것을 가지고 있다. 그래서 커피 일에 종사하는 사람은 누구나 케냐 커피를 최고급 커피의 하나로 꼽는다. 이 나라의 커피는 대부분 1,500~2,100ft의 고지대에서 생산되며, 연간 2회 수확한다. 매주 케냐 커피 전매청에서 열리는 경매시장에서 맛과 등급에 따라 분류되어 수출된다.

◆ 켄트 Kent

인도의 고유품종으로 높은 생산성을 가지며, 특히 커피잎 녹병(CLR)에 강하다.

◆ 코나 커피 Kona Coffee

세계에서 가장 인기 있는 커피원두 중의 하나로 하와이 코나섬에서 재배한 커피 품종으로 신맛이 적당하며 꽃향과 과일향이 은은하게 느껴지는 것이 특징이다.

◆ 코스타리카 Costa Rica

수도 산호세 중앙공원 지역의 경사면과 태평양 해변 San Carlos, San Vitodejava에서 재배
* 품질 등급 - SHB, GHB, HB. 대체로 강한 신맛 특성을 가지고 있으며 감칠맛과 향이 양호

◆ 코코 Coco

드라이 체리. 결점두의 하나로 이것이 섞인 상태로 커피를 내리면 악취를 포함하며 코코는 갈변을 의미한다.

◆ 코페아 Coffea

커피의 품종으로 다년생 쌍떡잎식물로 분류되며, 원산지는 아프리카와 에티오피아로 추정된다.

◆ 코피 루왁 Kopi Luwark

스페셜티 인도네시아 커피. 사향고양이 루왁의 배설물로 만들어진다. 루왁은 야생에서 자란 커피 열매를 먹고 소화시켜 다시 배설하고 이것을 모아 가공하여 수출한다. 자연스럽게 소량 생산하여 공급된다. 루왁커피는 인기가 무척 많아 더 비싸게 거래된다. 사향 고양이의 장에서 특별한 발효를 거친 코피 루왁은 부드럽고 쓴 맛이 덜하다.

◆ 콘 파나 Con panna

데미타스 잔의 에스프레소에 휘핑크림을 얹은 것을 말한다. 마끼아또와 비슷하지만 덜 달다.

◆ 콜롬비아 Colombia

콜롬비아 커피의 주요산지는 포파야(Popayan), 아르메니아(Armenia), 페레이라(Pereira), 마니잘레스(Manizales), 메델린(Medellin), 부카라망가(Bucaramanga)등이 있다.

※ MAM : 메델린(Medellin), 아르메니아(Armenia), 마니잘레스(Manizales) 이 세곳을 칭하는 명칭이다. 생두 사이즈에 따라 스크린 사이즈 17이상#17=수프리모Supremo, 스크린사이즈 14~16#=엑셀소Excelso로 나뉜다. 연간 98만톤을 생산하여 세계 총생산량의 15%를 차지하는 세계 2위의 커피 생산국이며 주로 3,600~6,000ft 지역에서 재배된다.

* 품질 등급 : Screen size에 의해 Supremo, Excelso, UGQ 등으로 분류
* 주요 특징 : 진한 녹색을 띠면서 향미는 풍부하면서도 부드러운 것이 특징. 감칠맛이 있고 맛과 향이 뛰어나며 세계 최고급품으로 평가.

◆ 콜롬비아 마일드 Colombia Mild

콜롬비아, 탄자니아, 케냐 3국의 커피의 총칭. 고품질의 수세식 아라비카종을 말한다. 커피의 국제거래장에서 그룹핑된 산지별 분류 중 하나이다.

◆ 쿨링판 Kullingpan

로스팅된 커피를 빠르게 식혀 주는 역할을 하는 용기를 말한다.

◆ 퀘이커 Quakers

미성숙콩. 녹색의 의미에서 붙여져서 이것이 섞인 상태로 커피를 내리면 풋내가 난다.

◆ **크래마 Crema**

에스프레소를 뽑았을 때 표면에 생기는 거품.

◆ **크롭 Crop**

수확, 수확량 이외에 커피콩 자체를 말할 때도 있다.

◆ **크랙 Crack**

로스팅 단계의 물리적 변화를 말하며 1차크랙은 생두의 세포내부의 수분이 증발되면서 내부압력에 의해 타닥타닥 하는 소리가 나는데 이때가 발열반응의 시작이다. 신향이 발산되기 시작하고, 진행될수록 신맛이 안정되고 바디는 점점 강해지기 시작한다. 2차크랙은 주로 이산화 탄소의 생성에 의한 팽창으로 발생하고 발열 반응 중 마지막 단계이다. 원두의 조직이 최대한 팽창 되면서 1차 크랙때보다 강한 커피향이 나고, 커피의 성분 중 오일성분이 원두 표면으로 표출 되어 원두에 윤기가 난다. 이때 커피의 단맛과 쓴맛이 조화롭게 나타난다. 2차 크랙이후는 커피표면의 오일성분이 타면서 이 때 커피의 향과 맛은 사라지게 된다.

◆ **크리머 Creamer**

커피를 서브할 때 커피 크림을 담는 용기를 말한다. Cream Separator

◆ **크린 Clean**

커피맛의 깔끔함의 정도를 보는 평가기준으로써 그린빈의 생산 과정과 직접적인 관련이 있다. 표현 용어로는 Bright, Clear 등을 들 수 있다.

◆ **클로로제닉산(Chlorogenic acid)에 의한 갈변**

고분자의 갈색색소는 Chlorogenic acidfb와 단백질 및 다당류와의 반응으로 형성된다.

◆ **클리어 Clear**

커피를 마셨을 때 깔끔하게 넘어가는 느낌의 표현 용어

◆ **클래시피카도르 Classificador**

브라질의 커피심사 기술을 가진 감정사 또는 커피의 등급을 나눌 수 있는 사람을 말한다.

◆ **클로로겐산 Chlorogenic Acid**

커피에 함유되어 있는 탄닌 성분의 하나로 향미의 근원이 된다. 건강적으로도 효과가 있어 최근 주목을 받고 있다.

◆ **타리 Tarry**

커피 추출액의 단백질이 타서 생성된 불쾌한 탄 맛이 나는 결점

◆ **탄자니아 Tanzania**

커피 산업이 국가 경제의 가장 중요한 요소 가운데 하나.

북부와 남부를 통틀어 거의 전 지역에서 커피가 생산된다. 그 중에서도 아프리카 최고의 명산 킬리만자로 산록에서 생산되어 '킬리만자로'라고 이름 붙여져서 출하되는 커피들은 강한 향과 상쾌함이 곁들여진 풍부한 맛으로 커피 애호가들에게 극찬을 받고 있다.

◆ **탬핑 Tamping**

탬핑이란 필터 홀더에 넣은 커피를 탬퍼 Tamper로 다지는 것을 말한다. 탬핑에 큰 비중을 두지 않는 경우가 있으나 탬핑의 강도에 따라, 탬핑을 약하게 하면 좀 더 빨리 투과되고 너무 강하게 탬핑하면 천천히 투과되어 탬핑의 방법에 따라 커피 맛에 영향을 줄 수 있어 올바른 탬핑 방법이 중요할 수 있다.

◆ **탬퍼 Tamper**

커피가루를 필터에 누를 때 사용하는 에스프레소용 도구

◆ **터키식 커피 Turkish Coffee**

가장 오래 된 추출 기구인 이브릭Ibrik, 체즈베Cezve 로 여과하지 않고 커피를 닳여 추출한다. 커피 입자는 에스프레소보다 더 가늘게 분쇄한다.

◆ **Table Dry 방식**

건조대 위에 커피를 펼쳐서 건조하는 방식으로 파치먼트 건조에 주로 사용되며 건조에는 5~10일 정도 걸리게 된다. 건조시간을 단축시키고 흙과의 접촉을 통한 오염을 막아 줄 수 있으나 보다 많은 노동력을 필요로 한다.

◆ **테인트 Taint**

커피에서 감염된 맛이 날 때 쓰는 평가기준 용어이다. 커피 생산의 전 과정에서 환경에 의해 빈 자체의 화학적 변화나 외부에서 흡수된 물질이 풍미에 영향을 끼쳐 내는 맛이다.

◆ **토라자 Toraja**

인도네시아 슬라웨시Sulawesies 지역의 커피로, 이 전 셀레베스 섬으로 불린 탓에 슬라웨시 섬의 커피는 "셀레베스"라고도 불린다. 토라자는 인도네시아 슬라웨시섬의 토라자족 종족명을 딴 이름으로 결점두수의 1의 최고급 커피중 하나이다.

◆ **트리고넬린 Trigoneline**

생두에 있는 쓴맛 성분이며 카페인의 약 25%의 쓴맛을 낸다. 커피뿐만 아니라 어패류와 홍조류 등에 다량 함유되어 있다. 아라비카종이 다른 종보다 비교적 많이 함유되어 있다. 원두에는 열에 불안정하여 로스팅이 진행되면 급속히 감소한다.

◆ **트리플 triple**

에스프레소 커피 세 잔을 뽑는 것 75ml을 말한다.

◆ **티피카 Typica**

아라비카 원종에 가장 가까운 품종. 콩은 긴 편이고 좋은 향과 신맛을 가지고 있으나 커피잎 녹병에 취약하다. 블루마운틴, 하와이 코나가 대표적인 Typica 계통이다.

◆ **팁티드 Tipped**

로스팅 시 열량 공급속도가 너무 빨라 콩이 부분적으로 타서 발생하는 현상

ㅍ

◆ **파인 컵 Fine Cup**

좋은 커피는 긍정적인 부드러운 특징을 지니고 있으며, 입안에서 커피의 맛이 맴도는 단계로 커피를 목으로 삼킨 뒤 미각에 남아 도는 뒷맛을 나타낸다.

◆ **파치먼트 Parchment**

생두를 감싸고 있는 껍질(내과피, Endocarp) 이것이 붙은 채로 건조시킨 커피를 파치먼트 커피라고 말한다. 생산지에서는 이대로 거래되기도 한다.

◆ **파카마라 Pacamara**

마라스와 마라고지페 아라비카 품종의 교배종

◆ **파티오 Patio 건조**

콘크리트나 아스팔트, 타일로 된 건조장을 파티오라고 하며 체리나 파치먼트를 펼쳐 놓은 후 30~40분마다 갈퀴(rake)로 뒤집어 골고루 건조가 되도록 한다. 파치먼트는 7~15일, 체리는 12~21일 정도 걸리게 된다.

◆ **파푸아뉴기니 커피 Papua New Guinea Coffee**

뉴기니 산으로 불리고 있다. 1937년, 자메이카의 블루마운틴 지역에서 수입된 종자로 경작을 시

작했고, 1950년에 케냐에서 Bourbon이, 1962년에는 Mundo Novo, 1962년에는 Catura 종이 경작되었다. 생산량은 120만 Bag으로, 대부분의 커피를 수출한다. 수확기간은 4월에서 9월까지이고 특별한 커피의 등급은 AA, A, AB, X 등으로 나누고 있다. 커피는 Mount Hagen 주위의 고산지대에 있는 소규모 농원의 농부들에 의하여 재배되고 수세식으로 가공 처리된다.

◆ **패스트 크롭 Past Crop**
수확된 후 1~2년이 경과한 생두

◆ **팬시그린 Fancy Green**
커피콩의 원산지 표고(해발 고도)에 따른 분류 용어의 하나로, 보통 5,000ft 1640m이상의 고지대에서 생산된 커피를 말한다.

◆ **퍼맨티드 Fermented**
혀에 매우 불쾌한 신맛을 남기는 맛의 결점을 말한다.

◆ **퍼콜레이터 Percolator**
아메리카 발상의 순환식 커피 추출기구이다. 여과방법을 이용하여 불 위에 직접 끓이는 방법을 말한다.

| **추출방법** |
① 커피는 필터에서 커피가루가 새지 않도록 거칠게 분쇄한다.
② 필터에 커피를 넣어준다.
③ 포트에 물을 끓이면 물이 파이프를 통하여 올라와 상부 필터로 순환하며 추출되는 방식이다.
④ 3~4분 뒤 불을 끄고 바스켓을 꺼낸 뒤 1분 정도 커피 분말이 가라앉은 뒤 커피를 컵에 부어마시면 된다.

◆ **펄프 Pulp**
단맛이 나는 과육 부분(중과피,Mesocarp)

◆ **펄프드 내츄럴 Pulped Natural**
펄핑을 한 후에 점액질을 제거하지 않고 그 상태로 건조하는 방식으로 브라질에서 주로 사용된다. 건식법과 습식법의 중간적인 형태이다.

◆ **페네이라 Peneira**
수확할 때 이물질을 제거하기 위해 사용하는 둥근 망을 말한다.

◆ **페더링 Feathering**
뜨거운 커피에 커피크림을 첨가하면 커피의 표면에 작은 형태의 털 조각이 떠다니는 것 같은 응고 현상이 일어나는 것을 말하며 이것을 우모현상이라 한다.

◆ **페루 커피 Peru Coffee**

최근 생산량이 증가하는 추세.

　* **주요 산지** – 북부 산악 지방 과 중부 등에서 생산.
　* **품질 등급** – 산지명 (Cuzco, Tingo Maria, Chanchamayo)과 가공 방법 (Washed AAA, AA, A)에 따라 분류한다. 주요 특징은 약간 푸른색과 밝은 녹색으로 신맛과 감칠맛이 양호하고 부드러운 것이 특징. 특히 Chanchamavo 커피는 3,000ft 이상에서 재배되는 최고급품으로 평가받는다.

◆ **페이퍼 드립 Paper Drip**

드립식 추출법에서 가장 일반적으로 사용되고 있는 필터이다. 융 드립을 간편화하기 위해 시작된 것으로 위생적이며, 관리나 뒤처리가 쉬워 대중적으로 사용되고 있는 여과방법이다.

◆ **포인트 Point**

긍정적인 맛과 모양, 그리고 산 정도를 가진 커피를 말한다.

◆ **포터필터 Potafilter**

에스프레소 기계에 의해 만들어지는 많은 양의 열과 압력을 견딜 수 있게 디자인되어 커피머신의 부속품이다. 하나의 주사구 형태와 두 개의 주사구로 되어 있는 형태가 있다.

◆ **폴리페놀 Polyphenol**

포도의 타닌과 포도껍질의 색소에서 주로 발견되며, 심장 질환을 막아주는 성분이다.

◆ **풀 Full**

향기의 강도를 나타내는 말인데 , 풍부하지만 강도가 약한 향기(full&not strong)를 말한다.

◆ **퓨어링 아트 Pouring Art**

'붓다' 또는 '따르다'라는 의미로, 스티밍 된 우유를 부어주며 스팀 피처를 흔들어서 유량을 달리하여 그림의 크기 및 모양을 바꾸는 라떼아트 작업

◆ **프래그런스 Fragrance**

커피빈이나 가루를 코로 들이마시면 맡게 되는 향기로써 Floral, Spicy 등으로 표현할 수 있다. 특성은 볶은 커피의 분쇄향기(=Dry aroma)원인 물질은 에스테르 화합물Flower

◆ **프레도 Freddo : Cafe Freddo**

일반 적으로 아이스커피 Iced Coffee를 말하며, 이탈리아에서는 카페 프레도 Cafe Freddo가 아이스 커피이다. 프레도 Freddo는 이탈리아어로 거품이 있는 아이스 음료를 말하며, 카페 프레도의 경우 커피와 얼음을 넣고 시럽을 셰이크에 넣어 흔들면 거품이 있는 차가운 아이스커피(카페 프레도)가 완성된다.

◆ **프렌치 로스팅 French Roasting**

커피콩을 볶는 방법중에 강한 볶음을 말하는데, 지방 성분이 표면으로 스며나와 오래 보관할 수
없으나 카페오레, 비엔나 커피 등에 알맞다.

◆ **프렌치 프레스 포트 French Pess pot**

유리피스톤포트, 또는 프레스 포트. 포트안에 커피가루를 채우고 뜨거운 물을 부어준다. 3~4분
후에 필터 막대로 커피찌꺼기를 아래로 눌러준다.

◆ **프로코프 Cafe de Procope**

프랑스 최초의 커피숍. 1686년 프로코피오(Procopio)에 의해 오픈되었다.

◆ **프리미엄 그레이드 Premium Grade**

Category I(Primary defect)이 허용되며 Full defects가 8 이내

◆ **플랫 Flat**

커피 향기의 강도를 나타내는 말로 '향기가 없을 때(absence of any bouquet)'를 말한다. Bouquet,
즉 Fragrance, 아로마, 뒷맛 모두에서 향이 느껴지지 않는 것을 표현하는 용어이다. 그린빈의 생
산 과정에서의 문제라기보다는 로스터의 잘못된 그린빈 보관 상태와 직접적인 연관이 있으며, 추
출 후 보관 과정에서 향기 성분이 커피에서 소멸되어 발생하기도 한다.

◆ **플레이버 Flavour**

우리가 커피를 마실 때 느낄 수 있는 커피의 향기(Aroma)와 맛(Taste)의 복합적인 느낌을 플레이
버(Flavor, 향미)라고 한다. 이런커피 플레이버에 대한 관능평가(Sensory evalution)는 후각(Ol-
faction), 미각(Gustation), 촉각(Mouthfeel)의 세 단계로 나뉜다.

◆ **플레이버 커피 Flavour Coffee**

커피에 천연향이나 인공향을 집어넣어 숙성시켜 원래의 커피맛에 또 다른 맛을 가미시킨 커피를
말한다. 아로마 성분을 함께 볶든지, 볶은 후 따뜻한 원두에 뿌리든지 한다. 캐러멜, 바닐라, 헤이
즐넛, 아마레또가 있다.

◆ **플랫 빈 Flat Been**

평두. 일반적인 커피콩을 말하며 커피 체리 중에서 서로 마주보며 2알이 들어있다. 상접한 면이
평평한 것에서 플랫빈이라고 불린다.

◆ **피베리 Peaberry**

일반적인 커피열매는 체리 안에 두 개의 콩을 가지고 있으나 한 개의 콩을 가지고 있는 경우도 있
는데 이를 피베리(Peaberry)라고 부른다. 발생 원인은 유전적 결함, 환경적 조건 또는 불완전한

수정 등이다. 일반적인 수확 시 5~20% 정도 생산되며 평균 10% 정도가 섞여 있다. 일반 콩(Flat bean)과 품질이 비슷하나 수확량이 적어 희소가치가 있으며, 스페셜 등급으로 팔릴 때도 있다. 카라콜리로(Caracolillo)라고도 한다.

◆ **핀케로 Finquero**
커피 농장 주인을 말한다.

◆ **필터홀더 Filter Holder**
에스프레소머신의 포터필터에서 커피가루를 채운 바스켓 필터를 고정시키는 홀더이다.

ㅎ

◆ **하드빈 Hard Bean : HB**
보통 커피는 4,000~4,500ft 의 고도에서 자라는데, Hard Bean은 4,500ft 이상의 고도에서 자라는 것을 말한다. 높은 지역에서 자라난 커피 일수록 더 늦게 자라나므로 밀도 있고, 단단하며 다른 커피 보다 맛이 좋다.

◆ **하이그론 커피 Coffee Haigeuron**
고도 600m 이상에서 재배되는 커피를 이르는 표현

◆ **하이디 Hidy**
우지(牛脂)나 가죽냄새가 나는 향기 결점을 말한다.

◆ **하와이 커피 Hawaii Coffee**
1829년부터 커피가 재배된 후 기술 개발에 의해 단위 면적당 수확량이 많다. 800~2400ft에서 주로 재배.
* **주요 산지** – 화산 서쪽 경사면 지역.
* **품질 등급** – Screen size에 의해 Extra Fancy, Fancy, Prime 등으로 분류.
* **주요 특징** – 녹색을 띠면서 Full Body, Aroma를 가졌고, 깨끗한 향미와 신맛, 부드러운 감칠맛을 풍부하게 느낄 수 있다.

◆ **하쉬 Harsh**
맛의 결이 거칠게 느껴질 때 표현하는 용어

◆ 한국커피 Coffee in Korea

1896년 아관파천 당시 고종황제가 러시아 공사 베베르(Karl Ivanovich Veber)를 통해 우리나라 최초로 커피를 마셨다고 전해지며 그 후 고종은 정관헌(靜觀軒)이라는 서양식 건물에서 커피를 즐겼다고 한다. 당시 커피를 서양에서 들어 온 국물이라 하여 '양탕국' 이라 불렸으며 우리나라 최초의 커피하우스는 손탁 호텔(Sontag Hotel)이다.

◆ 함유성분 a component

커피원두는 30~40%의 탄수화물, 약 10%의 지방과 기름, 11%의 단백질, 4%의 미네랄성분, 10~13%의 물, 0.8~2.5%의 알카로이드와 커피 맛을 특징지어주는 단지 약 0.1%의 휘발성 아로마 성분으로 구성되어 있다. 향을 결정하는 성분의 가장 큰 부분은 아직 알려지지 않았다.

◆ 향미플레버 Flavor

커피의 향기Aroma와 맛Taste의 복합적인 느낌을 말한다.

◆ 향기의강도 aroma intensity

Rich – 풍부하면서도 강한 향기(full&strong)

Full – 풍부하지만 강도가 약한 향기(full&not strong)

Rounded – 풍부하지도 않고 강하지도 않은향기(not full&strong)

Flat – 향기가 없을 때(absence of any bouquet)

◆ 향기의 종류(SCAA Cupper's Handbook) 반응

효소 작용(Enzymatic by-products) : Flowery, Fruity, Herby

갈변 반응(Sugar browning by-products) : Nutty, Caramelly, Chocolaty

건류 반응(Dry distillation by-products) : Turpeny, Spicy ,Carbony

※ 아래로 갈수록 분자량이 크고 무거워서 휘발성이 약해진다.

◆ 향커피 flavored coffee

아로마 성분을 함께 볶든지, 볶은 후 따뜻한 원두에 뿌리든지한다. 캐러멜, 바닐라, 헤이즐넛, 아마레토가 있다.

◆ 핸드 피크 Hand-pick

커피콩의 수확 선별을 수작업으로 하는 것을 말한다.

◆ 핸드 소팅 Hand Sorting

생두에 포함 된 결점두를 제거하는 작업이다.

◆ **헐링 Hulling**

'배의 뼈대와 외곽재'의 뜻이며, 수세식 정제법의 마지막 공정으로 내과피, 은피를 기계(헐링머신)로 제거하는 일을 말한다.

◆ **호스호리도 Fosforito**

커피종자를 뿌려 약 1주일이 지나면 발아하고 약 1개월 후에는 5-6cm로 성장하는데 그 형태가 성냥개비와 비슷하기 때문에 이렇게 부른다.

◆ **호퍼 Hopper**

볶을 생두를 담아 놓는 곳

◆ **혼합블렌딩 Blending Before Roasting**

정해진 블렌딩 비율에 따라 생두를 미리 혼합한 후 로스팅 하는 방법한번만 로스팅을 하므로 편리

◆ **홀빈 Whole been**

로스팅한 커피 원두를 홀빈(배전두)이라 한다.

◆ **확인창 view window**

로스팅 과정 중에 원두의 볶음 정도를 볼수 있는 창

◆ **확인봉 sampler**

로스팅 과정 중에 원두의 향, 모양, 컬러의 변화를 직접 확인할 수 있는 봉

◆ **헤비 Heavy**

커피의 섬유질과 물에 녹지 않는 미세가루 등의 양에 따르는 구분으로 물에 혼입된 커피가루 등이 많다는 표현이다. 주로 에스프레소 식으로 추출한 커피를 표현할 때 사용한다.

◆ **후루티 Fruity**

아로마의 감각이며 주로 시트러스나 베리 종류의 과실 향을 연상시키는 향을 일컫는다.

◆ **환원당 reducing sugar**

염기성 용액에서 어떤 알데하이드 또는 케톤을 형성하는 당의 일종이다. 포도당·과당·엿당·글리세르 알데하이드·아라비노스 등이 여기에 속한다. 메일라드 반응과 베네딕트 반응에서 환원제로서 작용한다. 케톤기를 포함하는 모든 단당류는 케토스로서 알려져 있고 알데하이드기를 포함하는 단당류는 알도스로서 알려져 있다. 펠링용액(황산구리의 알칼리용액)을 환원하여 이산화구리를 만든다. 포도당·과당·엿당 등이 포함되며, 설탕으로의 환원력은 없다. 아미노산 등과 화학반응을 일으켜 갈색 물질을 쉽게 만들어 식품이 갈변하는 원인이 된다.

커피바리스타 자격검정(2급 · 1급) 등록 정보

직업능력개발원 등록번호 2013-0972

(사)한국관광음식문화협회
홈페이지: http://kofa.co.kr
전화번호: 031-753-0138

1. 자격종목

자격의 종목은 1개 종목으로 하며 종목명은 커피바리스타, 등급은 1급과 2급이다.

2. 검정기준

본 협회는 커피제조 및 매장관리전문가로서 그 업무를 원활하게 수행할 수 있는 직무능력을 갖추고 있는지 유무를 기준으로 하여 커피 바리스타 (1급, 2급) 자격검정기준을 다음과 같이 정한다.

자격종목	등급	검정기준
커피 바리스타	1급	■ 커피 관리의 전문이론을 이해하였는지를 검정하는 전문 수준 ■ 커피 관리의 실무 책임자로서 에스프레소 음료 제조, 커피 추출 운용, 커피 생두 선택, 커피 로스팅, 커피 블렌딩, 커피 테이스팅, 커피 매장의 위생관리, 영업 관리 및 운영, 커피의 역사, 커피 기초 영양의 기본 지식을 바탕으로 하여, 커피기계 운용, 커피 음료 제조, 라떼아트, 원두선택, 커피 추출조건에 따른 분쇄도 조절 등에 대한 능력을 갖춘 전문가 수준
	2급	■ 커피 추출 운용, 커피 생두 선택, 커피 로스팅, 커피 블렌딩. 커피 테이스팅. 커피 매장의 위생관리, 영업 관리 및 운영, 커피의 역사, 커피 기초 영양의 기본 지식에 대한 이해를 갖춘 수준 ■ 커피기계 운용, 에스프레소 추출 및 에스프레소 음료, 커피음료제조 등 에스프레소와 카푸치노를 판매할 정도의 수준으로 한정된 범위 내에서의 커피음료를 제조하는 능력을 갖춘 수준

3. 검정방법 및 검정과목

검정은 필기시험과 실기시험으로 시행하며, 필기시험 응시 후 필기시험 합격자에 한하여 실기시험을 응시 할 수 있다.

① 필기시험의 방법은 다음과 같다
  - 자격종목에 따른 출제기준에 정한 과목으로 한다.
  - 문제유형은 난이도높음과 보통으로 나뉘며, 1급 필기시험은 난이도 높음 (* 표) 중에서 주로 출제되며, 2급 필기시험은 난이도 보통 (* 표 없음)중에서 주로 출제 된다.
  - 시험형태는 사지선다 객관식으로 한다.
  - 자격종목별 필기합격 후 실기시험 응시까지의 기간은 2년으로 제한한다.
  - 과목별 시험문항수와 시험시간은 아래 합격기준과 같다.
② 실기시험의 방법은 다음과 같다.
  - 실기시험의 방법은 시행종목 2가지의 평가항목별 세부배점기준에 따른다.
  - 실기시험의 시행종목 2가지 각각 배점이 60점 이상이어야 한다.
  - 시험형태는 작업형 평가로 시행한다.

검정방법			검정 과목(분야 또는 영역)	합격기준
필기	객관식	1급	에스프레소 음료 제조, 커피 추출 운용, 커피 음료 제조, 라떼아트.커피 기계 운용 및 수리, 커피 생두 선택, 커피 원두 선택. 커피 로스팅, 커피 블렌딩. 커피 테이스팅. 커피 매장의 위생관리,영업 관리 및 운영, 커피의 역사, 커피 기초 영양,(*난이도 높음)	60문항 100점 만점을 기준으로 60점 이상 점수취득자 시험시간 / 50분
		2급	에스프레소 음료 제조, 커피 추출 운용, 커피 음료 제조, 라떼아트.커피 기계 운용 및 수리, 커피 생두 선택, 커피 원두 선택. 커피 로스팅, 커피 블렌딩. 커피 테이스팅. 커피 매장의 위생관리, 영업 관리 및 운영, 커피의 역사, 커피 기초 영양, (난이도 보통)	60문항 100점 만점을 기준으로 60점 이상 점수취득자 시험시간 / 50분
실기	작업형	1급	■ 기술평가 준비평가(분쇄도 조절 능력), 에스프레소 평가, 라떼아트 평가(로제타, 결하트, 3단 튤립 중 2가지 종목 선택), 기술적 평가, 중요평가 ■ 감각평가 에스프레소 평가, 라떼아트 평가, 서비스 평가, 시연시간 평가, 중요평가	-기술평가 60점 이상 -감각평가 60점 이상 (시험시간/ 20분)
		2급	■ 기술평가 준비 평가, 에스프레소 평가, 카푸치노 평가, 위생평가, 중요평가 ■ 감각평가 에스프레소 평가, 카푸치노 평가, 서비스 평가, 시연시간 평가	-기술평가 60점 이상 -감각평가 60점 이상 (시험시간/ 15분)

③ 커피바리스타 자격증의 검정과목과 과목별 주요내용은 다음과 같다.

급수	검정 방법		검정과목	주요 내용(분야, 영역)	시험문항, 배점
커피바리스타1급	필기	객관식	에스프레소 음료제조	에스프레소 추출, 에스프레소 음료 제조	3문항
			커피추출 운용	여과식 커피추출, 침지식 커피 추출	3문항
			커피음료제조	커피음료 우유 스티밍, 에스프레소 커피음료 음료제조, 응용 에스프레소 커피음료 제조	3문항
			라떼아트	푸어링 아트, 에칭 아트, 스텐실 아트	5문항
			커피기계 운용 및 수리	에스프레소 머신, 커피 그라인더, 보조기계 운용, 커피기계 고장 진단 및 수리	6문항
			커피생두선택	커피생두 품종별 선택, 생두의 가공처리 방법별 분류, 생두의 원산지별 분류	7문항
			커피원두 선택	커피 원두 배합비율, 볶음 정도, 숙성 정도 선택 , 커피원두 평가	3문항
			커피로스팅	로스팅 방법, 로스팅 및 로스팅 기계 관리	6문항
			커피블렌딩	블렌딩 생두/원두선택, 블렌딩 방법선택, 블렌딩 배합비율 선택	4문항
			커피테이스팅	커피 테이스팅 방법 및 평가항목과 기준, 결과	5문항
			커피매장 영업관리, 위생관리 및 운영	식품 위생법, 위생관리, 안전 관리커피매장 고객 서비스, 자재, 재고 관리, 직원 스케줄관리, 영업일지작성, 영업현황분석, 고객관리	8문항
			커피의 역사	커피의 어원, 커피의 발견, 커피의 전파,	2문항
			커피의 기초 영양	우유의 영양, 갈변 반응, 당질, 지질, 필수 아미노산, 산패	5문항
			총 문항수		60문항

급수	검정 방법		검정과목	주요 내용(분야, 영역)	시험문항, 배점
커피바리스타 2급	필기	객관식	에스프레소 음료제조	에스프레소 추출, 에스프레소 음료 제조	10문항
			커피추출 운용	여과식 커피추출, 침지식 커피 추출	10문항
			커피음료제조	커피음료 우유 스티밍, 에스프레소 커피음료 음료제조, 응용 에스프레소 커피음료 제조	6문항
			라떼아트	푸어링 아트, 에칭 아트, 스텐실 아트	2문항
			커피기계 운용 및 수리	에스프레소 머신, 커피 그라인더, 보조기계 운용,커피기계 고장 진단 및 수리	3문항
			커피생두선택	커피생두 품종별 선택, 가공처리 방법별 분류, 원산지별 분류	10문항
			커피원두 선택	커피 원두 배합비율, 볶음 정도, 숙성 정도, 커피원두 평가	2문항
			커피로스팅	로스팅 방법, 로스팅 및 로스팅 기계 관리	2문항
			커피블렌딩	블렌딩 생두/원두선택, 블렌딩 방법선택, 블렌딩 배합비율 선택	1문항
			커피테이스팅	커피 테이스팅 방법 및 평가항목과 기준, 결과	1문항
			커피매장의 영업관리, 위생관리 및 운영	커피매장 고객 서비스, 자재, 재고관리, 직원 스케줄관리, 영업일지작성, 영업현황분석, 고객관리	9문항
			커피의 역사	커피의 어원, 커피의 발견, 커피의 전파	2문항
			커피의 기초 영양	우유의 영양, 갈변 반응, 당질, 지질, 필수 아미노산, 산패	2문항
			총 문항수		60문항

4. 응시자격

커피바리스타 자격검정에 응시자격은 다음과 같다.

자격종목	검정방법	응시자격
커피바리스타 1급	필기	커피바리스타 2급 합격자에 한함
	실기	커피바리스타 1급 필기 합격자에 한함
커피바리스타 2급	필기	연령, 학력 자격 제한 없음
	실기	필기 합격자에 한함

핸드드립 마스터 자격검정 등록 정보

직업능력개발원 등록번호 2013-0973

(사)한국관광음식문화협회

홈페이지: http://kofa.co.kr
전화번호: 031-753-0138

1. 검정기준

본 협회는 핸드드립 커피 제조 및 매장관리 전문가로서 그 업무를 원활하게 수행할 수 있는 직무능력을 갖추고 있는지 유무를 기준으로 하여 핸드드립 마스터 자격 검정 기준을 다음과 같이 정한다.

자격 종목	등급	검정 기준
핸드드립 마스터	없음	– 커피 추출 운용, 커피 생두 선택, 커피 원두 선택, 커피 로스팅, 커피 테이스팅, 커피 매장 영업 관리 및 운영, 커피의 역사, 커피의 기초 영양, 커피 위생관리 등 기본이론을 이해하였는지를 검정하는 기초 수준 – 커피의 분쇄와 추출, 드립 커피의 종류 및 기초 실습 　(칼리타, 하리오, 멜리타, 고노, 융드립, 사이폰, 기타 핸드드립 추출법 등)

2. 검정방법 및 검정과목

검정은 필기시험과 실기시험으로 시행하며, 필기시험 응시 후 필기시험 합격자(면제자)에 한하여 실기시험을 응시 할 수 있다.

① 필기시험
 – 자격종목에 따른 출제기준에 정한 과목으로 한다.
 – 문제유형은 난이도 높음과 보통으로 나뉘며, 핸드드립 마스터의 필기시험은 난이도 보통(* 표 없음) 중에서 주로 출제 된다.
 – 시험형태는 사지선다 객관식으로 한다.
 – 자격종목별 필기합격 후 실기시험 응시까지의 기간은 2년으로 제한한다.
 – 과목별 시험문항수와 시험시간은 아래 합격기준과 같다.
② 실기시험
 – 실기시험의 방법은 시행종목 2가지의 평가항목별 세부배점기준에 따른다.

- 실기시험의 시행종목 2가지 각각 배점이 60점 이상이어야 한다.
- 시험형태는 작업형 평가로 시행한다.

검정방법		검정 과목(분야 또는 영역)	합격기준
필기	객관식	커피 추출 운용, 커피 생두 선택, 커피 원두 선택, 커피 로스팅, 커피 테이스팅, 커피 매장의 위생관리/ 영업 관리 및 운영, 커피의 역사, 커피 기초 영양, (난이도 보통)	60문항 100점 만점을 기준으로 60점 이상 점수취득자 시험시간 / 50분
실기	작업형	◼ 기술평가 준비평가(분쇄도 조절 능력), 드리퍼별 원산지별 추출 ◼ 감각평가 서비스 평가, 시연시간 평가, 중요평가	– 기술평가 60점 이상 – 감각평가 60점 이상 (시험시간/ 20분)

급수	검정방법	검정과목	주요 내용(분야, 영역)	시험문항, 배점
핸드드립	필기	객관식	커피추출 운용	여과식 커피추출, 침지식 커피 추출	15 문항
			커피생두선택	커피생두 품종별 선택, 가공처리 방법별 분류, 원산지별 분류	10문항
			커피원두 선택	커피 원두 배합비율, 볶음 정도, 숙성 정도, 커피원두 평가	5문항
			커피로스팅	로스팅 방법, 로스팅 및 로스팅 기계 관리	6문항
			커피테이스팅	커피 테이스팅 방법 및 평가항목과 기준, 결과	5문항
			커피매장 영업관리/ 위생관리/ 운영	식품 위생법, 위생관리, 안전 관리커피매장 고객 서비스, 자재, 재고관리, 직원 스케줄관리, 영업일지작성, 영업현황분석, 고객관리	7문항
			커피의 역사	커피의 어원, 커피의 발견, 커피의 전파,	7문항
			커피의 기초 영양	우유의 영양, 갈변 반응, 당질, 지질 , 필수 아미노산 , 산패	5문항
			총 문항수		60문항

3. 응시자격

핸드 드립 마스터의 자격검정에 응시자격은 다음과 같다.

자격종목	검정방법	응시자격
핸드드립 마스터	필기	응시자격 제한 없음 (커피바리스타 자격취득자는 필기면제)
	실기	필기 합격자에 한함

커피 로스팅 마스터 자격검정 등록 정보

직업능력개발원 등록번호 2013-2052

(사)한국관광음식문화협회
홈페이지: http://kofa.co.kr
전화번호: 031-753-0138

1. 자격종목

자격의 종목은 1개 종목으로 하며 종목명은 커피 로스팅 마스터이다.

2. 검정기준

협회는 커피 로스팅 전문가로서 그 업무를 원활하게 수행할 수 있는 직무능력을 갖추고 있는지 유무를 기준으로 하여 커피 로스팅 마스터 자격 검정기준을 다음과 같이 정한다.

자격종목	등급	검정 기준
커피 로스팅 마스터	없음	– 에스프레소 음료 제조, 커피 추출 운용, 커피 음료 제조, 커피 기계 운용 및 수리, 커피 생두 선택, 커피 원두 선택, 커피 로스팅, 커피 블렌딩, 커피 테이스팅, 커피 매장 영업 관리 및 운영, 커피의 역사, 커피의 기초 영양, 커피 위생관리 등 기본이론을 이해하였는지를 검정 – 샘플 로스팅과 커핑을 통한 커피의 평가와 산지별 생두의 특성 이해, 실전 로스팅의 프로파일을 구축할 수 있는 정도의 수준

3. 검정방법 및 검정과목

검정은 필기시험과 실기시험으로 시행하며, 필기시험 응시 후 필기시험 합격자(면제자)에   한하여 실기시험을 응시 할 수 있다.

① 필기시험
 – 자격종목에 따른 출제기준에 정한 과목으로 한다.
 – 문제유형은 난이도 높음 과 보통으로 나뉘며, 로스팅 마스터의 필기시험은 난이도 높음 (* 표 있음)중에서 주로 출제 된다.
 – 시험형태는 사지선다 객관식으로 한다.
 – 자격종목별 필기합격 후 실기시험 응시까지의 기간은 2년으로 제한한다.
 – 과목별 시험문항수와 시험시간은 아래 합격기준과 같다.

② 실기시험

– 실기시험의 방법은 시행종목 2가지의 평가항목별 세부배점기준에 따른다.

– 실기시험의 시행종목 2가지 각각 배점이 60점 이상이어야 한다.

– 시험형태는 작업형 평가로 시행한다.

검정방법		검정 과목(분야 또는 영역)	합격기준
필기	객관식	커피 기계 운용 및 수리, 커피 생두 선택, 커피 원두 선택. 커피 로스팅, 커피 블렌딩. 커피 테이스팅 (난이도 높음)	60문항 100점 만점을 기준으로 60점 이상 점수취득자 시험시간 / 50분
실기	작업형	▣ 기술평가 준비평가 , 기술적 평가, 중요평가 ▣ 감각평가 로스팅 8단계 수망 로스팅 & 1kg 반 열풍식 로스터 (선호 원두 로스팅)	– 기술평가 60점 이상 – 감각평가 60점 이상 (시험시간/ 20분)

급수	검정방법		검정과목	주요 내용(분야, 영역)	시험문항, 배점
커피 로스팅 마스터	필기	객관식	커피기계 운용 및 수리	에스프레소 머신, 커피 그라인더, 보조기계 운용, 커피기계 고장 진단 및 수리	2문항
			커피생두선택	커피생두 품종별 선택, 가공처리 방법별 분류, 원산지별 분류	15문항
			커피원두 선택	커피 원두 배합비율, 볶음 정도, 숙성 정도, 커피원두 평가	10문항
			커피로스팅	로스팅 방법, 로스팅 및 로스팅 기계 관리	20문항
			커피블렌딩	블렌딩 생두/원두선택, 블렌딩 방법선택, 블렌딩 배합비율 선택	3문항
			커피테이스팅	커피 테이스팅 방법 및 평가항목과 기준, 결과	10문항
			총 문항수		60문항

4. 응시자격

커피로스팅 마스터에 응시자격을 다음과 같다.

자격종목	검정방법	응시자격
커피로스팅 마스터	필기	응시자격 제한 없음 커피 바리스타 1급 자격 취득자, 커피 강사 자격증 취득자는 필기 면제
	실기	필기 합격자에 한함 커피 바리스타 1급 자격 취득자, 커피 강사 자격증 취득자

커피 강사 자격검정 등록 정보

직업능력개발원 등록번호 2013-0971

(사)한국관광음식문화협회
홈페이지: http://kofa.co.kr
전화번호: 031-753-0138

1. 검정기준

본 협회는 커피에 관련된 지식을 강의하는 자로서 그 업무를 원활하게 수행할 수 있는 직무능력을 갖추고 있는지 유무를 기준으로 하여 커피 강사 자격 검정기준을 다음과 같이 정한다.

자격종목	등급	검정기준
커피강사	2급	– 에스프레소 음료 제조, 커피 추출 운용, 커피 음료 제조, 커피 기계 운용 및 수리, 커피 생두 선택, 커피 원두 선택, 커피 로스팅, 커피 블렌딩, 커피 테이스팅, 커피 매장의 위생관리, 영업 관리 및 운영, 커피의 역사, 커피의 기초 영양, 등 이론 교육을 할 수 있는 강사로서의 지식을 습득한 수준 – 강의계획서 작성, 실제 강의 기법 시연, 교사 강의 자질 능력 등 강의 준비 및 실기 수업을 할 수 있는 실력 수준

2. 검정방법 및 검정과목

검정은 필기시험과 실기시험으로 시행하며, 필기시험 응시 후 필기시험 합격자에 한하여 실기시험을 응시할 수 있다. (필기시험 면제 없음)

① 필기시험
 – 자격종목에 따른 출제기준에 정한 과목으로 한다.
 – 커피 강사의 필기시험은 난이도에 상관 없이 주제별로 서술형 시험으로 실시 한다
 – 자격종목별 필기합격 후 실기시험 응시까지의 기간은 2년으로 제한한다.
 – 과목별 시험문항수와 시험시간은 아래 합격기준과 같다.
② 실기시험
 – 실기시험의 방법은 시행종목 5가지의 평가항목별 세부배점기준에 따른다.

– 실기시험의 시행종목 5가지 주제 중에서 한가지를 모의 강의를 시연하며
60점 이상이어야 한다.

검정방법		검정 과목(분야 또는 영역)	합격기준
필기	주관식 (서술형)	에스프레소 음료 제조, 커피 추출 운용, 커피 음료 제조, 라떼아트, 커피 생두 선택, 커피 원두 선택, 커피 로스팅 (난이도 높음)	5문항 서술형 100점 만점을 기준으로 60점 이상 점수취득자 시험시간 / 60분
실기	모의 강의 진행	▣ 기술평가 준비평가 , 기술적 평가, 중요평가 ▣ 강의평가 실기 수업의 주제를 주고 실제로 모의 강의를 진행함	– 기술평가 60점 이상 – 강의평가 60점 이상 (시험시간 / 20분)

급수	검정방법		검정과목	주요 내용(분야, 영역)	시험문항, 배점
커피 강사 자격증	필기	주관식 (서술형)	에스프레소 음료제조	에스프레소 추출, 에스프레소 음료 제조	1문항
			커피추출 운용	핸드드립, 여과식 커피추출, 침지식 커피 추출	
			커피음료제조	커피음료 우유 스티밍, 에스프레소 커피음료 음료제조, 응용 에스프레소 커피음료 제조	1문항
			라떼아트	푸어링 아트, 에칭 아트, 스텐실 아트	
			커피생두선택	커피생두 품종별 선택, 가공처리 방법별 분류, 원산지별 분류	1문항
			커피원두 선택	커피 원두 배합비율, 볶음 정도, 숙성 정도, 커피원두 평가	1문항
			커피로스팅	로스팅 방법, 로스팅 및 로스팅 기계 관리	1문항
			총 문항수		5문항

3. 응시자격

커피 강사 자격검정에 응시자격을 다음과 같다.

자격종목	검정방법	응시자격
커피 강사	필기	커피 바리스타 자격 취득자
	실기	필기 합격자에 한함

참고문헌

- 허용덕, 허경택, 와인 & 커피 용어해설, 백산 출판사 2009.

- 강란기 / 커피바리스타, 도서출판 유강 2014.

- 이윤호(2009). 완벽한 한잔의 커피를 위하여 : MJ미디어 192~207

- 이현석(2009). 로스팅의 이해 : 서울꼬뮨

- 정해옥(2010). 커피사전, MJ미디어

- 송주빈(2009). The Professional Barista's Handbook : 주빈커피

- 존톤, 마이클 세갈[고재윤 옮김] 세계의 명품 커피, 도서출판 세경

- 신기욱(2011). 커피마스터클래스 ㈜북하우스 퍼블리셔스

- 강란기, 우인애, 유승연(2007) 커피 바리스타 이론, ㈜도서출판 명성

- 최성일(2009). 커피트레이닝 바리스타. 땅에쓰신 글씨

- 유대준(2012). 커피인사이드, LION

- 강란기(2010). 수프리모 커피의 가공처리조건에 따른 이화학적 특성 및 커피애호가의 구매특성에 관한 연구

- Studies on Physicochemical Properties of Supremo Coffee in Relation to Processing Condition and Characteristics of Purchasing for the coffee Lovers.

- 강란기, 박영순(2020). NCS 커피관리, 도서출판 유강

감수

강란기 식품학 커피전공 이학박사

숙명여자대학교 식품영양학과 졸업
숙명여자대학교 대학원 교육학 석사
숙명여자대학교 대학원 전통 식생활문화학 석사
호서대학교 대학원 식품영양학과 식품학 박사(이학 박사)

수원여대 20년간 겸임 교수 역임
신한대, 호서대, 경원대(현 가천대), 동서울대, 신안산대 외래교수 역임

성남시 빵빵 축제 추진위원장 역임
성남시 향토음식 축제 추진위원장(심사위원) 역임
전국 제과기술 교육협의회 회장 역임
(사)전국 직업전문학교 총연합회 자문위원 (감사, 부회장, 외식분과 위원장 역임)

수원지방법원 성남지원 민사 조정위원 역임
성남 보호 관찰소, 서울소년원, 안양소년원, 부산소년원, 춘천소년원,
장애인복지관, 노인복지관 재능기부

2008. 대한민국 직업능력개발 유공 국무총리상 수상
2012. 고용노동부 주최 우수 교육훈련 프로그램 경진대회 동상 수상
2024. 숙명여자대학교 자랑스런 숙명인 상 수상
2024. 대한민국 직업능력개발 유공 훈장 수훈 (대통령 산업포장)

현) (사)한국관광음식문화협회 이사장
현) 성남제과조리커피직업전문학교 이사장
현) 성남제과제빵커피학원 이사장
현) 성남요리학원 이사장

커피 바리스타 문제집 & 커피용어 해설

초 판 인 쇄 | 2016년 5월 20일
개정7쇄발행 | 2025년 4월 1일

저   자 | (사)한국관광음식문화협회
발 행 처 | 도서출판 유강
발 행 인 | 柳麟夏

주   소 | 경기도 성남시 중원구 상대원동 144-3 우림라이온스밸리 5차 B동 412호
전   화 | 010-5026-4204
총 무 과 | 031-750-0238
홈페이지 | www.ukang.co.kr

디 자 인 | 옥별
사   진 | 황익상

ISBN 979-11-90591-21-8
정가 18,000원